清代

粤西诸子学研究

郭玉贤　著

暨南大学出版社
JINAN UNIVERSITY PRESS

中国·广州

图书在版编目（CIP）数据

清代粤西诸子学研究/郭玉贤著．—广州：暨南大学出版社，2024.5
ISBN 978 - 7 - 5668 - 3883 - 4

Ⅰ.①清…　Ⅱ.①郭…　Ⅲ.①先秦哲学—研究—广东—清代　Ⅳ.①B220.5

中国国家版本馆 CIP 数据核字（2024）第 046216 号

清代粤西诸子学研究
QINGDAI YUEXI ZHUZIXUE YANJIU
著　者：郭玉贤

···

出 版 人：阳　翼
策划编辑：杜小陆
责任编辑：刘宇韬
责任校对：刘舜怡　黄晓佳　黄子聪
责任印制：周一丹　郑玉婷

出版发行：暨南大学出版社（511434）
电　　话：总编室（8620）31105261
　　　　　营销部（8620）37331682　37331689
传　　真：（8620）31105289（办公室）　37331684（营销部）
网　　址：http：//www.jnupress.com
排　　版：广州良弓广告有限公司
印　　刷：广州市友盛彩印有限公司
开　　本：787mm×960mm　1/16
印　　张：16.75
字　　数：300 千
版　　次：2024 年 5 月第 1 版
印　　次：2024 年 5 月第 1 次
定　　价：69.80 元

目 录
Contents

绪　论

第一节　清代粤西诸子学的界定与研究意义

清代粤西诸子学不同于清代广西行政区划范围内的诸子学，而是根据清代的行政区划与诸子学研究实际，从文化的角度界定其研究范围。本书选取清代粤西籍学者的诸子学著述作为研究对象，对这些著述文献进行梳理，分析清代以前和清代早期、中期、晚期不同学者对粤西诸子学的阐述与应用，并就清代粤西诸子学的成就对广西民国时期的诸子学所产生的直接影响进行简要分析，以此提炼清代粤西诸子学的研究特点，从而探究粤西作为少数民族聚居区与西南边疆地区独有的人文精神特质。

一、清代粤西诸子学的界定

本书所探讨的清代粤西诸子学，既涉及对粤西这一地域范围的界定，也包含对清代各历史时期行政区划范围的界定。

（一）粤西诸子学的界定

粤西，是历史上与今天称为"广东"的粤东相对应提出的地域范围称呼，与今天的广西辖区范围略有不同。广西与广东在古代被称为"百粤之地"，合称"两粤"，因广西处在百粤的西部，故称"粤西"，而非今天的广东省西部的简称。清代，政府在广西设立行省，省治为桂林府，广西行省包括桂平梧郁道、右江道、左江道三道，下有桂林府、平乐府、梧州府、郁林府、柳州府、庆远府、思恩府、泗城府、得州府、南宁府、太平府十一府，上思直隶厅、百色直隶厅两个直隶厅，郁林直隶州、归顺直隶州两个直隶州。

今天归属广西的廉州、钦州历史上为廉州府与钦州直隶州，属广东省。公元前214年，秦统一岭南，钦州、廉州属岭南的象郡辖地。自民国年间至1951年，加上1955—1965年共50年归属广东，其余时间均为广西辖区。从人文角度而言，两地对广西的归属感更为明显，故粤西的范围从文化的角度而言，与今天广西的辖区一致，更符合人文研究的实际。

粤西的称法由来已久，先秦时期，岭南属于"百越之地"，也称"百粤"。自宋代开始，因广西在粤地之西，便开始有以"粤西"指称广西的说法。到了明代，文人学者的诗文作品中多用"粤西"指称广西。清代，文人学者所作诗歌、所辑文献中多用"粤西"指称广西，如汪森所编撰的《粤西三载》，乃至官修的《明史》中也有如此用法。为遵循古代学者的称说习惯，凸显时代与地域特色，本书沿用"粤西"之称。

诸子学，顾名思义，其研究对象为诸子。所谓诸子，是指春秋战国之际，随着时代的急剧变革，因私家学术大量呈现而涌现出的一批宣扬自己思想主张的有志之士。诸子纷纷著书立说，他们的思想主张被辑录成书，称为"子书"。子书是研究古代思想史、文化史、学术史的重要文献。汉代刘向辑《七略》，专设《诸子略》，自此"诸子"成为先秦各家学派的总称。隋代，《隋书·经籍志》扩充了诸子的范围，将包括诸子在内，以及兵书、医术、方技等内容辑为"子部"。但汉代"罢黜百家，独尊儒术"以后，先秦诸子学呈现衰微之势，学界提及诸子学往往指以先秦诸子为核心的子学，而非广义的包括兵书、方技、医学等在内的"子部"。近代学者吕思勉曾这样定义诸子："子书之精者，讫于西汉。东汉后人作者，即觉浅薄。然西汉子书之精者，仍多祖述先秦之说，则虽谓子书之作，讫于先秦，可也。然远求诸西周以前，则又无所谓子，然则子者，春秋战国一时代之物也。"他明确指出子学为狭义的"子"的概念，即起于春秋、盛于战国的各家之学。故本书所论及的诸子仅就先秦诸子及其思想而言，非指宽泛的"子部"范畴。基于这样的范畴划定，《孟子》在宋代之前只列诸子之林，宋代朱熹将其编入"四书"，始列为经部。故本书亦将《孟子》列入诸子学的研究范围。

清代粤西诸子学研究立足于地域文学，仅就清代粤西籍文人的诸子学著述进行研究。这些著述既包括诸子学专著，如苏时学的《墨子刊误》、陈宏谋的《孟子考辑要》，也包括体现系统的诸子学思想的作品集，如俞廷举的《一园文集》、蒋励常的《岳麓文集》等，即清代粤西籍文人及其体现诸子思想的著述、作品集。

（二）清代粤西诸子学的分期

关于清代的时期划分，不同学者的划分标准有较大差别。历史学上的清朝自 1644 年清兵入关开始，直至 1912 年宣统帝下诏退位为止。清代初期从 1644 清兵入关开始，到 1662 年；清代中期从 1662 年至 1840 年鸦片战争；清代晚期从 1840 年至 1912 年。

文学史上的清代分期与历史学上的划分不尽相同。有代表性的清代文学分期观点有：袁行霈主编的《中国文学史》以顺治帝入关到康熙即位为清初，雍正乾隆在位期间为清代中期，其后至 1919 年被划为近代文学，共三个时期；蒋寅主编的《中国古代文学通论（清代卷）》将清代粗分为四个时期。即清初至康熙三十年（1691）、康熙中至乾隆四十年（1775）、乾隆中至道光末（1850）、咸丰至宣统末（1911）；刘大杰的《中国文学发展史》将清代划分为清初、康雍、乾嘉、鸦片战争前后、诗界革命及清末五个时期；谢无量的《中国大文学史》将清代分为清初遗臣文学、康熙文学、乾嘉文学、道咸以后之文学四个时期；马积高的《清代学术思想的变迁与文学》按文学的总体倾向将清代文学划分为顺康雍、乾嘉、道光至光绪十五年（1889）、光绪十五年至清末四个时期。尽管诸位学者对清代文学的分期不尽相同，但所划分的时段均建立在尊重不同时期文学特点的基础上。

鉴于此，本书根据清代粤西籍文人的生活年代，结合清代不同时期粤西诸子学所呈现的研究特色，分期如下：顺治即位（1644）至乾隆三十六年（1771）为清代初期，这一时期主要的诸子学成果包括谢良琦、谢济世对诸子的全面阐述及陈宏谋的《四书考辑要》；乾隆三十七年（1772）至同治元年（1862）为清代中期，这一时期主要的诸子学研究成果包括苏时学的《墨子刊误》、俞廷举与蒋励常对诸子的全面阐述、郑献甫的《孟子注》《孟子翼注》、龙启瑞的《论孟子》；同治二年（1863）至宣统末年（1911）的清代晚期，这一时期的诸子学成果主要包括蒋琦龄、赵炳麟对诸子的全面阐述。

二、清代粤西诸子学的研究意义

与中原悠久的开发历史相比，地处西南边陲的粤西开发较晚，直到秦朝统一后才纳入中央政权版图。受山地多、气候炎热、开发较晚等众多因素影响，粤西在经济、文化发展方面与中原相比显得较为滞后。但经过唐以来流放文人官员的迁移、商人活动的增加等，清代的粤西出现了社会、政治、经济、思想、文化等方面的空前繁荣。该时期粤西本籍士人的著述范围广、数量大、内容丰富，远超历代，呈现鼎盛之势。在此社会、经济、文化背景下产生的清代粤西诸子学便具有其独特的意义。

（一）展现广西诸子学的整体面貌

在对广西诸子学史进行整体勾勒的基础上，本书详细阐述清代粤西十位诸子学者及其诸子学研究，对代表性诸子学者的学术背景、交游情况、诸子研究特点，以及为官过程中所体现的诸子思想实践等方面进行系统的梳理与阐述，展示其整体风貌。本书既对诸子学者个体的研究特色进行分析，又对处于同一时期的诸子学者的共同性进行总结概括，并对不同时期的诸子学者之间的传承关系进行揭示，宏观与微观密切结合，系统梳理出清代粤西诸子学的发展轨迹与总体特征，客观评价其在中国诸子学史上的地位与影响，为整体把握清代诸子学的研究概貌提供一些参考与借鉴。

（二） 首次对广西诸子学发展史进行勾勒

清代诸子学是继先秦之后的又一个繁盛时代，涵盖诸子学内容范围之广、研究之深入、形式之多样、成果之丰硕是历代所不及的。粤西诸子学作为清代诸子学的一部分，也呈现出前所未有的繁荣局面。如苏时学的《墨子刊误》奠定了晚清墨学集大成者孙诒让的《墨子间诂》的研究基础，郑献甫的《孟子翼注》产生了全国性的影响力。这些足以表明清代的广西除了诗歌成就之外，并非一片荒芜。故本书对清代粤西诸子学进行全面系统的梳理，进而对清以前与清以后的民国时期诸子学进行简要概述，呈现完整的广西诸子学发展史。

（三） 体现粤西诸子学在广西学术史上的基础地位

清代是广西文学发展的鼎盛时期，但多是就广西本籍或外来宦游、流放文人的诗歌、词作、游记、方志等方面的研究，尚未发现对广西诸子学进行系统研究的成果。而诸子学作为中华思想文化的源头，是古代文人为学、为文的必备基础，没有诸子学思想的支撑，其文学创作便是无源之水、无本之木。因中国传统文化具有文、史、哲合一的文化特色，诸多文人研究诸子的同时还有大量的诗歌、方志等方面的研究成果，所以对清代粤西十位有代表性的学者的诸子学进行深入探究，可以更深层次地发掘谢良琦、谢济世、陈宏谋、苏时学、俞廷举、郑献甫、蒋励常、龙启瑞、蒋琦龄、赵炳麟在诗歌、词学等方面取得显著成就的思想基础。粤西学者的诸子学是清代思想、文学繁荣成就中的重要组成部分，共同见证了社会的发展变迁与思想上的逐渐成熟。

（四） 呈现粤西在清代中越思想交流中的桥头堡作用

越南古称"交趾"。公元前 3 世纪末至公元 10 世纪中叶，是越南的"北属时期"，即中国王朝统辖下的"郡县时期"。该时期的 1 000 多年间，越南受中国中原文化影响深远。三国时期，苍梧广信人士燮曾任交趾太守，为中原思想文化在交趾的传播作出了突出的贡献。10 世纪中叶至 1884

年中法战争爆发前，越南与中国大体形成了宗藩关系，清代时定期向清政府纳贡。越南向清政府纳贡的贡道经镇南关、太平府、凭祥州、宁明州、梧州、桂江、桂林贯穿粤西全境后经湖南入京。按清政府制度，越南使臣途经粤西时均有地方官员迎送，在往返数十日的接触中双方有充裕的时间进行多层面的交流学习。故粤西作为清代向越南进行思想文化传播的前沿阵地，在中越思想文化交流过程中起到了重要的纽带与桥头堡作用。

（五）丰富桂学研究内容

自光绪二十年（1894）至光绪二十一年（1895）康有为在桂林讲学期间提出"桂学"以来，诸多海内外学者开始关注以广西为地域核心的思想、学术、文化等诸多方面的桂学内容，并涌现了一大批备受瞩目的可喜成果。这些成果既有对广西地方古籍文献的整理，亦有对反映广西历史文化现象的阐发；既有对广西籍文人及学术群体的研究，亦有对其所产生的多方面影响的探讨。而诸子学作为桂学的一部分，尚无人对其进行全面系统地梳理。探究清代粤西诸子学是对地域诸子学研究的全新尝试，同时力求在对代表性诸子学者及其著述深入研究的基础上，挖掘清代粤西诸子学的独有特点以丰富桂学内容，展示桂学深厚而广泛的多元化内涵。

第二节　清代粤西诸子学概况与研究现状

纵观中国漫长的学术发展史，清代作为最后一个封建王朝时代，无疑是其中十分重要的时期，从1644年清军入关到1912年宣统帝退位，历时268年。这200余年是对中国2000多年学术思想进行全面总结与系统整理的重要历史阶段。清代所形成的朴学与先秦诸子学、汉代经学、魏晋玄学、隋唐佛学、宋明理学共同构成了完整的中国学术思想发展史。

纵观广西学术发展历史，清代是最为繁盛的时代，其中诸子学的繁盛是其重要的组成部分。但与诗歌、词学等研究成果相比较而言，清代粤西诸子学虽已引起部分学者的关注，对粤西诸子学者及其诸子学成果进行了较为粗略的阐释，但从宏观角度而言，仍缺乏整体而深入的研究。

一、清代学术思想及诸子学概况

清代的学术思想承接明代晚期傅山、王夫之、顾炎武等著名思想家开启的经世致用的研究思想与方法，认为宋明理学是空谈误国之学。随着人们思想认识的进步与社会的发展变化，自宋代以来被统治者视为主导思想的宋明理学开始受到质疑、排斥而呈现逐渐衰微之势，汉代兴盛的经学出现复兴，反对虚浮、崇尚实证的思想意识成为学者们推崇的主流思想。

随着明末清初战乱的平息，社会、政治、经济均得以恢复，统治者与人民之间的矛盾日益缓和，清廷的统治趋于稳定，经济发展亦有上升势头。统治者欲借道统强化自己的统治，加强思想领域的控制，同时受学术思想自身的发展规律等诸多因素的影响，以考据为主要特征的乾嘉朴学兴盛起来，与考据研究法密切相关的校勘、训诂、辑佚、音韵、文字、辨伪、目录之学也迅速发展起来，并涌现出一批颇有影响力的成果。

自嘉庆以后，各地农民起义不断增多，社会矛盾激化到一触即发的程度。在这一重大的历史变革中，主张以经术补益于时务、阐发古书中微言大义的今文经学兴起，汉学逐渐走向衰落。在多种因素的制约与影响下，晚清学术开始裂变，经世致用之学逐渐成为主流；且随着西方学术思想的传入，出现中西结合的新学，有了近代学术思想的端倪。

纵观清代的学术思想，清初以经世实学为主，中期为考据学的鼎盛，晚期为今文经学的复兴与新学初现。对此，著名学者王国维曾给予这样的高度概括："国初之学大，乾嘉之学精，而道咸以降之学新。"可谓极为中肯与切合实际。

与清代不同时期的学术思想特点相对应的诸子学也呈现出区别于其他历史时代的特征，且这些特征与清代整体的学术思想发展阶段密切相关，主要表现在如下三个方面：

（一）清初古学复兴的过程中诸子学兴起

明代中晚期王阳明提出以"致良知"为宗旨的心学，目的是对宋明理学进行改良，由此引发的理学革新思潮成为反对理学的思想学术运动。同时，明代晚期以杨慎、焦竑、胡应麟等学者为代表的古学复兴思想兴起，主张用实证的方法研究古代的典籍，一时间"尚博尚实、多闻多见"之风盛行。在反传统的背景下，汉以后被视为异端的子学悄然兴起。此时的诸子学以傅山、李贽为代表，批判宋明理学，提倡经世致用。经世致用思想影响下的考据、辨伪等研究方式为乾嘉朴学的兴起奠定了基础。该时期主要诸子学成果有傅山的《墨子大取篇释》《公孙龙子注》《荀子评注》《庄子批点》、焦竑的《老子翼》《庄子翼》、姚际恒的《古今伪书考》等。其中《古今伪书考》对《庄子》《列子》《管子》《公孙龙子》《慎子》等书进行了辨伪，影响深远。

（二）清代中期考据学的盛行过程中诸子学也呈现繁荣之势

在以乾嘉为主的清代中期，产生于明末清初的考据学出现繁盛之势。出于以子证经、以子证史的需要，诸子之书得以较为全面地整理，主要是对诸子之书进行校注、勘误、训诂，也有部分学者重视对诸子义理的阐发。具体表现为对墨子、荀子、老子、庄子、韩非子等诸家思想的重新审视与解读。荀子因"人性恶""法后王"等观点而颇受维护儒学地位的学者诟病，清代学者在对《荀子》全面整理后，对荀子思想进行了系统解读，从而对荀子加以肯定；历代被视为正统儒学异端的墨学因其"自重、自为、自制"而得到多数学者的认可与推崇，墨学继而逐渐复兴；清代学者对以往因提倡"绝仁弃义"而备受攻击的老子进行了系统整理，也给予了全新定位，认为老子经世致用的救世思想值得肯定。该时期主要诸子学成果有卢文弨校勘的《荀子》《孟子音义》、毕沅的《墨子注》、汪中的《墨子序》、郑环的《老子本义》、徐大椿的《道德经注》、纪大奎的《老子约说》、戴震的《孟子字义疏证》等。

（三）清代晚期今文经学兴起时的诸子经世与会通中西

清代晚期，由于社会矛盾的加剧，学术风气随之发生转移，从清代中期的重视文本考据变为重视考据的同时兼顾诸子义理的阐发，并在西学影响下出现中西结合的治学方法，为近代学术思想的发展埋下了伏笔。对于清代的诸子学先从考据开始再到义理阐发的治学方式，梁启超认为是符合诸子学自身发展规律的：

> 关于子书研究的最后目的，当然是要知道这一家学说的全部真相，再下严正的批评。但是，想了解一家学说，最少也要把他书中语句所含意先看得明白。然而这些先秦古书都是二千年前作品，所用的字义和语法多与今不同，骤读去往往不能索解。而且向来注家甚少，或且并没有人注过，不像那几部经书经许多人揣摩烂熟。所以，想研究子书，非先有人做一番注释工夫不可。注释必要所注所释确是原文，否则"举烛""鼠璞"，动成笑话，而真意愈晦。不幸许多古书，辗转传抄传刻，讹舛不少，还有累代妄人，凭臆窜改，越发一塌糊涂。所以要想得正确的注释，非先行（或连带着）做一番校勘工夫不可。清儒对于子书（或其他古书）之研究，就顺着这种程序次第发展起来。

清代既重考据以求原意，又重义理阐发以求思想的诸子学特点，是学术发展的趋势使然。与此同时，西方列强的入侵与此起彼伏的农民起义，使得晚清处于内忧外患之中，学者们开始关注经世致用之学，子学的经世作用被挖掘出来进行深入阐发。结合西学思想理论从传统的子学典籍中寻找经世良策，会通中西、中体西用的诸子学，便成为此时的主要研究方法。该时期诸子学主要成果有苏时学的《墨子刊误》、俞樾的《墨子平议》、王树楠的《墨子斠注补正》、孙诒让的《墨子间诂》、魏源的《老子本义》、马其昶的《庄子故》、严复的《老子道德经评点》、王先谦的《庄子集解》《荀子集解》等。

二、粤西诸子学概观

粤西因僻处岭外,受中原文化影响较少,所以在学术成果的数量与影响力方面与中原地区相比较为逊色,但历代均有学术成果问世,其中的部分成果还在当时乃至后世产生了较为深远的影响。

中央政权对广西的管辖始于公元前214年。连接湘江和漓江的灵渠通航,标志着秦始皇统一岭南,始将今广西地区纳入中央政权的版图,中原文明也开始逐渐影响广西的社会、政治、经济、文化发展。唐宋时期,广西成为朝廷流放、贬谪官员的主要地区,外来文人官员在广西生活期间的创作促进了广西文化文学的发展。明清时期,由江淮、黄淮等人口稠密地区向岭南的移民逐渐增多,改土归流政策的普遍实施与通过参加科举考试中举后赴内地为官士人的数量增加,都促进了广西学术文化的繁荣,其中便包括诸子学的勃兴与发展。

自秦代开始将广西纳入中央政权的管辖范围后,广西开始接受汉民族的思想文化。至汉高祖三年(前204),南海郡赵佗击并象郡、桂林郡建立南越国,清代粤西的大部分地域在汉代属南越国。汉元鼎六年(前111),汉武帝平定南越,在今广西地区设置苍梧、郁林、合浦三郡。东汉时出现了一位具有全国影响力的交州苍梧籍佛学家牟子。牟子生于东汉建宁三年(170),名融,字子博,自幼博闻强记,精通诸子百家之学。原本为儒生的牟子在东汉末年的战乱中与母亲至交趾(今越南)避难。牟子目睹满目疮痍的乱世,决意不走仕途,而致力于佛教与《老子》研究,极力推崇老子的"绝圣弃智",被时人指责为"背五经而向异道",故于汉献帝初年(190—193)作《理惑论》三十七篇答辩。其主旨是调和儒、释、道三者的思想,体现了汉代末期佛教在中国流传之初的特点。牟子被誉为"我国著录弘佛之第一人",其《理惑论》也被称为"佛教论著之祖",是中国佛教理论的开山之作。牟子的《理惑论》虽然研究重心不在《老子》,但其在佛学专著中广引《老子》之言，从中可以窥见汉代已有诸子学的端倪。

　　宋初，粤西经济社会有较大发展，但宋代粤西境内兵事不断，既有区希范、侬智高、李接反宋，又有熙宁八年（1075）交趾入侵，对经济社会发展造成了较大影响。此时的粤西文人著述较以往有大量增加，尽管仍未出现诸子学的专门著述，但北宋时期的文学大家、继牟子之后又一位名动朝野的粤西籍僧人、被宋仁宗赐号"明教大师"的古藤州（今广西藤县）人契嵩禅师，提倡儒释融合，在其学术专著《镡津文集》中有对孔子、孟子的思想观点的阐释，其目的是以孔孟思想与佛教思想的结合来阐释二者并无本质差别的观点。契嵩的《镡津文集》虽非专门研究孔子、孟子的诸子著述，但仍从侧面体现了宋代的粤西诸子学情况。契嵩推崇孔子、孟子的孝道与中庸思想，并将孔孟的仁义孝道、中庸思想与佛教的精神尽孝、五戒进行了较好的融合。当时力主排佛的苏轼、欧阳修对契嵩的学识与思想观点均有较高评价。

　　明代的粤西尽管没有诸子学专著问世，却为清代诸子学出现繁盛局面奠定了坚实的基础，如蒋冕的后人蒋励常、蒋琦龄均在诸子学方面成就斐然，这与蒋氏家族勤于治学的家风息息相关。清代较早有诸子学成果问世的是全州籍的谢良琦，在其后的200多年间陆续出现了在粤西乃至全国均有影响力的诸子学成果。

　　综上可见，清代以前没有真正意义上的诸子学，目前学界尚无关于清代粤西诸子学的专著成果。故对清代粤西诸子学者及其著述进行全面考察，对其中具有代表性的诸子学者及其子学著作进行深入解读与评析，对广西地域历史文化的发掘与传承，以及丰富广西学术史与清代诸子学史均有十分重要的意义。

　　从汉代牟子的《理惑论》中体现出大量老子思想，以及宋代契嵩的《镡津文集》中关于孔子、孟子的仁义、孝道、中庸等思想的阐发可见，清以前广西的诸子学并非一片荒芜。这些诸子学的萌芽发展到清代，伴随着清代全国范围内诸子学的全面繁荣、中原与粤西文人学者的交流日益频繁，直接促进了粤西诸子学的兴起与发展。可以说，在汉代、宋代广西诸子学初露端倪的基础上，受清代"以子证经史"的朴学学风影响，清代粤西真正意义上的诸子学诞生了。

据《广西近代经籍志》《广西省述作目录》《广西历代文人著述目录》《广西地方史志文献联合目录》《广西文献目录》的记录，清代粤西籍学者的诸子学成果有浔州府（今桂平市）学者刘圣文的《四子集解》、陆显仁的《孙子十三篇注》，贵县（今贵港市）学者龚延寿的《诸子约说要稿》，桂林府（今桂林市）学者周思宣的《诸子会通》《周秦五子辑要》、龙启瑞的《诸子精言》《庄子字诂》、陈宏谋的《四书考辑要》，藤州（今藤县）学者苏时学的《墨子刊误》，象州学者郑献甫的《愚一录》《孟子翼注》。但今天所能见到的只有苏时学、陈宏谋、郑献甫的子学著述，龙启瑞的《诸子精言》《庄子字诂》均已佚，只有其文集中的《论孟子》篇体现其对孟子的研究。

上述诸子著述加上部分文人在古文创作中体现得较为系统的诸子思想共同构成了清代粤西的诸子学。主要包括：清代前期谢良琦《醉白堂文集》、谢济世《梅庄杂著》中体现的诸子思想，以及陈宏谋的《四书考辑要》，其共同特点是反对程朱理学的虚浮、主张实证的研究文风，且表现出对国家命运与民生疾苦的关注；清代中期苏时学《墨子刊误》、俞廷举《一园文集》、蒋励常《岳麓文集》、龙启瑞《孟子》、郑献甫《孟子注》《孟子翼注》的共同特点是体现敢为人先的首创精神，并且通过遍及粤西全境的书院得以迅速传播，加速了汉民族与粤西各少数民族的融合；晚期有蒋琦龄的《空青水碧斋文集》、赵炳麟的《赵柏岩集》，其共同特点是体现了经世致用、会通中西、中体西用等具有浓厚时代色彩的研究文风。

清代粤西诸子学的繁盛既是清代前期学术积累所致，亦是清代全国范围内形成的重视实证的学术风气使然。深层原因是粤西士人对文统的认同、对中原优势文化的认可，并以实际行动向其靠拢。

三、清代粤西诸子学研究现状

目前尚无专门阐释清代粤西诸子学的研究成果，但在部分著述、学术论文与学位论文中有清代粤西诸子学相关研究成果的呈现。

（一）著述中体现清代粤西诸子学内容

自 2005 年以来，在部分著述中出现了清代粤西诸子学的研究内容。这些著录包括：苏彩和、黄铮主编《历史文化名人郑献甫论丛》（广西人民出版社，2005 年版），张维著《清代广西古文研究》（广西师范大学出版社，2008 年版），张明非主编《广西古代诗文发展史》（广西师范大学出版社，2012 年版），王德明著《清代粤西文学家族研究》（广西师范大学出版社，2013 年版），胡大雷著《粤西士人研究》（广西人民出版社，2015 年版），王德明著《广西古代文学思想史》（广西师范大学出版社，2017 年版）。这些著述中尽管没有明确论及清代粤西文人的诸子学研究成就，但从侧面体现了清代粤西主要文人学者的诸子学研究概况。

（二）以校注文集的形式体现诸子学内容

清代粤西诸子学者多在其文集中体现诸子研究成果，主要体现在近年来广西大学、广西师范大学的部分学生在硕士学位论文中对其文集进行校注。这方面的成果有：熊柱《〈醉白堂诗文集〉校注》（广西大学硕士学位论文，2001 年）、袁志成《〈蒋励常诗文集〉校注》（广西大学硕士学位论文，2003 年）、孙改霞《〈赵柏岩文集〉校注》（广西大学硕士学位论文，2004 年）、步蕾英《〈空青水碧斋文集〉校注》（广西大学硕士学位论文，2005 年）、朱海萍《郑献甫思想及古文研究》（广西师范大学硕士学位论文，2010 年）、梧金丽《谢良琦研究》（广西师范大学硕士学位论文，2011 年）。但上述硕士学位论文并未对其涉及诸子学部分的内容进行深入阐述。

（三）学术论文中部分涉及诸子学内容

关于清代粤西诸子学研究的学术论文并不多。只有曲长海《理学与救世：陈宏谋经世思想探析》（《青海师范大学学报》，2015 年第 1 期）谈及陈宏谋的部分诸子学思想；尹玉珊《论晚清桂籍学者苏时学的子学整理与研究——以〈爻山笔话〉〈墨子刊误〉为中心》（《广西社会科学》，2019 年第 3 期）对苏时学的子学考辨成就进行了较为全面的梳理与阐述；吕双伟《郑献甫的古文、骈文批评及其文学史意义》（《民族文学研究》，2018 年第 4 期）对郑献甫的诸子学成就有所提及。这些学术论文除对苏时学的诸子学研究进行了较为全面的论述外，其余多为探讨清代粤西诸子学者的创作思想时旁及其诸子学内容。

综合上述研究现状，可见目前学界尚无关于清代粤西诸子学研究比较全面系统的专著成果。相关研究中虽有部分涉及清代粤西士人及其古文的研究，但就总体而言，多停留在整理、校注的基础上，且限于少量士人古文的分析。

而诞生于先秦时期的诸子百家争鸣，是中华学术的黄金时代。诸子关注现实，自由发表言论，平等对话，文化多元，由此产生的诸子多元化思想是中华文化思想的活水源头。对于清代粤西诸子学的研究，有利于从中探求粤西的人文特质，对于地域断代诸子学研究，乃至粤西作为中越思想文化交流的桥梁地位的边疆文学研究，均有参考价值。因此，对清代粤西士人及其诸子学创作的研究值得深入挖掘。

第一章　清代初期的粤西诸子学

清代初年的粤西也和全国一样，经历了朝代更迭的战乱，百废待兴，社会、政治、经济、文化均有复苏之势。但处在祖国西南边陲的粤西也有与全国其他地区不同的社会状况，致使改朝换代后的粤西仍然战乱频仍，社会经济严重受到影响的同时，文化教育亦恢复缓慢。

清初广西兵祸连年，先是桂林成为南明永历政权驻地和瞿式耜、李定国抗清斗争的中心，继而又爆发了广西将军孙延龄起兵追从平西王吴三桂为首的"三藩之乱"，直至康熙十八年（1679），粤西才真正归入清王朝的版图。随着社会的逐步恢复稳定，粤西城镇商业、农业、手工业、教育文化事业等日渐繁荣。在此相对安定的社会背景下，粤西籍学人的文学创作也呈现繁盛之势，涌现出一批诸子学成果，其中以谢良琦、谢济世、陈宏谋为典型代表。

一、战乱频仍的社会背景

清代初年，广西战火不断。1644 年，爱新觉罗·福临登基，即顺治元年，清军入关，定都北京，标志清王朝对全中国统治的开始。但仍有部分明朝宗室在忠臣义士的鼎力支持下相继在全国各地进行反清复明斗争，其中以在南方陆续建立的南明政权为主力。南明政权包括弘光政权、隆武政权、鲁王监国、绍武政权、永历政权及明郑时期。这些政权从 1644 年明朝京师顺天府失陷开始，一直持续到 1683 年方告结束。其中 1647—1661 年的永历政权中心在粤西，粤西遂成为明末抗清的最后战场。这场持续 15 年的权力争夺战给粤西的政治、经济、文化等多方面造成了严重的破坏。

二、尚阻声教的文化背景

由于受连年战乱的影响，清代初年的粤西在文化教育方面恢复缓慢，与全国其他地区相比，起步较晚。各地虽开始设立书院与义学，有些地区开始组织学者编纂方志，如谢启昆主修的《广西通志》被誉为"省志楷模"，但就整体而言，文化教育仍呈落后趋势。如科举考试中的乡试直到顺治十四年（1657）才开始恢复；恢复15年后，又因地方骚乱，粤西乡试停了两科；8年后，又因筹备不及，延迟至次年举行。这使得原本文化基础就较为薄弱的粤西的文化发展与全国相比呈现较为滞后的局面。

同时，清政府为加强对文人学者的思想控制，大兴文字狱，对知识分子进行迫害，尤其是对文人著书的焚毁，致使原本就呈落后状态的粤西雪上加霜。如雍正年间的谢济世因注疏《大学》《中庸》毁谤程朱而获罪，书稿被焚，人被流放乃至下狱、陪斩；陆生楠因著《通鉴论》有诽议时政之嫌被斩首。这些倒行逆施的文化政策严重阻碍了粤西的文化发展。

清初的粤西，因政权更迭与连年的战争，社会经济、政治、文化受到严重破坏的同时，文学也遭受到了前所未有的负面影响，使得诸子学呈现冷清局面。由于粤西处于百废待兴之时，部分粤西籍人士怀着对家乡浓厚的感情，以反哺之心研读诸子之学，希冀从诸子思想中寻求兴国济民的良策，涌现出谢良琦、谢济世、陈宏谋等诸子学者。他们的诸子学研究虽然没有独立成书，却在其古文、诗词等研究领域占有重要的一席之地，是清初粤西文化教育与思想意识的缩影。

粤西在清代初年涌现出的三位诸子学者因受时代及传统家学影响，反映了清代初年独有的思想风格。主要表现：体现了晚明的学术遗风；清初学术所面临的高压钳制政策，以文字狱为主；粤西作为清政府与东南亚各国社会、政治、经济、思想、文化等诸多方面进行深入交流的桥梁。

第一节　渗透晚明遗风的谢良琦

谢良琦生活在明末清初的书香世家，家学底蕴深厚，为学擅长诗文，颇有孟子善辩、逻辑缜密和庄子善喻、浩荡恣肆的文风。他为官正直，重在惠民以教，但因性格耿介，触犯当权者利益，多遭非难，屡次被诬，仕途坎坷。其为学、为文、为官经历反映了明末清初的社会变革与文人学者的命运多舛。

一、谢良琦简介

谢良琦（1624—1671），字"仲韩"，一字"石臞"，号"献庵"，自号"湘中酒人"，继承父亲的居室名为"醉白堂"。明末清初广西全州龙水桥渡村人。明崇祯十五年（1642）中举，年仅十七岁。清顺治八年（1651）出任淳安县令；顺治十二年（1655）出任蠡县县令；后调任常州通判，因被诬告离职；任宜兴（今江苏宜兴）令，又因诬告而被废置兰陵；后为延平通判。又因触怒慕容太守，被诬下狱，出狱后，回乡避居，晚景凄凉，前后为官共十年，四十八岁卒于家乡。"两为邑令皆有异绩，两为别驾皆以谗去"可概括他的一生。《广西近代经籍志》以"乃二百年来，世无知者，非粤西憾事耶"的评价表达其才华横溢而不为世人所知的感慨。

谢良琦出身书香世家，自幼从父亲、兄长学习，接受正统儒家思想教育。其父谢日升，号"九如"，明万历十三年（1585）举人，历任南平县令、福州同知等职，在任期间政绩卓著，在谢良琦十二岁时病逝。其后，母亲与兄长谢良瑾督促良琦读书，尽熟子、史诸书。谢良瑾，字"季琳"，崇祯十三年（1640）进士，曾任长洲知县，为官十五年。谢日升与谢良瑾皆有政声。谢良琦十九岁时向江南贾徙南问学，学习古文辞，并与清初著

017

名文学家王士祯、金圣叹、董文友、陈赓明、龚介眉等文人交往甚密，且受其诗文风格影响，散文与诗文均成就卓著，呈现出逻辑缜密、善于论辩、巧用譬喻等风格特点，颇有孟子、庄子之风。主要著作有《醉白堂文集》《谢献庵诗选》《钓谱》等。

二、谢良琦的诸子学背景

谢良琦生于明代末年的全州，主要为学、为文、为官经历都在明末清初的政权更替时代，也是程朱理学地位受到冲击、诸子学地位有所上升的学术信仰重新建构时期。在这一特殊的社会背景下，谢良琦的诸子学具有明显的社会烙印。

（一）粤西为抗清中心，谢良琦深受战乱之苦

全州地处粤西北部，是南明政权抗清的中心。永历元年（1647）底，明军在全州大败清军，出现了南明时期第一次抗清斗争高潮；永历六年（1652），明军取得桂林大捷，陆续收复广西、湖南、四川等省，出现了南明时期第二次抗清斗争高潮。直到顺治十三年（1656）清王朝才统一粤西。谢良琦从出生直到而立之年的 32 年都是在战乱中度过的，中举与出任淳安、蠡县县令也都是这一时期。直到清朝的顺治年间，开始擢升常州通判、延平通判等职。可以说，谢良琦主要的为学与仕途初期都处在明末民不聊生的纷乱时期。受父、兄传统儒学思想的影响，加之亲身经历战乱之苦，谢良琦在为官过程中自然会对身处困厄之中的民众给予同情与关注。这是孟子"制民以产、民贵君轻"民本思想的鲜明体现，也会自然投射到谢良琦的文学作品之中。最明显的体现是谢良琦在给兄长文集所作的《奉常公〈未刻书〉序》中：

> 奉常公既避世，慨然于世道、人心之不古，其所为不合于道。推原丧乱所由，始失声痛哭，又亲在班联见谐臣、媚子、骄兵、悍弁，并及士大夫依阿苟且之习，感愤眦裂，无可告语，则

尽举其读书所得，力折衷反覆而笔之于书。呜呼，人生不幸当乱世，至于国亡家破，其于伤心流涕之际，固有心可得而悲、口可得而言、手必不可得而书者，若乃心可得而悲、口可得而言、而手又必不可得而书，则其人盖将揭日月、峚泰山、亘天地云。

谢良琦的兄长谢良瑾自幼聪颖好学，童子试、乡试、会试皆第一名，遍览古籍，为文清丽和雅，曾任长洲县令、肇庆黄门、太常卿等职，但多愁善感，因战乱而辞官归乡。谢良琦对于兄长生逢乱世，满腔爱国爱民之情与报国之志不能得以实现表达了深深地感愤："心可得而悲、口可得而言、而手又必不可得而书"，将痛心、无力的心绪表现得淋漓尽致。谢良瑾辞官归乡的时间是丁亥之四月，即顺治四年（1647）四月，恰逢明军与清军在粤西交战正酣之际，全州作为明末抗清的中心，所受的影响可想而知。在为兄长的才学无处可施而愤慨感伤的同时，谢良琦本身也深受乱世之扰，故其诸子学中有明显的乱世印记。

（二）理学革新，古学复兴，重新建构学术信仰

明代末年，社会危机日益加重，继朱熹之后的理学大家王阳明将理学推向心学的极致，心学逐渐变为"不以孔子之是非为是非"的狂禅派，偏离了传统孔孟儒学思想的核心。有识之士面对纷乱的社会现状，决心反对心学的空谈心性，出现了东林学派的顾宪成等人倡导事事关心的经世致用之学，加之顾炎武、王夫之提倡"顺天下之义"，杨慎、焦竑提倡崇尚考据之学，主张尚博尚实、多闻多见，用实证的方法研讨古书，掀起了一股古学复古之风。这种风气主要是反对空谈心性，主张博览群书，尤其是对先秦典籍的研究。学者们为深入研究考证儒学，将目光转向与孔孟儒学产生的先秦子学的研究上，出现了子学为经学羽翼的局面，使得自汉代以来"罢黜百家、独尊儒术"的儒家之学作为统治者核心思想的主导地位遇到危机，诸子学的思想价值观念开始逐渐得到关注。这一社会主流的学术思想势必对谢良琦产生较大的影响，并在其诸子研究中得以体现。

朝代的更替、社会主导思想体系的变革，使得谢良琦的诸子学具有鲜明的时代色彩，也体现了明末清初粤西士人为学、为官的普遍心态，具有较强的代表性。

三、谢良琦的诸子学内容

谢良琦的主要诸子学成就体现在《醉白堂文集》中。《醉白堂文集》中收录 6 篇论、45 篇序跋、1 篇碑志、28 篇书、35 篇记、12 篇传、9 篇祭文、6 篇说、1 篇辨、3 篇疏、6 篇杂文，共 152 篇文章。其中体现谢良琦诸子学观点的主要有《陈仲子论》《佛老论》《自寿序》《湘中酒人传》《与邓子材书》《与傅秀才书》《与李研斋书》《与应仲谋书》《示诸侄孙书》《与方楼冈学士书》《与贾二安书》《贺常司李毕淄湄寿书》《江南武闱乡试录序》《芦中集序》《孟次微文集序》等篇。

本节所引皆据以民国三十二年（1943）翻印光绪十九年（1893）王鹏运刻本为底本，由广西人民出版社于 2001 年整理出版的《醉白堂诗文集》。

谢良琦的诸子学与同时代的士人有诸多共同之处，如推崇孔孟、先为人后为文、熟谙《周易》《礼记》等典籍，同时也呈现出不同于时人的诸子学特色。

（一）体现出"尊孔非老"的思想

谢良琦自幼跟随父亲、兄长学习六经等儒家之学，所以尤为尊崇以孔子为代表的儒家思想，认为批评、反对儒家的老子、墨子之学均为不合正统的学术观点。除了在其文章中流露出对孔子的尊崇和对老子等其他诸子的批驳外，他还专门撰写两篇《佛老论》集中表达自己的思想主张，如在文章开头便开门见山点明儒家之学受到冲击的原因：

> 昔之天下，一圣人之道治之而已。至魏、晋、梁、隋间之学者，好言异端，始创为三教：曰孔子，曰佛，曰老。其徒言人人

殊，各有所尊崇诵习。呜呼，何其谬哉！何其谬哉！

在谢良琦所受的传统教育观点看来，天下只能有圣人一家之道。即孔子的仁政之道，两汉之际，佛教传入中国，到魏晋之时，出现了佛教、老子之学与孔子儒学三足鼎立的局面。圣人的思想作为社会价值体系的地位受到冲击，是他所不能理解的，更是不能接受的，所以连用两句"谬哉"表达排斥之感。

> 老子与孔子同时，又世为柱下史，典礼遂以其学为能承先王之道统。及其既见孔子，乃废然而返，不得已自出下策，且东适流沙以避。此皆非后世之人之所能测。而学者暗蔽，方谓老优于儒，佛优于老，欲令天下尽归于佛。夫使天下尽归于佛，则夫妇、父子之恩绝，一再传而天地草昧尚安得有人焉？存其教，以与圣人、与老争胜哉，此皆不知其道，不知其教之过也。

《史记·老子韩非列传》中有孔子向老子问礼一事的记载，《礼记·曾子问》《庄子》的《知北游》《天道》《天运》等篇中均记载孔子问礼于老子一事。且孔子对老子给予"犹龙乎"的评价，认为老子学识渊深莫测，志趣高邈，恰如龙的应时而变。尽管这是已被多部典籍记载的史实，但以孔为尊的儒家学者却不能接受，认为是对孔子的贬低。因此，谢良琦认为：是老子与孔子见面后沮丧而归，不得已而选择避世之举；后人认为的孔子向老子问礼一事是学者被真相所蒙蔽，才认为佛教优于道家、道家优于儒家；其主要目的是想让天下之人都信奉佛教，信奉佛教的最终目的是使夫妇、父子之间的恩情断绝，最终使天地回到蒙昧混沌的状态。可以说，谢良琦这一表述是从思想根源上摒弃老子之学，崇尚孔子的儒家之说。

（二）推崇孟子的民本思想

谢良琦自幼习读儒家经典，有十年的为官经历，尽管只做过县令、通判之类的七品、六品小官，但在为政期间却能将百姓利益放在首位，关心百姓疾苦。这一表现不是偶然所为，而是其思想深处有孟子思想的深刻影响，可以说，深得孟子思想精髓。孟子的性善论、倡导五伦、"民贵君轻"等思想对后世影响深远，尤其是其"民贵君轻"的民本思想更是成为后世重视民众利益的为政者的指导思想。

> 夫岁销之数，藩司以为内部远而不能知，督抚知而未必言，故上下扶同，以蠹损朝廷之全钱耳。而执事乃欲效之，得毋欲为藩司分过乎？且藩司买米者也，执事征米者也。买者蠹国，征者厉民，以今时势观之，其利害大小亦可睹矣。故职以为是二者断断乎其不可行者也。事关民生国计，未敢缄默，故遂率其愚戆，伏惟酌量事势之难易，计较利害之大小，赐采择焉。

藩司与督抚互相勾结，通过一买一卖之间的差价榨取百姓的粮食，榨取国家钱财和损害百姓利益，以饱私囊。谢良琦得知此事后，直接写信给督运漕粮的官员李粮道，予以揭发，并直陈其中的利害，因事关国计民生，他不能也无法保持沉默。这篇《上李粮道书》尽管篇幅不长，全文只有六百余字，却开门见山地指出当年秋粮共四千七百石，没有按成例分配给防兵及各省所需，而擅自改变计划被藩司和督抚私自侵吞，给百姓造成了致命的损失。谢良琦不顾得罪上司被降职的危险，写信揭发贪官罪行，维护百姓利益，非心怀百姓者所不能为之。这是孟子"民为贵，社稷次之，君为轻"民本思想的典型体现。

再如，谢良琦在给兵备道胡保林的《上兵道胡保林言弭盗书》中就平定盗贼、稳定民生这个问题分析了背后的原因及治理的办法，认为非简单的刑罚可以生效：

　　　夫盗贼，吾民也，感之以其空言，而其心已动矣。若遂以至
　　诚恳恻之心，实实行之，而又举措操纵，皆适其宜，则是大辟、
　　墨、劓、剕诸法固有时而不用也。执事以为方今当用其善者乎？
　　当用其不善者乎？抑将使天下之民不敢为、不能为，不得为，遂
　　已乎？抑将使其不必为、不肯为者乎？然琦竟谓方今尽举其法用
　　之，而盗卒不得尽，法亦卒不能用者，无他，法行于不教不养之
　　先，而或养之，或教之，而犹不以其实也。

　　在谢良琦为官任上，辖内出现盗贼猖獗现象。按以往的情形，执政者
面对层出不穷的盗贼，施以严酷刑罚，予以严厉打击，便可奏效。但在谢
良琦看来，这仅仅是治标不治本的举措，盗贼之所以成为盗贼，一定有其
原因，如果不是饥馑之年百姓饿肚子，如果不是水旱疠疫之年百姓没有活
路，如果不是被逼无奈，他们不会成为盗贼。既然事出有因，那么对待盗
贼的处理方法就不是简单的严酷刑罚能起作用的，即便是以严刑恐吓盗贼
暂时不出来偷盗，也仅仅是不敢、不能、不得已而为之，而不是发自内心
的不想、不肯为之。因此，谢良琦认为严酷的刑罚只能使盗贼暂时不出
现，而不是彻底打击盗贼、还社会一份安定的根本举措。真正治本的方法
是教化，因为这些盗贼在成为盗贼之前也是平民百姓。这些观点都源自孟
子的仁政思想与民本思想，正如孟子在《孟子·尽心上》篇所言："善政
不如善教之得民也。善政，民畏之；善教，民爱之。善政得民财，善教得
民心。"

（三）慕庄子文风，不喜庄子思想

　　谢良琦对庄子奇肆的文风尤为推崇，却不推崇庄子的思想，认为庄子
思想不合六经之旨。谢良琦的启蒙教育便是父、兄对其进行儒家思想的浸
润与教导，无论是老、庄，还是韩、墨，只要是不合儒家核心思想的思想
家及其流派都不认同。谢氏能在文中体现奇肆汪洋的庄子文风，与其豪放
的性格有关，也与其深厚的学识素养密不可分。对于谢良琦的为文风格，

与谢良琦同时代的夔州人李长祥在为谢氏的诗文集刻本作的序中曾有这样的评价：

> 石臞之文一本于六经，而达之以汪洋自恣之才，如北冥之鸟，绝云气，负青天，耳目之不得到者，固无不到焉。有本者如是，是则然尔。故每一篇出，空空然不得其涯涘，而求之愈有。有其文也有其理，有其理也有其文。……石臞生于清湘。清湘，旧楚地，则石臞楚人，犹杜少陵生于河南之巩县，实襄阳人。少陵之以河南著，石臞之以粤西著。

李长祥认为谢良琦的为文风格颇有庄子之风，是指谢氏的文章写得汪洋恣肆，感情充沛，气势磅礴，尤其在语言表达上呈现出流畅生动、华美富丽，多用骈句、多用韵，声调铿锵，读来颇有和谐的节奏感的鲜明特点，都与庄子文章风格相类。与谢良琦同时向贾徒南学习文学的张怡也认为："石臞公所为古文辞，绚若春华，湛于秋水，未尝规规践迹前贤，而流利之笔，磅礴之气，觉昌黎、眉山诸大家无不出其神情与相辉映。"可见，谢良琦汪洋恣肆的文风是大家的共识，不仅不循规蹈矩，步人后尘，而且笔法的流畅及其字里行间所呈现的磅礴气势，可与韩愈、苏洵、苏辙、苏轼这样的唐宋八大家相比，且不相上下。如此高的评价，也正体现了谢氏确有常人无可比及的文章表现风格。如谢良琦写给好友董长龄的《适庵记》中就"适"字的阐发：

> 天下之物，有所不适而后见其适。辟之日月，苦其阴翳者乐其清明；辟之山林，厌其烦嚣者耽其幽静。至于人生，优游以无事至逸豫也，然必阅历乎出处进退、生死、穷达之间，而融炼于荣华、知遇、憔悴、流离、悲忧、愉佚之变，而后其心淡泊而无所凝滞。……遭世艰虞，毅然出而图君，鸣珂佩玉，高寄远览，

补天浴日之奇，不可谓不适也。誓死间关，驾扁舟、乘下泽，麻
鞋布衣，亲故悲其老丑，不可谓适也。退而丘壑，晔晔紫芝可以
疗饥，天地蜉蝣，绮缯腐鸱，不可谓不适也。

这是谢良琦对五十三岁的友人董长龄二十岁时补弟子员，后屡试不
第、困于名场、有才无命发出的感叹。先用"辟之日月""辟之山林"这
样的恢宏想象构成排比句，增强文章气势的同时，引出对人生境遇的思
考，无论是进退、生死、穷达，还是荣华、知遇、憔悴、流离、悲忧、愉
佚，都由最初的迷茫激昂而归于淡泊宁静。即便是朝生夕死的蜉蝣，也将
短暂的一生过得很精彩。谢氏以简短凝练的语句、迤逦雄奇的文风将董长
龄怀才不遇的感慨淋漓尽致地展现出来。其用语之奇、表达之妙，都颇类
庄子文章所表现出来的飘逸洒脱、翻转奇变的文风。

四、谢良琦的诸子学特色

谢良琦在父亲和兄长的影响与教导下，自幼遍览群书，主要研读了
《周易》《尚书》《春秋》《礼记》《论语》《孟子》《左传》《国语》《战国
策》《楚辞》《老子》《庄子》《水经注》《山海经》。因为对经学思想与诸
子思想都有深刻的认识，所以其文章中有明显的受诸子学影响的痕迹。

（一）用语精练，敢于直陈利弊

谢良琦的文章鲜有长篇大论，多为短小精悍的短文。在这些篇幅短小
的论说、序跋、书信、记表、疏引、人物传记、墓志、铭文等文体中，他
都能将要表达的观点说深、说透，以较小的篇幅容纳丰富多彩的内容，用
语不精练是难以做到的。所以，他的文章都不善于铺陈，更不善于委婉含
蓄的表述，而是多以开门见山式的方式展开。如在与友人李研斋探讨侯方
域诗文成就的《与李研斋论侯朝宗》一文中，他写了读李研斋关于侯方域
的文章后的感受：

读已而叹，叹已复读，且读且叹，不能自已。……虞山驰，侯生劲；虞山汗漫，侯生简洁；虞山以论辨胜，以博综胜；侯生乃无所不胜。……凡为文章，以气为主，其次格局，其次议论，而皆整齐之以法度，此世所知也。气厚矣，厚之中有其宽舒；格高矣，高之中有其平衍；议论雅正矣，雅正之中有其奇辟；法度严密矣，求之法度之中而失，求之法度之外而得，世之所难知，人之所难能也。而侯生能之，此其所长也。

侯方域，明末清初著名的文学家，与方以智、陈定生、冒辟疆并称"明末四公子"。侯氏擅长诗文创作，尊崇唐宋八大家，尤为推崇韩愈、欧阳修。谢良琦针对李研斋所写的文章，认为其评价侯方域的为文风格十分到位，没有用烦琐庞杂的语言进行描述，仅仅用"读已而叹，叹已复读，且读且叹，不能自已"十六个字，足以勾起读者的阅读欲。在谢良琦生活的时代，钱谦益作为清初诗坛的盟主之一要比侯方域名气大。但在谢氏看来，二者却各有千秋，"驰"与"劲"、"汗漫"与"简洁"、"博综"与"无所不能"将钱谦益与侯方域各自文章的特色概括得恰如其分，并在此基础上，以"气厚""格高""雅正""奇僻""法度严密"等词高度概括了侯方域诗文独有的特色。用语之精、概括之简、表达之妙，令人拊掌称绝。

谢良琦除了用语精练准确外，在面对与其价值观念相悖的情形时，还敢于直言阐述，毫不回避。如就盗贼兴起时如何有效地平乱、维护社会稳定，撰写了《上兵道胡保林言弭盗书》；就贪官污吏鱼肉百姓，侵吞国家财产、损害百姓利益的现象，写了《上李粮道书》；针对清代沿袭明代的官职而采取的外官内擢方式，而部分官员自负其才实则祸及百姓的现象，写了《上何方伯论行取书》以责问；就自己奋力抗击贼寇，保住宜兴平安后却被诬告而废退之事，写了《与宜兴诸缙绅书》来表达心中的不平：

　　　仆之为此亦极难耳：钱粮逋矣，参罚凡几；盗贼横矣，参罚
　　凡几；逋粮绅儒姓名造报稽迟矣，参罚凡几。辗转数年，幸得借
　　手以脱仆于坎陷，安在所为富贵之荣也哉？夫仆始之仕也，将以
　　善其身也，幸而得行其道；既其道之行也，不幸而不能善其身。
　　执事者以为仕者殊乎？抑遭时者异乎？近代士大夫多不善仕，至
　　贵乡所以责仕者尤详。抑不知谓行其道者是乎？亦善其身者是
　　乎？抑将谓功者不必讳其过，过不足记其功乎？仆诚愚不自解，
　　在执事者则必有说矣。

　　这篇文章的写作背景是谢良琦在素称难治的江苏宜兴为官时，因为一
到任便匡正风俗，严惩违法作乱之人，断绝攀附权要者的求仕之路，使得
一些权贵利益受损。此时恰逢海贼猖狂作乱，宜兴人想杀掉县令来达到让
海贼撤退的目的。但是谢良琦坚决不允，亲自率军杀敌，击败前来侵犯的
海贼。宜兴缙绅们却向京师弹劾谢良琦，诬告其与海贼勾结，谢良琦遂被
废居兰陵。被黜退的谢良琦郁积之气难平，于是写下这篇抒发心中愤懑之
作，质问缙绅们何以如此。开篇先用孟子独行其道的思想将古今为官者进
行对比，"古之君子之仕也，类以行其道；今之君子之仕也，类以善其
身"，并历数在钱粮拖欠、海贼横行等关键时刻，自己以维护民众利益为
前提维护了宜兴一方的稳定，不料想却深陷被诬的境地，连用六个反问
句，道出自己积压难平的不公正待遇。谢氏这样做，不是为了能平反昭
雪，因为在那样混乱的官场上是没有公平可言的。他深知这样做的结果只
能是"徒更取罪戾"，有百害而无一利，但仍坚持表达，只为"释胸中之
疑耳"。敢于直面诘问为官者营私的胆识与魄力，以层层反问给人毫无还
击之力的表达方式，不难看到孟子"善养浩然之气"的影子。

（二）善用说理，论辩力强

　　谢良琦颇为欣赏孟子文章强大的论辩力与说服力，孟子文章风格遂也
潜移默化地影响谢良琦的为文之风。孟子极为推崇"富贵不能淫，贫贱不

能移，威武不能屈"的大丈夫人格，这种豪放直率的人生追求也在文章之中得到了很好的体现。且孟子十分善辩，往往能在辩论中运用多种表现手法说服对方，尤其善于运用类比的方法使对方不得不陷入孟子所预定的结论之中。这些风格都对谢良琦的写作产生了深刻的影响。但谢氏却不是简单地模仿孟子的为文风格，而是在汲取孟子论辩智慧的基础上有所发挥与发展，如在表现君子节义的《五大夫辨》中，举四皓、田横、鲁仲连的例子来支撑论点：

> 假使松而能言，当秦之封，安知不为横之死、密之辞、鲁连之弃去？而后世之士得其一节，遂谓横为汉之王侯，密为晋之洗马，仲连为受千金之赠，又岂理也哉！
>
> 吾观元太祖为文丞相立木主，不书宋官，方祭时天地晦黑，木主颠仆。魏废承露盘，铜人流涕。由是推之，当时未必无风雷之变，草偃木拔之异，而惜乎未有传焉，莫可得而考也。故夫悠悠之论，其以厚诬古人者为不少矣。吾不可以不辨。

公元前 219 年，秦始皇登泰山祭天，中途遇暴雨躲于一棵松树之下，雨后为表松树护驾有功，封其为"五大夫松"。在常人看来，这棵松树如果有生命，该感激涕零才是。但是从君子不为富贵、淫威所动的角度而言，谢良琦认为这棵受封松树只是不能言说它的耻辱，无法表达而已。为说明这一道理，他连续举了四皓、田横、李密、鲁仲连四个例子作为论据：秦末东园公、绮里季、夏黄公、角里四位君子见秦王暴政，隐居商雒山，皆八十余岁，后曾辅佐汉太子；汉代田横曾与五百余人居海岛，并自立为王，汉王派人召之，田横在见汉王的路上自杀，属下也都自杀而死；晋国以洗马的官职聘蜀臣李密，李密以祖母老而辞；鲁仲连却秦有功，平原君以千金为其祝寿，鲁仲连逃海上而终。在列举以上述四位君子的守节守义之举后，谢良琦紧接着自然过渡到五大夫松的身上，意为五大夫松自有松的高洁与侠肝义胆，只是不能言表而已。这篇文章表面是写五大夫松，实则是借五大夫松表达自己追求大丈夫人格的精神追求，以借喻的方式流利酣畅地表达自己的思想，令人信服。

无论是用语的精练、说理的透彻，还是论语言的精辟，都是谢良琦自幼受父、兄影响而广泛涉猎先秦典籍使然，尤其是受孟子的思想及其文章风格的浸染所致。从谢良琦的为官经历和为官准则来看，孟子所追求的大丈夫人格与浩然之气也正是谢良琦所推崇的，二者之间有高度的契合性。尽管谢良琦也有《佛老论》《上贾徙南业师论〈易〉书》这样内容上有空洞烦琐之嫌的文章，但就整体的思想内涵与为文质量而言，谢良琦的诸子学成就是同时代诸多士人难以企及的。

五、谢良琦诸子学的历史影响

谢良琦的诸子学不仅仅是个人兴趣爱好使然，与其父亲、兄长的影响以及仕途经历，尤其是所生活的明末清初动荡不安的社会背景有密切的关系，反映了易代之际士人的家国情怀无地置放的矛盾，也侧面体现了经学地位有所下降、诸子学地位开始上升时期士人的无所适从。

（一）折射了清代初年粤西士人的普遍生存状态

谢良琦生活的时代为崇祯、顺治、康熙三朝。在他人生的壮年时期，也就是求学、为官的二十年左右的时间段内，正值清代初年，即顺治帝在位时期，如何拉拢汉人，尤其是对社会影响较大的汉人官员及求学者之心，是巩固政权的重要举措。为此，顺治帝推出一系列维护汉人利益、提倡满汉同治的举措，包括号召臣民尊崇孔子、遍读经书、提倡忠孝节义等，以此表明清廷也与历朝一样推崇以孔子为代表的儒家思想，希冀从思想上得到汉人的认可，以使自己的帝位及清廷的江山愈加稳固。

当时的粤西，尤其是粤西北部地区是南明的抗清中心，清廷在此取得统治权较其他地区晚，也就意味着粤西士人对清廷的认可较其他地区晚，对清廷尤其是顺治帝所采取的一系列笼络汉人的政治举措认同度不高。在这样的社会大背景下，谢良琦也和诸多士人一样，受传统儒家文化影响，有浓厚的忠君情结，对前政权不舍，对新政权则持怀疑抑或排斥态度。但看到新政权的思想观念与自己的价值取向相一致的时候，又有将自己所学施展出来，为国、为民发展倾尽所能的意愿。但等谢良琦及其有共同志向的有为之人想将自己满腔的爱国、为民热情通过为官施展出来的时候，却发现官场的种种黑暗及痼疾，欲兴利除弊，造福百姓，却遇到层层阻隔，难以实现。现实的不如意与最初的抱负形成鲜明的对比，如此大的落差让这些士人找不到追求的目标，或退隐回乡闲居，或转而著书立说，或设帐收徒讲学，多在迷茫彷徨中度过。这样的生存状态是谢良琦的晚年生活写照，也是同时代粤西士人普遍生存状态的反映。

（二）体现了粤西学者对诸子思想的习得与传播情况

研读经学与诸子之学，是历代诸多学者步入文学研究的基础，粤西僻处西南一隅，远离政治、经济、文化中心，被视为蛮荒之地，也自然成了被贬谪官员的流放之地。对被贬谪流放者而言，是他们人生中的不幸，但对广西的发展而言，确是广西的荣幸。如明代中后期被贬至粤西的就有黄道周、姜士昌、练国事、刘台、何乔远、吴时来、耿定向、赵贞吉、董传策等人。他们在粤西兴建书院，著书立说，为乡邻子弟解惑答疑，传播中原先进的思想与文化。加之陆续到粤西游览、游学、游幕、游宦的有识之士，在兴办教育、倡导学术、编修志乘等方面都为粤西带来了中原较为先进的思想观念，激发了求学之士的向学热情。且有通过科举取士走上仕途之士到外地为官，深切学习体会中原优秀的文化成果，传播给他们的子侄们，拓宽了他们子侄们的求知视野。无论是寓居粤西之士，还是粤西本土之士，都有向中原先进思想文明靠拢之心，欲缩小与中原文明的差距。诸多有识之士教授晚辈饱读被称为思想之源的先秦诸子之学，从中寻找为学、为官的扎实基石，谢良琦便是其中典型的一员。

谢良琦祖上于宋代由江西安成郡（今江西安福）移居广西全州，谢氏家族极为重视文化教育，可谓书香门第，祖父辈带领儿孙辈知书习文，儿孙辈成人后再将其所学传给下一代。这逐代的口耳传播之中，其主要的内容便是诸子之学，尤其是孔孟之学，因为这是通过科举走向仕途的主要门径，是修身的根本之学。像谢良琦这样从父亲谢日升、兄长谢良瑾那里习得诸子要义再传播给他的晚辈及弟子，在清代并非个例。如同为粤西全州人的文学家蒋励常，自幼跟随父亲学习古代典籍，并曾随父宦游四川等地。其父培养了蒋励常、蒋励平、蒋励庸、蒋励仲兄弟，均为学有成、为官有功。蒋励常又培育了其子蒋启徵、蒋启敫，孙蒋琦龄、蒋珣，曾孙蒋实英等颇有功名与建树的晚辈。又有临桂人龙启瑞受历任湖南知县、浙江台州同知的父亲家学影响，而成为清代名震一时的文学家、文字学家、目录学家，其子龙继栋在诗、文、词的写作上均取得了可喜的成就。可以说，谢良琦本人对诸子之学的学习与传播，是有清一代诸多学者的典型代表。

（三）反映了晚明遗风对粤西士人的影响

1644 年，顺治登基，标志着清王朝的正式建立，但此时并未完成全国的统一，一些拥护明朝的义节之士扶持明朝宗室在南方建立了若干政权，历史上统称为南明政权。南明政权占据了淮河以南的一半国土与清政府对峙，直到 1683 年清军占领台湾，明朝才彻底退出历史舞台。南明与清军对峙的四十年是战火遍及国土的四十年，同时也是对社会政治、经济、农业生产破坏较为严重的四十年，其中永历政权对粤西造成的破坏最为严重。谢良琦的家乡全州因处桂、湘二省四县交界地带，地势险要，易守难攻。南明永历帝凭借张献忠建立的"大西"与李自成建立的"大顺"两个农民政权的余部在西南地区与清军争夺地盘，战火曾在全州持续了十五年。谢良琦曾身处南明与清军展开拉锯战的战争腹地，所受战乱之苦可想而知。这对谢良琦的诸子学创作产生了深远的影响，尤其是明代末年的诸子学文风影响了谢良琦的诸子研究。

明代中期以后，宋明理学作为主流思想延续了数百年之后开始走向衰落，诸多学者对理学袖手谈心性的空疏、浅陋、虚浮文风表示不满。尤其是在明朝濒临灭亡之时，学者们普遍将其归咎为理学空谈心性所致，并开始总结历史、反思现实，寻求新的发展方向，即"反经正学为救世之先务"，在此基础上提出了复兴古学的口号，在复兴古学、回归原典理念的指引下，形成了考证经史的研究风气。在这样的背景下，先秦诸子之学作为传统学术典籍的一部分而引起学者们的重视，出现了明末士人钟爱诸子，即"时风酷尚诸子"的现象。受此研究风气影响，加之受父兄家学影响，谢良琦的诸子学也呈现了重视实证、力图以诸子思想改造现实的特点，并能将孟子的爱民与庄子的齐物论较好地加以融合，以此作为修身立世的指导思想。尤其在谢良琦任南平县令、福州同知期间，他重视维护百姓利益、发展教育等即其诸子学思想的实践与发扬。

纵观谢良琦的一生，十二岁丧父，十九岁丧母，三十五岁丧子，可谓阅尽人生最悲惨之事。然而他并未因此而消沉，反而以父兄之教为精神指引，勤于为学，用心为官、坦荡为人。他有远大的政治理想与政治抱负，有深厚的人生涵养与治世才能。但因政局不安，社会混乱，空有一腔报国之情而无法施展，进而导致仕途坎坷，怀才不遇。

同时他深厚的诗文功力，尤其是诸子学的研究成就也没有引起当时及后世足够的重视。《广西近代经籍志》对此曾有"乃二百年来，世无知者，非粤西憾事耶"的感慨，足见谢良琦才学之高、才能之富；同时也间接表现谢良琦耿直的性格，不肯与官场上的贪官污吏沆瀣一气，这才导致其晚景凄凉。可以说"才高性傲，雅不合群"是他的性格概括，也是他一生命运的总结。这也是清初诸多以治学、治世为己任的士人的共同写照。

第二节　饱受文字狱之苦的谢济世

谢济世（1688—1756），字"石霖"，号"梅庄"，广西全州县龙水镇桥渡村人，清朝文学家。康熙四十七年（1708）举秀才，同年乡试中解元；康熙五十一年（1712）中进士；雍正四年（1726）担任五品官浙江道监察御史；因雍正七年（1729）撰写《古本大学注》、乾隆元年（1736）撰写《学庸注疏》有毁谤程朱之嫌两度被卷入文字狱，被罢官流放。生平事迹被收入《清史稿》。

谢济世出身书香门第，其祖父谢明英为解元，赠"通译大夫"，父亲谢赐绂被封"庶吉士"、赠御史。谢济世自幼随祖父谢明英读《大学》《论语》《中庸》《孟子》《周易》《毛诗》，且多能背诵。在父亲远随祖父赴外任职期间，主要靠母亲督促读书，表现出了超乎常人的勤奋与过人的才华，在十二岁时曾代父作《观风制艺》，显露出的天资与才学惊其行辈。二十四岁任翰林院编修，与孙嘉淦、李元直、陈法等人交往甚密，时称"翰林四君子"。主要著作有《箧藏十经》《以学居业集》《离骚解》《大学注》《中庸疏》《经史评》《纂言内外篇》《西北域记》，均被收录在《梅庄杂著》中。

《梅庄杂著》常见的有三个版本：一是清光绪三十四年（1908）全州文人赵炳麟整理的《谢梅庄先生遗集》仿聚珍版本，一是民国三十年（1941）全州人蒋余荪等发起重印之《梅庄杂著》石印本，一是全州谢氏后人台湾谢光忠先生1993年《摭拾遗补梅庄轶事》排印本。本节主要参照了广西大学黄南津教授等以赵炳麟仿聚珍版刻本为底本并参校其余两版校注的《梅庄杂著》（广西人民出版社，2001年版）。

一、谢济世诸子学研究内容

谢济世的诸子学思想主要体现在文集《梅庄杂著》中。《梅庄杂著》所涉面广，内容庞杂，有经学研究、谏臣奏疏、札记史评、碑志序跋、军营问答、地域风土等。具体篇目包括8篇疏、18篇记、1篇议、2篇辨、1篇解、4篇说、1篇考、1篇书、11篇序、1篇跋、6篇墓表、2篇祭文、6篇杂文、35篇史评、10篇纂言、56篇散记，共163篇。

谢济世的诸子学多为对孔子、孟子的肯定以及对老子、庄子、墨子的否定，所作文章中有强烈的尊孔孟思想，但是较少直接引用孔子、孟子的语句，而是以用典的方式引用孔孟的思想支撑自己的观点。

（一）维护经学正统，否定老庄杨墨诸家

谢济世出生于康熙二十七年（1688），主要的为官为文经历都在清代的鼎盛时期。这一时期的学术思想领域仍是经学占主导地位，子学受社会变革的影响，呈现复兴的局面。但多数学者研究子学是为经学服务的，将子学视为经学的羽翼，对诸子学进行考证、注疏、义理阐发等诸多研究，主要目的是以子学的思想观点反证经学的正确性，维护自汉代以来的经学作为统治者主导思想的正统地位。谢济世便是在这样的大背景下从事经学与子学研究的学者之一。《梅庄杂著》的 163 篇文章中，共有 84 条引用先秦诸子或者化用先秦诸子思想学说的用典，均为尊崇孔子、孟子的言论，其中批评老子、庄子、墨子等诸家言论以印证孔孟言论为正统的就有 10 处。如探究人性本源的《原性》篇中：

> 羞恶辞，让是非，不可衰曰尊，不可拂曰顺，曰养，不可阏郁曰扩充。盖孔孟之言性者如此。此外，《论语》言仁，《大学》言明德，《中庸》言大本，《孟子》言才、言良知、良能，皆性之别名，从未有兼恶言者。

人性问题作为哲学的重要问题，历来探讨者众多，从孔子的"性相近、习相远"开始，到孟子的"性善"、荀子的"性恶"、董仲舒"性三品"、朱熹遏人欲而存天理的"心性"，一直没有间断对人性问题的探究。谢济世只认可孔子和孟子的学说，对荀子及其后的学说则加以批驳，尤其反对程朱理学对人性的解读。在这篇追溯人性本源的论说文中，谢济世将孟子《公孙丑上》和《告子上》两篇文章中提到的"四端"作为立论的依据，即孟子认为人的恻隐之心是仁的开端、羞恶之心是义的开端、辞让之心是礼的开端、是非之心是智的开端。谢济世对孟子的"四端"进行了深入阐释，认为知道羞耻、辞让、是非、不可亵渎的才叫尊，不可违背的才叫顺、才叫养，不可以堵塞压抑的才叫扩充，这都是孔子、孟子关于人性问题最得体的解释。谢济世还将"四书"的主旨进行了精辟的概括：《论语》主要讨论的是儒家的核心思想仁义，《大学》主要讨论的是弘扬正大的品德，《中庸》主要讨论的是天下之大本的中和，《孟子》主要讨论的是才学、良知、良能。在谢济世看来，仁义、品德、中和、良知良能都是人性的另外称法，核心思想是性善。不难看出，在简短精要的语言中，谢济世恰当地概括了儒家对人性的认识，也足见其对《礼记》《论语》《孟子》等儒家经典颇为熟悉，有深厚的经学研究功底。

针对当时有的学者为文只重视形式而忽视文章内容的状况，在《辞章》篇中，谢济世对于除孔、孟之外诸子的否定更加直观、明显：

> 《老子》约，《庄》《列》剽，屈、宋艳，左氏、孙武峭，史迁疏以宕，扬雄缜而奥。柳近左氏，韩近杨，欧近史，苏近庄。老、庄害道，诸子亦未能载道。道不在，皆辞章之类也。

谢济世对先秦典籍的评价中有明显批驳老、庄等诸子的言论，认为《老子》文辞简约，《庄子》《列子》二书轻佻躁急，屈原、宋玉之文想象奇特、富于文采，左丘明和孙武的文章措辞简洁、刚健有力，司马迁的《史记》疏密得当、起伏跌宕，扬雄的文章逻辑严密、语义深奥，柳宗元的文章风格接近《左传》，韩愈的文章说理严密，风格接近扬雄文风，欧阳修的文章风格接近《史记》，苏轼的文章风格接近《庄子》。老子和庄子的文章对儒家提倡的"文以载道"有危害，诸子的文章也没能阐发儒学的"道"，不能阐发儒家正统思想的文章，都属于只注重外在形式而忽略主旨内容的花哨文章，不足取。谢济世维护与提倡的是儒家"文以载道"的思想，即文章要阐发儒家的"道"，儒家的人道。

在《纂言外篇》中，谢济世对杨朱、墨子、老子等家观点进行了形象地描述与批驳：

> 子固问杨、墨、子莫、乡原异同。曰："譬如着衣，杨冬夏
> 皆葛，墨冬夏皆裘，子莫半葛半裘，冬夏不易者也。乡原夏葛冬
> 裘，裘葛皆幻者也。"问释老与杨墨异同。曰："杨者老之弟子，
> 老即杨也；释者，窃墨之言，使人为墨而己为杨者也。"

子固问谢济世，杨朱、墨子、子莫、乡原四者之间的异同，谢济世没有正面回答，而是以穿衣服作比：杨朱像冬天夏天都穿葛制的单衣；墨子则是冬天夏天都穿裘制的皮衣；子莫是穿着一半葛制的单衣一半裘制的皮衣，并且无论冬天还是夏天都不换；乡原之人是夏天穿葛制的单衣，冬天穿裘制的皮衣，并且葛制的单衣和裘制的皮衣富于变幻。子固又问佛教、道教和杨朱、墨子的异同，谢济世回答说：杨朱是老子的弟子，老子就是杨朱；佛教无非是窃取了墨家的一些言论，让信徒们像墨家一样奉行节俭，而自己却像杨朱那样只顾自己的利益。在谢济世看来，除了孔子、孟子之外的诸子观点都不足取。谢氏的评价未免失之偏颇：杨朱的学说主张贵己、重生，不为外物所累，"不拔一毛以利天下"，固然是利己思想过重；子莫提倡折中主义，类中庸之道，但不善于变通，只固守一点；乡原是不分是非、不得罪人的老好人，可谓毫无原则可言；墨家主张兼爱、非攻、尚贤、节用等，是进步的，于国于民都有利。至于认为佛教是窃取墨家学说的言论，完全与事实不符，谢济世为了维护儒家的正统观点，才对孔孟之外的诸子思想进行否定与批驳。

（二）尊崇先秦儒家思想，反对程朱理学

谢济世如此尊崇儒家思想，儒家思想又是清代统治者极力维护政权所需的主导思想，理应备受统治者欣赏才是。可是事实却恰好相反，谢济世的著书立说竟然险遭杀身之祸。究其原因是谢济世尊崇的是先秦时期的儒家思想，而非清代统治者推崇的经过宋代程颐、朱熹演绎后的程朱理学。

谢济世直接批驳程朱理学的思想，而程朱理学在清代，尤其是康熙即位后极受推崇，官方认为朱熹"集大成而继千百年绝传之学，开愚蒙而立亿万世一定之归"，将朱熹所注的《四书集注》（《论语》《孟子》《大学》《中庸》）作为学官的教科书和科举考试的标准答案，并于康熙五十一年（1712）以朱熹配享孔庙，升格为十哲之一。可以说，程朱理学是清朝正统的统治思想与精神支柱。

在这样的大背景下，谢济世注释《大学》《中庸》竟然采用古本，没有采用朱熹的《四书集注》定本，并且不同意程朱的某些观点，而提出自己的见解。其中最为典型的是乾隆元年（1736）正月十五呈给刚即位的乾隆皇帝的《进〈学庸注疏〉疏》开篇即曰：

> 窃惟致治必以王道，王道本乎圣功。二帝三王之心，传递至孔、曾、思、孟。孔、曾、思、孟之微旨，著于论、孟、学、庸。第其书，牧竖农夫皆能诵读；而其义，老师宿儒未或贯通，良由历代诸儒注疏踳驳之所致也。

谢济世开门见山便陈述治国安邦的思想基础应该是王道，而不是霸道。真正掌握王道的是孔子、曾子、子思、孟子这样的圣人。他们的思想精髓都体现在《论语》《孟子》《大学》《中庸》之中。这些著述内容即便是普通的平民百姓也能理解，明白其大义。但是这些圣人的真正义理即便是资深的儒生、老师也不见得理解透彻，原因在于历代对"四书"的注疏颇为驳杂。谢济世先提出孔孟思想对治国安邦的重要性，紧接着又提出孔孟思想有被历代注疏者误读误解的情形，为引出自己重新按古本注疏《大学》《中庸》做铺垫，即表明了重新注疏《学庸》的必要性与重要性。其注疏的用意在文章的最后有明确的体现：

> 当世道方隆之时，即圣学大明之日。但当发挥孔、曾、思、

孟，何必拘泥周、程、张、朱？臣所虑者，程朱之说固非，臣之说亦未尽是。是以恭呈御览，伏候上裁，纵窥测无当高深，知圣慈矜其庸而恕其妄；倘千虑还有一得，乞睿鉴舍其瑕而取其瑜。

谢济世自幼习读孔孟之书，深谙孔孟思想精髓，认为要想世道兴盛，必须有圣人思想的指引，也就是应该发挥孔子、曾子、子思、孟子等圣人思想的力量，不必拘泥于周敦颐、程颢、程颐、张载、朱熹的理学思想。程朱的观点是错误的，而谢济世本人的观点也未必是正确的，所以才将自己的注疏呈给乾隆皇帝，希望能得到乾隆皇帝的认可与推行。谢济世是抱着一颗忠君爱国之心给乾隆进疏的，因为他发自内心地认为孔孟思想才是治国之本，程朱理学歪曲了孔孟的原意，应摒弃程朱的理学思想，回归孔孟思想原貌。

在此之前，谢济世因弹劾雍正最宠信的大臣田文镜被流放到阿尔泰军营服役达九年之久。他在军营中根据古本注《大学》，被告发后险些送命。在乾隆登基后，他又抱着"进道学者无厉禁"的想法把《大学注疏》《中庸注疏》呈给乾隆。从统治者的角度而言，谢济世不尊崇程朱理学，公然反对程朱，"毁谤程朱"就是反对官方的统治思想，如在文字狱高压的环境下，必会招来杀身之祸。所幸的是乾隆初登皇位，为防给世人留下压迫打击读书人的话柄，尽管认为此书"谬妄无知"，只将书稿发还，并未治罪。六年后，谢济世又因刊印此书被告发，书稿后被销毁。

谢济世数次因为注书反对程朱"存天理、灭人欲"等理学思想被告发，险些送命。但他九死而不悔，百折而不挠，只为回归先秦时期孔、孟思想的本真，为国家找到真正可以兴邦的王道。他的所言所行都是儒家君子的立身行世标准，希望以自己的儒学修养完成修身、齐家、治国、平天下的神圣使命。

二、谢济世诸子学研究特点

谢济世对诸子学的研究重在孔子和孟子的思想及其为文风格。但他不同于清代一般学者就孔孟的注疏进行校勘、训诂、集注、辨伪、考证、辑佚等考据学研究，而是侧重对孔孟思想所涵义理的阐发与诠释，从而呈现出不同于一般学者的研究特点。

（一）善于用典，化用孔子、孟子事迹表达观点

谢济世受家学影响，自幼研读孔孟之学，加之天资聪颖，对孔孟之学的认识较为深刻。但他在行文中很少直接引用孔子、孟子著述中的原句，而是巧妙地将孔孟之言进行化用，如探究天命含义本源的《原命》篇：

> 圣贤以为逆命无益，不如安之（曰死生有命，曰道行道废，曰得之不得，曰顺受，以安命言）。

圣贤认为与命运抗争没有好处，不如安分守己，听从命运安排。这里用小字注的方式（引文中括号内的部分）阐释圣人对命运的解释。"死生有命"出自《论语·颜渊》篇："子夏曰'商闻之矣：死生有命，富贵在天。'"司马牛很忧伤地认为别人都有兄弟，只有自己没有，子夏随即安慰司马牛说："我听说过'死生有命，富贵在天'，只要敬业、恭敬待人，四海之内都是兄弟，没有什么可担心的。"儒家的"死生有命，富贵在天"是针对"死生富贵"而言的，并不是消极被动的，而是一种现实、通达的天命观。"道行道废"出自《论语·宪问》篇："子曰：'道之将行也与，命也；道之将废也与，命也。'"此句的背景是公伯寮在季孙面前诽谤子路，子服景伯将此事告诉孔子，孔子说："我的主张无论是将要大行于世还是被废弃，都是天命，公伯寮能把天命怎么样呢？"儒家所谓的天命是自然的定数，其态度是"尽人事，听天命"。"得之不得"出自《孟子·万章上》篇："弥子谓子路曰：'孔子主我，卫卿可得也。'子路以告。孔

039

子曰：'有命。'孔子进以礼，退以义，得之不得，曰：'有命。'"孔子在周游列国期间走到卫国的时候，在子路妻兄颜雠由家主持私塾教务，子路的连襟弥子与子路说"如果孔子住在我家，可以得到卫国国卿的位置"。子路将此事转告给了孔子，孔子说"这由天命安排"。孔子只根据行为规范进退，不刻意作其他努力，至于结果如何，都由天命安排，反映了儒家的天命观。"顺受"出自《孟子·尽心上》篇："孟子曰：'莫非命也，顺受其正。是故知命者，不立乎岩墙之下，尽其道而死者，正命也；桎梏死者，非正命也。'"体现的是孟子顺应天命的天命观：只要不做危险的事，做自己该做的事，顺应道理而为，做正义之事，就能够拥有正常的命运。表面上看来是消极的，不肯有所作为，实则是孟子认为天命并不是神秘莫测的，只要顺应自然规律，积极从事自己该做的事即可。无论是孔子还是孟子，对天命的理解都是对自然的顺应与敬畏，但是作为个人仍须在力所能及的范围内努力。谢济世将孔孟的天命观点以简洁的用典形式体现出来，言简意赅，却又意味深远。

谢济世有位朋友叫侯若木，考了三十年才中进士，但是文章却写得越来越好。为此，谢济世在给侯若木文集所作的序言中勉励其坚持不懈的精神。

> 夫孔譬为山，孟譬掘井，前功顿弃，圣贤有同惜焉。

以孔譬为山、孟譬掘井为例，体现坚持之道。孔子在《论语·子罕》篇中曾说："譬如为山，未成一篑，止，吾止也。譬如平地，虽覆一篑，进，吾往也。"意思是修德进业就像堆土成山一样，只差一筐土未能堆成就停下来，就像填平地面，尽管只铺了一筐土，如果坚持下来，要靠勇往直前的信心与行动。只要有足够的决心和毅力，不管起步早晚，重在坚持不懈，一定会有所成就。"孟譬挖井"出自《孟子·尽心上》篇："有为者，譬若掘井，掘井九仞，而不及泉，犹为弃井也。"做事就像掘井一样，挖到六七丈深还没有见水，仍然只是一口废井，同样讲的是坚持的重要性。在谢济世看来，即便像侯若木这样晚年才成才，同样值得庆贺，只要文章写得好，哪怕因年纪大而做不了官，也可以名垂不朽。谢氏勉励朋友要坚持不懈，切勿功亏一篑，他自己也是这样做的，尽管被诬告、被流放，仍坚持回归孔孟经学的原貌，注书进谏，期待统治者能采纳自己的主张，是儒家"知其不可而为之"的强烈历史使命感和高度社会责任感的最好体现。

谢济世对孔孟经学的了解可谓精深，在解释经学典籍的《原经》篇中，以孟子为例解释儒家的仁义：

> 《孟子》，仁义而已矣。上孟如天，下孟如渊。贱齐桓、晋文，辟杨、墨、乡原；圣夷、惠、伊尹；辨性善情善；存夜气，求放心，天人一息，性命同根。

文中的"夜气""放心"均出自《孟子》。《孟子·告子上》："夜气不足以存，则其违禽兽不远矣。"孟子认为，如果是夜里静思而由内心发出的善念不存在了，那么就和禽兽差不多了。《孟子·告子上》："学问之道无他，求其放心而已矣。"在孟子看来，求学之道没有其他诀窍，只是不丧失掉良心而已。求学与求得仁善的方法是一样的，都要把良心放在首位，以利他的态度为他人做好事。谢济世认为《孟子》的精髓无非是"仁义"二字，统治者如能推行孟子的仁义观，就能使国家如日中天；如果贬低孟子的仁义观，就会使国家堕入深渊。孟子不赞成像齐桓公、晋文公那样以武力称霸天下。批评利己的杨朱、兼爱的墨子、毫无原则的老好人，以伯夷、柳下惠、伊尹为圣人，是因为伯夷为人清廉，伊尹胜任工作，柳下惠思想和谐。只有心存善念，凭良心做事，才能达到人、天共存，天性与命运同在。谢济世看似解读《孟子》的微言大义，实则是对君王的进谏之言，希望当政者能摒弃程朱理学害道、害人、害国的思想，回到孔孟所倡导的仁政、治世的太平盛世。

（二）习得孟子重义理且好辩的文风

谢济世文中除了以用典的方式阐发孔孟的言论，还以孟门高足自任，突出体现在他的行文之风颇似孟子，即有严谨缜密的论述、充沛的感情、流畅简洁的语言、精辟准确的用词、好辩的文风、善用比喻等。

在探究人性本源的《原性》篇中，针对汉代以后学者对孔孟所言性善论的曲解与摒弃，谢济世从人性之初进行层层论证：

> "天地之大德曰生"。木、火、土、金、水递生，环生，克亦生。人得天地生生之德以为心，而性名焉。其名见于《商书》，其目著于《周易》，而其原出于河图。春木曰仁，夏火曰礼，秋金曰义，冬水曰知，中土季土曰信。老氏知有仁义礼知之名，而不知即性中之德，故性则玄之妙之，仁义礼知则绝之弃之；释氏知性中有义知，而不知性中有仁礼，故言戒言慧义知在，言寂言空仁礼亡。惟圣门言性不可易，以对待言，曰仁义礼知。

谢济世对"性"这一概念的引出颇富逻辑性。天地之间的大德叫生，五行之间相生相克也是生，人得到天地相生之德叫心，德心就是性，并将金、木、水、火、土所表示的五行与四季恰当地关联起来，以说明人性是源于天地的，源于自然的。为引出儒家的人性观，谢济世先从总的方面谈性的起源，然后再分别讨论老子、释家如何没有领悟人性深意，最后归结出只有儒家倡导的性才是真正的人性。"总、分、总"的论证结构，颇似孟子的表述风格。这里对老子的批驳失之偏颇。《老子·第一章》"玄之又玄，众妙之门"，认为"道"是宇宙万物的本原，道的玄妙深奥是宇宙万物所有运动变化的总门径；《老子·第十九章》"绝圣弃智，民利百倍；绝仁弃义，民复孝慈"，意为弃绝了聪明和才智，民众才会有百倍的利益，弃绝了仁和义，民众才会恢复孝慈的本性。这里，老子针对病态的社会现象予以抨击：圣智、仁义原本是值得称道的，但是统治者将其作为治国的文饰，而不是真正用来治理社会。因此，与其让圣智与仁义遮盖统治者的丑行、误导民众走出歧途，还不如彻底地摒弃他们，让民众返璞归真，恢复朴素纯洁的本性。谢济世用老子的原话批驳老子的观点，并非真的未能理解老子的本意，而是为了体现儒家人性观的正确，以批驳老子思想的方式来反衬自己的观点，从而达到清晰透彻地体现其认可的儒家人性观的目的。

《孟子》中有很多与人论辩的文章都采用对话的方式展开。谢济世的《纂言外篇》便采用对答的形式引出自己要表达的观点：

> 问："孔子时异端为谁？"
> 曰："老子也。谷神不死之说，老作之，原壤、杨朱之徒述之，其害至今未已也。攻异端，攻此也。"
> "然则犹龙之叹非与？"
> 曰："适周问礼，其时年未四十也，四十则不惑矣。不观其贼原壤乎。"
> 伍都尉世拔问举错之义。
> 曰："置于其上谓之错，《易大传》错诸地是也。君子可大受，小人可小知。举君子而置于小人之上则当，大任理庶务，皆得其人矣。"

有人问："和孔子观点相对的是谁？"谢济世回答说："是老子，'变化莫测的道是不死的'为老子所作，老子的观点经过原壤、杨朱的阐述，其危害影响至今，应该摒弃。"有人问："史书所记孔子赞扬老子道德高深，似龙一样变化莫测的事难道不是真的吗？"谢氏回答说："孔子到周向老子问礼之时未满四十岁。到四十岁才能独立思考不被迷惑，才知道厌恶友人原壤不讲礼仪。"关于伍都尉问关于举贤用贤的意思，谢济世回答说："君子是不可以从小处去识别的，但是君子却可以承担重任，小人不可以承担重任，却可以从小处去识别。"

　　这段对话是谢济世为表达孔子见贤举能、攻乎异端的正确性，假设了两个人的问答，以一问一答、层层深入的方式表明自己的观点。对于《史记·老子韩非列传》中说及孔子向老子问礼一事，已成为世人认可的事实。而谢济世的解释是因为当时孔子还没形成独立的思考，从而否定老子比孔子更博学多才，就像孔子的朋友原壤，也是因为孔子后来才发现他不讲礼仪，开始疏远他，以此表明孔子思想非受老子影响，以维护孔子作为圣人的纯洁性与权威性。

　　谢济世的文风是一贯的，不仅是政论性的文章中体现了重义理、善辩的文风，在考证式的文章中也不例外。他曾写过一篇关于广西三江地理位置的考辨文章《广西三江考》，在文末仍不忘发议论：

　　　　呜呼，世未有舍一省之左右而以一府之左右为左右者也！虽
　　然，自古及今，无其实而冒其名，举世相沿不考者多矣，右江犹
　　有因者也。

　　考辨三江的地理位置，本不必发议论，但谢氏仍在文末对有些未经考证而只是相沿成习的地名发表了看法。善发议论，且有感而发，是谢济世一贯的行文风格，也体现了他对义理的阐发重于内容的考据。这是受研究诸子时重义理阐发的文风影响所致。

　　谢济世的文风与孟子文风如此相似，除了谢济世自幼受儒家影响颇深，深谙儒家经典的思想精髓外，也与谢济世刚直不阿、见义勇为、舍生取义的性格密切相关，也因为孟子所提倡的"善养浩然之气"的君子之风正合谢济世修身、治国的人生追求。

（三）"以子证经"研究方式的运用

　　谢济世尊崇孔孟，批驳老、庄、杨、墨等其他诸子，批驳的目的是反

证孔孟经学观点的正确性，即"以子证经"的研究方式。"以子证经"发源于清代儒学者为了正确地解释经学、证明经学，针对宋儒"自得"法而提出的完全不同的解经方法。因为孔、孟、老、庄、墨等诸子生活的时代很接近，是在几乎同一历史背景下产生的，所以考据学家从音韵、训诂、辨伪的角度从诸子的著述中寻找证明经学权威性的佐证材料。谢济世也运用了"以子证经"的方法，不同之处在于：他不是从音韵训诂的角度进行，而是从义理的角度，用诸子的思想反证经学思想的正确性。

谢济世"以子证经"方法运用最典型的是《原性》篇，如在谈及食色与性的关系时，引出滕文公与告子：

> 不然，孟子告滕世子，辟告子，生平谆谆断断，几于唇焦吻敝，而至此又以声色臭味为性，岂不矛盾哉！

《孟子》中记载滕文公好施仁政、待民宽厚，曾"从孟子而响应善国之治"，是位谦虚向善的仁君。《孟子》中有很多篇章是与滕文公论道的，也有很多驳斥告子（即告不害）的论述。关于人的本性，告不害提出不同于荀子"性恶论"、孟子"性善论"的"性无善无不善论"。他所提出的"食、色，性也"意为"生之谓性"，也就是主张食、色都是人类生存所必需的。这与孟子的"性善论"有偏离。因此，谢济世批评告不害平日里看似很认真很恳切地学习争辩学问，实际上却认为声、色、臭这些不能登大雅之堂的生活基本需要为人性，是前后矛盾的，即告不害的观点是错误的，以此证明孟子性善论的正确。

批驳告子之后，谢济世紧接着又将矛头对准了宋儒：

> 荀子谤思诽孟，杨子剧秦美新，韩子孟荀并称，孔墨相用，其不识性无足怪。宋儒者，宗孔孟，辟诸子者也。然其于孔孟也，名宗之而实叛之；于诸子也，名辟之而实宗之。周子曰：

"五性感动而善恶分。"感而分,则未感可知,即杨子善恶混之说也。张子曰:"有气质之性,善反之则天地之性存焉。"朱子作性图曰:"无不善,有善恶。……而孔孟概曰善、曰天命、曰根心、曰恻隐、羞恶、辞让、是非。"

荀子的核心思想是"性恶论",与孟子的"性善论"不同,而子思是孔子的孙子,也是孟子的老师,所以说荀子提出对人性的认知是对子思、孟子的指责。扬雄曾仿《周易》作《太玄》,仿《论语》作《德言》,主张"性善恶混说",并且撰文斥责暴虐的秦朝,赞美王莽所建立的新政权,历来被学者认为有失大节。韩愈在《原性》篇中将孟子与荀子并提,孔子、墨子相用,因为韩愈没有认识到人性的根本,不能责备,而从形式上看宋儒似乎是尊崇孔孟,实际上是对儒学的背叛。周敦颐认为的五性感动而善恶分,和扬雄的善恶不分没有区别;张载提出的由气与形质结合而成的人性是反对天地之性的异端观点;朱熹提出人性没有善恶之别。宋儒关于人性的认识都背离了孔孟性善论的正解。今天看来,荀子的观点也属儒家,但谢济世只推崇孔孟,认为荀子、墨子等诸子思想都是与孔孟思想相左的异端观点,都需要否定,宋儒的观点更是离经叛道,借儒家之名传非儒家思想之实。

饱学之士谢济世因对孔孟之学及其他诸子思想及程朱理学思想有深刻的认识,所以能找出孔孟观点与其他诸子观点的不同点,并以精练的语言、缜密的逻辑论辩进行对比,以否定其他诸子之说来反证孔孟思想的合理性,是对清儒"以子证经"研究方法的深入运用与升华。

三、谢济世诸子学研究价值

谢济世生活在清代由盛转衰时期,所以对谢氏的诸子学与经学研究,不仅是对其个人的研究,更是可以窥一斑而知全豹,从中折射出清代中晚期的学术思想研究状况与粤西士人为学、为文、为官的五味杂陈历程。

046

（一）反映清代诸子学地位

先秦诸子是在春秋、战国时期王室衰微、礼崩乐坏、诸侯割据的社会大变革时代产生并发展起来的，是中华民族精神与文化认同之源。到了汉代，缘于社会政治经济形势的变化，汉武帝采纳了董仲舒"罢黜百家，独尊儒术"的建议，使孔孟的儒家之学成为统治阶层的主导思想，其他诸子思想备受忽视甚至排挤。直到清代，受文化专制的思想政策影响，文人不敢多问时政，转而开始对先秦典籍的考证研究，出现了以考据为主的乾嘉学风，这既是对先秦思想的深入诠释，也是对宋明以来有关儒家正统思想的阐释被不断抽象化的矫正。

为加强对正统儒学的研究，学者们采用"以子证经"等研究方法，从校勘、辨伪等角度用诸子之学印证儒学思想的正确性。加之社会因素的影响，出现了诸子复兴的态势，使得诸子学从经学的羽翼、经学的附庸地位而重新引起世人的重视。谢济世所处的时代正是宋代程朱理学权威地位开始动摇，诸子之学逐渐兴起的变革时期，谢氏对先秦时代正统儒学思想的维护，对老、庄、荀、墨等诸子思想的否定，尤其是对程朱理学的无情批判，都代表了清代中晚期的学术研究状况与思想变革。

谢济世对正统儒学的维护是忠实而彻底的，这在他不惜以生命为代价注疏《大学》《中庸》并进谏给帝王的行为中表现得尤为明显。谢济世因上任不足十日便弹劾雍正帝的宠臣田文镜营私负国、贪虐不法而触怒龙颜，被发配阿尔泰军前效力。在被充军流放的过程中，他克服艰苦的生存条件，以匡正程朱理学离经叛道为己任，坚持采纳古本对"四书"进行全面注疏。被告发后，朝廷以"肆行讥讪，怨望毁谤，怙恶不悛"的罪名欲"斩立决"。雍正因理由难以服众，怕引起公愤，最后以密谕免死，做了因著《通鉴论》被认为诽议时政的陆生楠的陪斩。

在陪斩的七年后，乾隆帝即位，谢济世对朝廷、对国家的赤胆忠心仍未泯灭，又将险些使自己丧命的《大学疏》与《中庸疏》两部书稿亲自呈送给乾隆。初涉国家之政的乾隆担心严惩谢济世会堵塞言路，影响自己的明君形象，只批其注书"谬妄无知"，并未加罪。

谢济世及其同时代的诸多学者如此用心维护正统儒学的独尊地位，从侧面反映了儒学思想作为统治者思想核心的地位正受到来自诸子学思想的影响而岌岌可危。加之西方思想的传入，传统的经学思想遇到了前所未有的危机。在谢济世的文章中，已经显露出其受西学观点影响的端倪，如《纂言内篇·原道第一》：

> 天积气，气扛地。地似球悬，人如蚁丽。凸者山，凹者海。海水演而为山泉，山泉潨而仍为海水。

谢济世对世界的认识是"地球像球体一样悬浮在气体之中，人像蚂蚁一样附着在上面"。这一认识与传统的天圆地方的世界观有着本质的区别。有这种认识的不只是谢济世一个人，而是和他同处一个时代的人。

清代中晚期是学术思想的变革时期，既是传统学术思想的集大成时期，也是近代新学发展的源头时期。可以说，谢济世对经学的维护，对老、庄、墨家等诸子学思想的批判与反驳，对程朱理学的痛斥，对西学的初步接受，都反映了清代由盛至衰的变革时期的社会、政治、学术、思想状态。

（二）映射清代粤西士人的文化精神

清代粤西的知识分子相较于文化发达的中原地区知识分子而言，除了世人认为的文化不发达、著名学者少、学术研究基础薄弱等表象之外，还有受家学影响开蒙早、重视教育、为官清廉、性格耿介、胆识过人、重忠孝仁义等文化精神特质。

从谢济世的族谱、后人及学者的著述中，可以较为清晰地梳理谢济世为学、为文、为官沉浮的人生轨迹。谢济世自幼聪颖过人，奉祖父谢明英之命诵读《四书》《周易》《毛诗》，随机点一则，能应声而诵。谢济世性顽劣，被明理而严格的母亲督促、责备，开始发愤读书。二十四岁中进士即步入仕途，历任翰林院庶常馆庶吉士、翰林院检讨、浙江道监察御史，可谓少年得志。但在靠结党营私方能立足的官场，他因不畏权贵，不肯与营私者同流合污，敢于弹劾河南巡抚田文镜、湖南衡阳知县李澎、湖南善化知县樊德贻、湖南巡抚许容，遭受九年流放、三度入狱的身心折磨，但对国家与君王的忠心不改，仍在其后三年御史、五年粮储道、一年盐驿道的颠沛为官经历中，坚持为民请命。

这与同时代的粤西士人有诸多共同之处，例如：过而立之年仍然会试不中，因德行文才被举荐为四川定水县令的俞廷举，宁可辞官也不向官场恶势力低头，但其著述《一园文集》《四川通志》《金台医话》《静远楼诗集》却流传下来，并在文学、医学、通志领域产生了较大的影响；出生于书香世家、只做过六年融县教谕的蒋励常，拒绝上司的索贿而弃官回乡，在晚年担任清湘书院山长，为桑梓培育了大批英才，其著述《岳麓文集》《十室遗语》《养正篇》思想深刻；被称为"两粤文人之冠"并官至通政使的蒋良骐，为官两袖清风，刚正不阿，深得民众爱戴，纂修了清代重要史书《东华录》。

谢济世与同时代士人为学刻苦、为官清廉、为人正直、为文严谨的风格与精神共同构成了清代粤西士人的文化精神特质，为后世广西人文发展做了良好的铺垫。

谢济世一生都在用行动实践儒家修身、齐家、治国、平天下的人生理想，为国家人民的前途命运颠沛流离，受尽人间疾苦，仍极力维护正统儒学的核心地位，是历史上第一个因注释儒家经书而获罪的人。他虽数度流放、入狱、被诬，但以天下苍生为己任的初心不改，像孔子那样"明知不可为而为之"，具有像孟子那样"虽千万人吾往矣"的大丈夫气概与理想追求，始终固守爱国守忠的情怀，正如其名字的寓意：救济世道人心。

第三节　阐释《孟子》要义的陈宏谋

陈宏谋（1696—1771），字"汝咨"，号"榕门"，原名"弘谋"，为避乾隆帝爱新觉罗·弘历的名讳改为"宏谋"，谥号"文恭"。广西桂林府临桂县西乡横山里舍（今桂林市临桂区四塘乡横山村）人，官居一品，是清代官职最高的广西人，有"岭表儒宗""理学名臣"等称誉。《清史稿》单独为他列传。自幼家境贫寒，靠父兄勤劳耕作读书，五岁从兄陈宏诚学习，后得到名儒杨静庵、朱惕庵和广西学政徐省庵的赏识与教导，"三庵"均为理学名儒。雍正元年（1723），时年 27 岁中进士。历任翰林庶吉士、布政使、巡抚、总督、东阁大学士兼工部尚书等二十一职，任经十二行省，所至颇有政绩。其在云南任职期间，设立义学七百多所，倡办书院，编印教材，亲自授课。陈氏一族从陈宏谋开始，到光绪二十七年（1901）其七世孙陈敉功为止，代代有人登科及第，7 代近 180 年间，家族中共考中状元 1 名、会元 1 名、进士 4 名、翰林 2 名、解元 2 名、举人 26 名、贡生 9 名，其中官至巡抚、总督及以上的有 4 人。乾隆三十六年（1771），陈宏谋卒于山东兖州。1943 年，在李宗仁、白崇禧、李济深等 119 人倡导下，国民政府在横山村左隅创办榕门中学纪念陈宏谋。

陈宏谋的主要著述有《五种遗规》《湖南通志》《重订正史约》《大学衍义辑要》《培远堂全集》《吕子节录》《在官法戒录》《四书考辑要》。其孟子研究成果主要体现在《四书考辑要》中的《孟子考辑要》。本节参照的版本为乾隆三十六年（1771）陈兰森编校的陈氏培远堂刻本。

一、陈宏谋的孟子学研究内容

陈宏谋的孟子研究被收入《四书考辑要》中，根据《孟子》文本各章节的主要内容、孟子思想主旨及历代注疏解读情况，将各章中需要重点阐述或考辨之处以多个独立小节的形式单列出来进行注释解读。

《梁惠王上》篇分为孟子、梁惠王、鸿雁、麋鹿、诗云经始灵台、灵台、灵囿灵沼、汤誓曰时日害丧、河内河东、填然鼓之、数罟不入洿池、斧斤以时入山林、宅、桑、鸡豚狗彘之畜、百亩之田、庠序、俑、梁襄王、云、雨、齐宣王、衅钟、庖厨、诗云他人有心、诗云刑于寡妻、度、邹、海内之地方千里者九、商贾，共30节。

《梁惠王下》篇分为庄暴、管籥、田猎、羽旄、咸英韶濩、囿、雉、兔、葛、昆夷、獯鬻、勾践事吴、诗云畏天之威、剑、诗云王赫斯怒、书曰天降下民、云宫、转附朝舞、琅琊、巡狩、述职、省耕省敛、徵格角招、明堂、岐、关、市、泽梁无禁、诗云哿矣富人、公刘、诗云乃积乃仓、弓矢、戚扬、诗云古公亶父、玉人、燕、齐人伐燕胜之、书曰汤一征、霓、邹穆公、仓廪、滕文公、邾、皮币、珠玉、梁山、鲁平公、臧仓、乐正子、三鼎五鼎，共50节。

《公孙丑上》篇分为公孙丑、曾西、武丁、贤圣之君六七作、微仲、胶鬲、置邮、孟贲、告子、北宫黝、孟施舍、子襄、麒麟、凤凰泰山、丘垤、河海、行潦、七十子、诗云自西自东、诗云迨天之未阴雨、诗云永言配命、太甲曰天作孽、市廛、助而不税、廛无夫里之布、函人、子路人告之以有过则喜、禹闻善言则拜、耕稼陶渔，共29节。

《公孙丑下》篇分为天时地利、东郭氏、孟仲子、景丑氏、礼曰父名无诸君命召不俟驾、齿、陈臻、平陆、戴、距心、蚳蛙、灵丘、公都子、盖、王驩、嬴、孟子自齐葬于鲁反于齐至于嬴、沈同、子哙、子之、陈贾、管叔、时子、子叔疑、画、鲁缪公、子思、泄柳、申详、尹士、高子、休、崇，共33节。

《滕文公上》篇分为世子、成覸、公明仪、书曰若药不瞑眩、滕定公、然友、饘粥之食、五月居庐、诗云画尔于茅、贡助彻、龙子、诗云雨我公田、庠序学校、圭田、余夫、神农、许行、屦、陈良、陈相弟辛、耒耜、铁耕、陶冶、九河、济漯、汝汉、淮泗、江、司徒、鸠、出于幽谷迁于乔木、鲁颂曰戎狄是膺、麻、缕、丝、絮、墨者夷之、墨之治丧也、徐辟、狐狸、蝇、蚋，共42节。

《滕文公下》篇分为陈代、齐景公田招虞人以旌、赵简子、王良、婴奚、诗云不失其驰、景春、公孙衍、张仪、丈夫之冠、女子之嫁、周霄、质、耕助、粢盛、夫人蚕缲以为衣服、衣服、惟士无田则亦不祭、牲杀、器皿、媒妁、彭更、梓匠轮舆、瓦墁、葛伯仇饷、汤始征自葛载、有攸不为臣东征、篚厥元黄、太誓曰我武惟扬、戴不胜、庄岳、薛居州、段干木、戴盈之、蛇、巢营窟、书曰洚水儆予、奄、飞廉、犀、象、书曰丕显哉、孔子瞿作春秋、杨朱、墨翟、申韩、诗云戎狄是膺、匡章、陈仲子、于陵、螬、蚓、盗跖、缧、兄戴、鹅，共56节。

《离娄上》篇分为离娄、公输子、师旷、六律、五音、梁武帝、诗曰不愆不忘、规矩准绳、诗曰天之方蹶、幽厉、诗云殷鉴不远、诗云永不言配命、涕出而女于吴、诗云商之孙子、诗云谁能执热、沧浪之水、太甲曰天作孽、獭、爵、鹯、艾、诗云其何能淑、北海之滨、太公、东海之滨、养老、孙膑吴起、苏秦张仪、李悝尽地力、商鞅开阡陌、淳于髡、授受不亲、豺狼、曾元，共34节。

《离娄下》篇分为舜生于诸冯、迁于负夏、卒于鸣条、文王生于岐周、卒于毕郢、符节、郑、溱洧、岁十一月徒杠成十二月舆梁成、旧君有服、徐子、舜明于庶物、禹恶旨酒、好善言、汤执中立贤无方、文王视民如伤望道未见、武王不泄迩不忘远、周公思兼三王、王者之迹熄而诗亡、晋之乘楚之梼杌、鲁之春秋、逢蒙、羿、子濯孺子、庾公之斯尹公之他、西子、千岁之日至、公行子、右师、匡章通国皆称不孝、曾子居武城、越、沈犹行、储子，共34节。

《万章上》篇分为舜往于田、长息、公明高、九男二女、天下之士多就之者、诗云娶妻如之何、焚廪浚井、象、弧、校人、舜流共工于幽州、有库、咸丘蒙、尧典曰二十有八载、诗云普天之下、云汉之诗曰周徐黎民、诗曰永言孝思、书曰祗载见瞽瞍、南河之南、泰誓曰天视自我民视、阳城箕山之阴、启、丹朱、舜之子、太丁外丙仲壬桐、伊尹以割烹要汤、伊尹耕于有莘之野、其自任以天下之重如此、伊训曰天诛、痡疽、待人瘳环、颜雠由、弥子、孔子不悦于鲁卫遭宋、桓司马、司城贞子、陈侯周、百里奚、秦穆公、虞、晋人伐虢、宫之奇、虢，共43节。

《万章下》篇分为孔子去齐去鲁、金声玉振、北宫锜、班爵禄、庶人在宫者、百亩之粪、乐正裘、牧仲、费惠公、颜般王顺、晋平公、亥唐、康诰曰杀越人于货、猎较、于季桓子见行可、于卫灵公际可之仕于卫孝公公养之仕、击柝、委吏、乘田、台、廪人、庖人、皮冠、旃、旟、旌、诗云周道如砥，共27节。

《告子上》篇分为杞柳、杯桊、白雪、炙、孟季子、弟为尸、诗曰天生蒸民、豵麦、易牙、子都、牛山、奕秋、熊掌、桐梓梧槚、场师、棫棘、赵孟、诗云既醉以酒、羹稗，共19节。

《告子下》篇分为任、屋庐子、亲迎、曹交、乌获、小弁、凯风、宋牼、石丘、季任、书曰享多仪、公仪子、王豹、淇、绵驹、高唐、华周杞梁、孔子为鲁司寇、五霸、葵丘、歃血、曲防、遏籴、慎子、南阳、白圭、貉、舜发于畎亩之中、傅说举于版筑之间、胶鬲举于鱼盐之中、鱼、盐、管夷吾举于世、孙叔敖举于海、百里奚举于市，共35节。

《尽心上》篇分为宋勾践、韩、东山、子莫、伊尹曰予不狎、诗曰不素餐兮、王子垫、桃应、范、垤泽之门、齐宣王欲短丧、滕更、放饭流歠齿决，共13节。

《尽心下》篇分为春秋无义战、武成、陈、南面而征北狄怨、虎贲、王曰无畏宁尔也、被袗衣鼓琴二女果、变置社稷、君子厄于陈蔡、貉稽、诗云忧心悄悄、肆不殄厥愠、追蠡、冯妇、浩生不害、布缕之征、粟米之征力役之征、两税三限之法、盆成括、上宫、羊枣、讳名不讳姓、牧皮、莱朱、散宜生，共25节。

陈宏谋将《孟子》14章划分为470个小节进行点式分析，通过这些节点形成各章的章旨线索，再将这些线连接成面，以此呈现其对孟子的整体认识与理解。这种由点到线、再由线到面的方式是陈宏谋独特研究方法的典型体现。

二、陈宏谋的孟子学方法

陈宏谋生活在清代前、中期，社会较为稳定，加之其有良好的家学氛围熏陶，故其孟子研究采用传统的研究方法，即在博采众家之长的基础上重视考据，并多有创见。与此同时，他通过词语、句意等散点式的研究来呈现《孟子》文本的整体思想内涵。

（一）以点见面研究方法的灵活运用

不同于传统诸子学文本研究全注或全译的研究方法，陈宏谋选取《孟子》文本中的重点词语和历代《孟子》注疏者有异议之处进行点式研究，即选取了《孟子》文本中 470 个节点进行研究，每章所选的研究点不同，完全从尊重原典和研究需要出发而选取。而这样看似分散在各章中的点，却是提纲挈领、以点见面的基础。在点的基础上汇聚成的面，即是孟子的整体思想。如陈宏谋将《孟子·尽心上》篇分为宋勾践、韩、东山、子莫、伊尹曰予不狎、诗曰不素餐兮、王子垫、桃应、范、垤泽之门、齐宣王欲短丧、滕更、放饭流歠齿决，共 13 节：

> 宋勾践。姓宋名勾践，盖当时游说之士。
>
> 韩。《史记·韩世家》韩之先，与周同姓姬氏，其后苗裔事晋，得封于韩原（今陕西韩城），曰韩武子。《左传》谓邢、晋应、韩、武之穆也，则韩是武王之子。《诗》亦犹韩侯出祖，盖有韩而先灭，其后裔又事晋也。从封姓为韩氏，至韩康子与赵襄子、魏桓子共败智伯，分其地。景侯六年，与赵、魏俱得列为诸侯（后为秦所灭）。
>
> 东山。阎氏若璩，谓今山东曲阜东有防山，即孔子父母合葬处。在鲁之东，应指此为东山。或曰费县西北蒙山，正居鲁境之

东，一名东山。孔子登东山而小鲁，应指此。说与注小异，存考。

…………

伊尹曰予不狎于不顺。《书》太甲篇：太甲既立，不明厥德，伊尹放诸桐史氏，录其训诫之辞。伊尹曰：兹乃不义习性与性成予弗（孟子作"不"），狎于不顺，营于桐宫（营宫于桐，今山西闻喜县地）。密迩先王其训（与汤墓密迩庶几，朝夕哀思，感发兴起，即以是为训也）。无俾世迷王祖（往也）桐宫，居忧克终允德（终信有其德于身也，此二句乃史臣追述之词）。

诗曰不素餐兮。《诗》（《魏风·伐檀》之篇，诗人美贤者，《广志》，非其力不食。故述其事而叹之，其首章曰）。坎坎（用力声）伐檀兮，置之河之干兮，河水清且涟猗，不稼不穑，胡取禾三百廛兮，不狩不猎，胡瞻尔庭有悬貆（貉类）兮，彼君子兮，不素餐兮（赋也，诗美贤者之不空食人禄也，故《公孙丑》引之以为问难之端）。

陈宏谋选取的词语均为《孟子·尽心上》篇的主要词语或对该篇内容理解有影响的语句。如开篇的"勾践"，大多数读者会误以为是春秋末年越国的国君勾践，杨伯峻的《孟子译注》对"勾践"一词的注释是"其人姓名不见于其他典籍，已不可知"。陈宏谋经过考证后明确宋勾践为当时一位游说之士的名字，即策士，这与孟子所处时代与孟子交往的范围是相符的。

"附之以韩、魏之家，如其子视欣然，则过人远矣"中的"韩、魏"，如不仔细探查，会误以为是战国时的韩、魏两国。杨伯峻从原文称"韩、魏之家"入手，根据古代"大夫曰家"的说法判定此处指晋国的韩、魏两家大臣。陈宏谋根据《史记》《左传》《诗经》所载内容进一步考证韩、魏分别为韩康子、魏桓子两家。

"孔子登东山而小鲁"句中的东山，清初著名学者阎若璩认为指今山东曲阜东面的防山，也就是孔子父母合葬的地方，又有学者认为应指费县西北的蒙山。因为说法不一，且没有足够的佐证材料可以证实该句的"东山"确指哪座山，所以，陈宏谋本着严谨的治学态度，没有妄下结论，而是实事求是地注明"存考"，有待后世学者作进一步考证。

"伊尹曰予不狎于不顺"一句的意思是说，商朝开国元勋伊尹说不愿意亲近违背义礼的人。这句话出自《尚书》，而尚书被认为是伪书，所以诸多学者认为该句内容不可信。但陈宏谋却从《孟子·尽心上》篇的整体内容出发，认为这句话是史官在记录这件事或者评论这件事时所用的追述性语句。

"诗曰不素餐兮"句出自《诗经·魏风·伐檀》篇，主题思想是劳动人民讽刺统治者不劳而食。在陈宏谋看来，《伐檀》篇要表达的意思是作者赞美贤能的人不空拿俸禄，而是通过精神上对社会所作出的贡献而受人尊重，所以公孙丑引用此句是用来作为向孟子发问的引子、铺垫。

陈宏谋以极其严谨的治学态度、扎实的学术功底与缜密的逻辑推理，吸收历代权威学术成果，并在此基础上作出合理的推断与考证结论，让这些看似分散的知识点汇聚成全篇整体的面，即通过"尽心""知性""知天"的认识过程，达到"天人合一"的精神境界，同时又通过"存心""养性""事天"的实践过程，实现人格的道德完善。

再如《孟子·滕文公上》篇，陈宏谋以五月居庐、圭田、馀夫、耒耜、铁耕、墨之治丧也等42节分散的知识点阐释其经济理论。

> 五月居庐。《春秋左传·隐元年》，天子七月而葬，同轨（中国皆同轨辙者）毕至（中国广大，来祭者众），诸侯五月，同盟至。大夫三月，同位至。士逾月，外姻至。《礼记·丧大记》，父母之丧，居倚庐不涂（以草夹帷），寝苫，枕由（土块），非丧事不言，君为庐宫（庐外以帷帷之，如宫墙）。大夫士袒之（袒露，

不施帷幛)。

圭田、馀夫。《周礼·地官·载师》,以士田任近郊之地（士田即仕田,所谓圭田是也）,又（遂人）凡治野以疆予任甿（即民也,谓民有余力,复予之田,若馀夫然,是所以任民也）。陈氏礼书:圭田,禄外之田也。馀夫,夫外之田也。禄外之田半百亩,夫外之田又半之,此自百亩而差之然也。

耒耜。耒（手受耕曲木。耜,耒端也）。《周礼·考工记》,车人为耒,坚地欲直庇（耒下前曲接耜者谓之庇）。

铁耕。《管子》,一农之事必有一耜、一铫、一镰、一耨、一椎、一銍,然后成为农。《诗》"峙"乃"钱镈"。

墨之治丧也。庄子《墨子》氾（同泛）爱兼利而非斗（不以善斗为事）,其道不怒（期氾爱,故不怒）,又好学而博,不异（博取乎道,不为立异之名）,不与古人同（其道不同古人）,毁古之礼乐。古之丧礼贵贱有等。今墨子独生不歌,死不服（不持丧服）,桐棺（以桐木为棺）,三寸而无椁（皆取其俭也）,以为法式（此所谓以薄为其道也）。以此教人,恐不爱人。以此自行,固不爱己（言其道不可行也）。

该篇通过丧葬习俗、农业生产用具、土地制度等词语的解读,体现了孟子的经济理论。尽管孟子所生活的战国时代还没有完整的经济概念,孟子也没有具体阐述其系统的经济理论,因为当时商人属于社会的底层,经济不受重视,儒生们甚至认为涉及经济之类的东西是充满铜臭的事情,不屑于谈论。孟子虽然只是就土地、赋税等方面提出了一些零星的见解,但却是孟子仁政思想、王道思想的有机组成部分。同时,在对墨家丧事从简的做法上,孟子也是持反对态度的。陈宏谋深谙孟子对墨家治丧做法的反驳之意,所以以简洁的语言解读孟子的原意:墨家俭丧的做法与其兼爱的主张相悖,草草地处理丧事是对逝者的不尊重、不珍爱,无以谈兼爱、泛爱。

以点带面的研究方法尽管看似散乱，实则每章均有一条主线贯穿其中，将分散在《孟子》原文中的关键字词解释到位后，孟子的主要思想自然也就得以完整地呈现。在同时代学者中，鲜有人运用这种研究方法，陈宏谋却运用得灵活自如、恰到好处。

（二）考据与义理阐发有机结合

纵观陈宏谋的《孟子考辑要》篇，通篇可见其并非简单地作字词的考辨或其字义、字源的考证，也非简单的义理阐发，而是根据行文的需要，将二者有机地结合起来。这种研究方法既便于深刻理解字义，又利于对通篇整体思想的把握。如《孟子·梁惠王下》篇中"田猎"词条，陈宏谋先引用《礼记》的《曲礼》《王制》《月令》诸篇及《尔雅》《春秋左传》等古籍中的释义后，以按语的形式阐发其意旨：

> 按：先王治天下，安不忘危？故兵制寓之郊甸，习武寓之田猎。然田有田之时，有田之地（如郑之原圃，秦之具圃），有田之制，春秋中如晋文之蒐于被庐（晋地当在今山西蒲州府），晋悼之蒐于绵上（亦晋地，今属山西介休）。虽未必尽合于古，而犹有礼让之遗风，如鲁之狩于郎（鲁地，今属山东鱼台县），蒐于红（亦鲁地，今属江南萧县），蒐于昌间（亦鲁地，今属山东兖州府），蒐于比蒲（亦鲁地，今属山东兖州府），则义无所取，更如田贝邱（齐地，今属山东博兴县），而齐襄遇祸，狩州来（楚地，今属江南寿州），而楚灵不返，晋厉因夺豕而发难，卫献因射鸿而出奔，曹阳因白雁而亡国，此则玩细娱而不图大患者。至若孙蒯之田于曹（卫地，今属山东曹县），赵简子之田于蝼（赵地，今属山西石楼县），赵献子之田于大陆（赵地，今属直隶隆平县），皆越礼犯分，与纳民轨物之意，全相反矣。

田猎是古代由官府举办的与祭祀相关的军事演习性质的生产活动，旨在练习车马的驾驭、掌控与战争武器的使用，并且有严格的制度规定。对此，陈宏谋举若干经典的历史案例阐述了田猎的意义与重要性，包括：晋文公在披庐阅兵时颁布薄敛、宽农内容的法典，晋悼公在绵上检阅部队，欲任命德才兼备、文人谦和的士匄为中军元帅，尽管晋文公和晋悼公的做法不完全合乎先王的古法，但继承了先王礼让的优秀传统；鲁桓公于狩猎之时的十一月在郎地狩猎，合于礼；鲁昭公八年秋，陈侯在红地狩猎，招致其大夫公子过被杀；鲁昭公二十二年春，在昌间狩猎后，天子崩、王室乱；鲁昭公的母亲去世，鲁昭公十一年在比蒲举行盛大的阅兵，不符合礼法。这些都是不义之举。因为孟子推崇义，在利义取舍时，推崇舍利取义，所以陈宏谋以孟子的义利观阐释其对于田猎的认识。再如齐襄王因田猎而遭遇祸端、楚灵王因田猎而导致最终吊死郊外、晋厉公因田猎而被秦国发难、卫献公因田猎而被迫出奔。这些君王其实不是因为田猎本身而导致的灾祸以致失去江山，而是贪图安逸享乐，不图谋国家发展而失去民心导致的。而卫国大夫孙文子的儿子孙蒯在卫献公田猎时侍候其饮酒，赵简子欲到国君的园圃打猎，赵献子在大陆田猎，都是超越礼法的行为，与君王应遵循的正道截然相反。君王应尽的职责是将百姓纳入遵纪守法、爱惜器物的正道上。

陈宏谋通过对"田猎"一词的释义，将历代的田猎制度与相关的史实信息进行了简要而全面的梳理，并以言简意赅的按语形式体现了《孟子·梁惠王下》篇的主旨，即实行王道。因孟子所生活的战国时代霸道被各国君王作为治国理政的上策，正如著名的策士苏秦在游说秦惠王时所言"是故兵胜于外，义强于内，威立于上，民服于下。今欲并天下，凌万乘，诎敌国，制海内，子元元，臣诸侯，非兵不可"。在彼时的世道，只有兵强马壮、以威力震慑住百姓与敌国才能立于不败之地，这是当时诸多诸侯国都认可的观点，凡事均靠用兵解决问题。与穷兵黩武的霸道观截然相反的是孟子主张的王道观。孟子也提倡君王一统天下，但采用的方式方法有别——希望君王施以仁政，在百姓安居识礼的前提下自然取得天下。

在此，陈氏所举的例子都是对孟子王道思想的补充，其用战国时期典型的几位君王作比，因与田猎相关的指导思想、具体措施上违背了百姓的意愿，导致民心涣散、社会动荡、战火不断。可见，田猎不是一项单纯的君王所进行的祭祀生产活动，从中折射了君王是否实行仁政、是否能赢得天下民心的衡量标准。陈宏谋将田猎这项活动上升到治国理念的高度上予以考量。

三、陈宏谋的孟子学特色

经过明末清初政权更迭后的动荡洗礼，在陈宏谋所生活的康熙、雍正、乾隆时代，经济逐渐由萧条步入繁盛。随着社会经济状况的逐渐好转，此时的学术研究也逐渐步入成果丰硕的辉煌期，生活在此时代背景下的陈宏谋在进行孟子研究时，也体现了与时代紧密相关的研究特色，即重视考证、博才众家之长，以多种方式力图回归原典。

（一）博采众长、考证简明

陈宏谋的《孟子考辑要》引用了大量清代以前各种典籍、辞书、类书及《孟子》研究成果，并将这些相关成果以严谨审慎的态度加以遴选后予以采纳，看似简单的工作实则需要有扎实深厚的学术功底方能完成。这些被引用的著述除了《孟子》外，还包括：西周时期周文王所著的《周易》、周公旦所著的《周礼》、尸佼的《尸子》；春秋时期的《诗经》《尚书》，左丘明的《国语》《春秋左传》；战国时期的《春秋公羊传》《尔雅》《庄子》《管子》《战国策》《韩非子》；先秦时期的《孔子家语》，列御寇的《列子》《吕氏春秋》《晏子春秋》《六韬》《仪礼》；秦汉之际的《孝经》，秦代孔鲋著的《孔丛子》；汉代刘向的《列女传》、韩婴的《韩诗外传》、司马迁的《史记》、戴圣的《礼记》、班固的《汉书》、戴德的《大戴礼》、刘向的《说苑》、王充的《论衡》、刘安及其门人的《淮南子》《越绝书》、焦赣的《焦氏易林》、应劭的《风俗通》、班固的《白虎通》、无名氏的

《春秋斗运枢》；三国时期张揖的《广雅》、谯周的《古史考》；晋代葛洪的《抱朴子》、王嘉编纂的《拾遗记》、皇甫谧的《帝王世纪》《高士传》；唐代韩愈的《韩愈文集》、段成式的《酉阳杂俎》、孔颖达的《礼记孔疏》；宋代陆佃的《埤雅》、朱熹的《通鉴纲目》《孟子集注》、聂崇义的《三礼图》、欧阳修等人的《新唐书》、薛居正等人的《五代史》、苏辙的《诗集传》；元代马端临的《文献通考》；明代陆应旸的《广舆记》、陈镐的《阙里志》、邱兆麟的《史遗》、陈耀文的《天中记》、刘节的《广文选》；清代朱柏庐的《朱子家训》，共59部。

陈宏谋所引著述，上起周代，下迄清代，内容涵盖哲学思想、兵家著述、断代历史、地理专书、志怪小说，可谓包罗万象，可见其学术研究涉猎范围之深广。在广泛涉猎历代著述后，陈宏谋对《孟子》作注时能根据不同章节内容需要信手拈来，灵活加以引用，但又不作烦琐的考证，以言简意赅的语言进行表述，如对《公孙丑上》篇中"麒麟"一词的注便引用了《诗经》《阙里志》《春秋左传》《礼记》《孔子家语》《史记》等著述。

061

麒麟（麋身，马足，牛尾，黄色圆蹄。一角，角端有肉，音中钟吕，史谓黄帝时麒麟游于囿，盖王者至仁则出）。

《诗经·周南·麟之趾》：麟之趾，振振（仁厚貌）公子，于嗟麟兮。麟之定（额也），振振公姓，于嗟麟兮。麟之角，振振公族，于嗟麟兮。

《阙里志》：孔子未生时，有麟吐玉，书于阙里（今山东曲阜县地），其文曰"水精之子"。颜氏异之，以绣绂击麟之角，信宿而去。

《春秋左传·哀公十四年》：春西狩于大野（鲁地，今属山东巨野县），叔孙之车子鉏商获麟。以为不祥，以赐虞人。仲尼观之，曰"麟也"，然后取之。

《礼记·礼运》：何谓四灵，麟凤龟龙，谓之四灵。麟以为畜，故兽不狨（惊走）。又凤皇、麒麟皆在郊椒（同薮）。

《家语》：毛虫三百六十，而麟为之长。

《史记·孔子世家》：孔子曰："刳胎杀夭，则麒麟不至其郊（惧伤其类）。"

麒麟作为中国传统的瑞兽，传说只在盛世出现。《孟子·公孙丑上》篇中孟子借有若之口，将麒麟与孔子作比，"麒麟对于走兽，凤凰对于飞鸟，太山对于土堆，河海对于小溪"就像圣人对于百姓，是同类但要伟大得多。陈宏谋在引用历代著述对麒麟的释义时是讲究顺序的，先引《诗经》中对麒麟脚蹄不踢人、额头不撞人、尖角不伤人的仁厚品性的赞美，再引《阙里志》中关于孔子出生与麒麟出现的类比，从孔子整理《春秋》时以"西狩获麟"作结表达孔子对生不逢时的慨叹，到《礼记》将麒麟上升到与龙同等神圣的四灵之列，从《孔子家语》中将麒麟视为兽中之长，到《史记》中对麒麟灵性、宽厚的赞誉，层层相扣、逻辑严谨地将孟子要表达的意思阐发清楚。陈宏谋在引用相关著述时均做到了点到为止、意尽言止，不做大篇幅的引用与冗长的评述，以紧扣《孟子》原文意旨、不游离原典为原则，即以麒麟只在盛世出现，直指当时各诸侯国国君只为一己私利而互相兼并，以至于生灵涂炭、周礼皆废，大道不存。

再如陈宏谋对《滕文公下》篇"有人于此，毁瓦画墁，其志将以求食也，则子食之乎"中"墁"字的注释：

《尔雅》：地谓之黝，墙谓之垩。

《左传·襄公三十一年》：圬人以时塓馆宫室（圬人，涂者。塓，涂也）。

《韩文·圬者传》：吾操镘以入富贵之家有年矣，食焉而怠其事，必有天殃。故吾不敢一日舍镘以嬉（镘，所以垩墙）。

在被誉为辞书之祖的《尔雅》中，并未收录"墁"字，但有与"墁"字密切相关的"垩"字，《左传》中又出现了与"垩"字近义的"圬"字，再到《韩文》中出现与"墁"字同义的"镘"。尽管用语简短，但与此处的释义对象"墁"字有孳乳关系的信息都得以清晰地呈现，既有释义，又体现了运用该字的具体上下文语境；末加按语，以明确表明"墁"为"涂抹、粉饰"之意，进而透彻理解"墁"字所在句子中要表达的深意。其上下文语境是孟子的弟子彭更与孟子的一段对话，内容围绕"读书人是不是不工作吃白饭"展开，彭更是从动机的角度切入，而孟子从工作体现的价值展开，以匠人打碎屋瓦、在粉饰好的墙壁上涂画为例，指出彭更所说的动机实则是功绩。这是孟子带弟子们去宋国的路上，彭更对孟子带着数百人乘车到各国游说且吃诸侯提供的饭食表示异议，孟子耐心地以具体的事例讲明，出现这样的情况是因为社会分工的不同，这也是孟子"劳心者治人，劳力者治于人"思想的直接体现。

陈宏谋为《孟子》作注时的旁征博引、博采众长，在传达大量信息的同时，体现了其宏观的研究视角及宏观与微观紧密结合的研究方法，更体现了其严谨的治学态度与博览群书后积累的深厚功底。

（二）佐以绘图直观形象地加以诠释

历代为《孟子》作注的学者所切入的角度各不相同，或重文字训诂，或重字句解释，或意在章旨的阐发，或就其思想进行深入的解读。无论是从哪个角度入手，均以文字表述为主，鲜有佐以绘图的方式。陈宏谋却独辟蹊径，将较为难以理解或重要的事物配以手绘插图的形式加以体现。在《孟子考辑要》中，他绘制了灵台图、度图、管图、籥图、羽图、旄图、明堂图、明堂位图、廛图、弓图、矢图、鼎图、甲图、戟图、都用沟界鄙助涂图、乡用沟界遂贡涂图、九河图、济漯汝汉淮泗江总图、筐图、皮冠图、旆图、旂图、旌图，共23幅插图。如在对《梁惠王上》篇中"灵台"一词的释义上便采用了文字加绘图的方式。

> 灵台（在今陕西西安），孔氏颖达谓在国之西郊，与辟雍同处。高二丈，周四百八十步。盖所以观祲象，察妖祥，时观游，节劳佚也。文王之时，为台如此，后遂以为天子之台。谓之灵者，言其成甚速，如有神灵之助也。

《孟子》原文中出现"灵台"一词的上下文背景：梁惠王站在池塘旁边欣赏鸟兽嬉戏时问孟子，有道德的人是否也以此为乐。孟子说，只有有道德的人才能享受到这种快乐，并举《诗经》中所载的诗句"经始灵台，经之营之，庶民攻之，不日成之"，意思是百姓齐心协力为君王修筑灵台，很快就完成了，以此说明周文王的治国方式深得民心。尽管他动用百姓的力量耗时费力修筑了灵台，但是非常高兴，还为之命名为"灵台"，可见最初是百姓修筑供君王使用的高台。看似普通的一个名词，陈宏谋却从所在地、形制、功用、来历等方面进行了简明而完整的释义，引用孔颖达《孟子注疏》的观点，灵台与集大学、行乡礼、涉猎、祭祀功能为一体的辟雍在同一个地方，之所以得名是周文王时认为建成速度之快如有神灵相助。在解释灵台一词的同时也体现了孟子提倡君王与民同乐的民本思想。在释义后陈宏谋以简单的笔画勾勒了灵台的形制，上小下大的梯形棱柱体，并配以登台的台阶，直观形象地展示了古代灵台的原貌。

再如对《公孙丑上》篇"廛"字的释义与配图：

> 市廛。按，此都邑之市，亦以井田为规，其中为王宫，其前为朝，左宗庙，右社稷，后为市，四面皆有门。商贾百物至此贸易，而司市为之治其争乱，平其价值，并讥察异言异服之人。市地为廛贸易者所居也，其外六区皆民廛，四十家共一区，凡百亩所谓二亩半，在邑是也。

在《孟子》中，出现"廛"字的原文为"市，廛而不征，法而不廛，则天下之商皆悦，而愿藏于其市矣"。其上下文语境：尊重并任用能力强、德行高的人，天下的士人都乐意去为官；在市场留置足够的空地储存货物却不征税，一旦滞销就依法征购，不使货物积压，天下的商人都愿意到这样的市场上做生意。以此表明，执政者只有爱才、惜才，真正为民众着想，从民众最关心的切身利益出发，方能真正赢得民心，使民众拥护自己的统治。因为"廛"字今天已不使用，故陈宏谋以图文并茂的形式加以解释。同时，所配插图清晰地列出了宗庙、社稷、王宫、市朝、民廛之间的位置关系，陈宏谋不孤立解释"廛"字，能将其所处的周边环境简洁明了地勾画出来，足见其对所释词语的准确认识。这背后蕴含的是陈宏谋深厚的语言学、历史学、社会学等综合素养。

与《孟子》三万余字的文本相比，23 幅绘图所占比例并不大，但陈宏谋的这种研究方法却为后世的诸子学，乃至历史学、文化学等科学研究提供了研究方法上的启发和释义内容上深入探究的空间。

（三）体现清代鼎盛时期的实证学风

在明代末年理学革新、文学运动、三教合一、古学复兴等思想的影响与推动下，清代初年的诸子学开始兴起，从康熙的中后期开始出现"海宇承平日久"的政治格局，学术研究也随之变得更加深入与广博。到了乾隆、嘉庆年间，文风简洁朴实、鲜理论阐释而重证据罗列的考据学达到极盛，涌现出大量的校勘、目录、辑佚、辩伪等方面的著述。在这样的大背景影响下，陈宏谋在研究《孟子》时自然也有重视考证的倾向。但这种考证并非穷尽式的探究，而是点到为止的列举与简短的评述。如《离娄下》篇中"千岁之日至，可坐而致也"的释义：

《书·尧典》：乃命羲和（主历授时之官），钦若昊天，历（纪数之书）象（观天之器）日月星辰，敬授人时。

《新唐书·历志》：治历之本，必推上元（即下夜半，朔旦，冬至，所谓历元也）。日月如合璧，五星如连珠，夜半朔旦冬至，自此七耀散行，不复馀分，普尽总会如初。

《五代史·司天考》：夫天行之际，远矣，微矣。而使一艺之士，布算积分，上求数千万岁之前，必得甲子、朔日、夜半、冬至，而日月五星皆会于子，谓之上元，以为历始。

按，金仁山谓周天三百六十五度，四分度之一，日日行一度，则周岁三百六十五日零三时也。五日一候，三候一气，二十四气为一岁，则惟日三百六十。此自可以计千岁之日至。气本起于度，故曰日至之度，然日至之度亦有岁差（每岁必略有参差不齐）。故气与度古今不同，此岁差也。既有岁差，则冬至之度，似不可定推。然言天者，以前所差之故，而推后所差之度，则千岁之日至，可坐而致也，此说最为明晰。

孟子认为讨论人性，只要能推求其所以然就行了，推求其所以然，基础在于顺其自然之理。就像日月星辰，尽管离我们很远，如果推求其所以然，以后一千年的冬至，都可以坐着推算出来。历代校注者对于一千年的冬至能否推算出来进行了解释，如《尚书》中认为天象与农时关系密切，《新唐书》和《五代史》均认为千年的冬至是可以推算出来的，但没有给出合理的推理过程，只是言及大致因为何种原因可以推算。可以说，是理论上认为可行。严谨的陈宏谋定要有令人信服的理由才能认可，所以用按语的方法表明自己最认可的观点是如何解释的。这个被认可的观点是元代金履祥在《孟子集注考证》中所阐发的，金氏为集天文、地形、礼乐、田乘、兵谋、阴阳、律历均有研究的学者，对于《孟子集注》有诸多后世学者推崇的全新考证成果。陈宏谋之所以认可金氏对"千岁之日至，可坐而致也"的考证结果，是基于自己对天文、历法知识的掌握，在此基础上才有对历代学者进行甄别、采纳的学识与能力。

再如对《万章上》篇"焚廪浚井"一词的释义。原句为"父母使舜完廪，捐阶，瞽瞍焚廪。使浚井，出，从而揜之"。舜的父母让舜修缮谷仓，等舜到了屋顶就把梯子移走了，他的父亲瞽瞍还放火焚烧谷仓，又让舜去淘井，竟用土填塞井口。《史记·五帝本纪》认为"舜父瞽瞍顽、母嚚、弟象傲，皆欲杀舜"。而舜对于父母与弟弟均不怨恨，正表明了舜的孝悌思想。而陈宏谋认为事情并非如此：

> 按，瞽瞍虽顽嚚，未必即欲杀其子。至于如此之甚，况焚廪、浚井时，舜已妻尧二女，安有身为天子婿，而尚必亲为涂廪、浚井之事。瞽瞍即不爱子，未有不畏天子者。《史记》谓母为舜后母，其谮舜也，实甚。象，为舜后母弟。故瞽瞍爱象，而必欲杀舜也。焚廪、浚井盖当时有是说，故万章以为问，而《史记》载之，总以见瞽瞍之顽嚚，而适以形舜之孝亲爱弟为极至也，其事有无，姑不必深论。

经过深入考证，陈宏谋认为瞽瞍焚廪、浚井未必真有其事，只是当时民间有这样的传闻，万章因为听到传闻而问孟子，《史记》就将此事记载下来，其主要目的是突出舜的孝悌做到了极致，至于事件的真实性，没有必要做深入的考证。这种理性的解读是可取的。因为当时有诸多学者在考据之风盛行的背景下对诸多典籍进行逐句逐字的训诂、考辨，以致将文本分解成零散的片段进行"只见树木不见森林"的解读，陷入"为考据而考据"的循环怪圈，失去了考据本身的意义与价值。

在乾嘉时期"言必有征，典必采本"的考据之风盛行之时，陈宏谋能吸收考据学旁征博引的研究方法，将注《孟子》的研究引向深入，同时又能理性地对待历代学者的考证结论，诸如《史记》这样历代学者颇为认可的典籍也敢于质疑，并能在史实与事实紧密结合、又忠于原典的基础上得出令人信服的结论。

四、陈宏谋的孟子学研究的价值

在博学兼采与全面考证基础上的孟子研究特色，使得陈宏谋的孟子学研究具有与时代、地域及个人经历密切相关的多重价值，体现了清代诸子学繁盛时期的研究文风、经世致用的士人风范，以及粤西地区发挥的同西南邻国尤其是越南诸子学的桥梁与纽带作用。

（一）体现清代初期诸子学的务实文风

晚明的理学革新与古学复兴，使得对先秦诸子的研究得到前所未有的重视，也使得空疏的学风被冷落，提倡实学。尤其是文学家杨慎率先以实际行动提倡实学，其博览群书，广泛涉猎经、史及先秦诸子著述，仅评点诸子书的著述就达六十余种。在其影响与倡导下，涌现出一大批子书评注本。这种尚实的研究思想发展为乾嘉时期盛行的考据学。受考据学的影响，陈宏谋的孟子学研究自然也就有了不空谈理据、崇尚原典之实的风格。这在其编著《四书考辑要》的宗旨中有明确的体现：

> 经言理，史载事，四子书乃经史之总汇也。顾《章句》《集注》以及《大全》诸书，于典章人物少所记载。举业家讲究书理，惟知玩味，儒先不及穷探经史，临文鲜所依据，空疏浮泛，难揜其陋。予常以此训诫子弟，长孙兰森随侍官斋，因令将《四书考》坊间旧本详加参核，辑其要略，增以注释，有疑异者申以按语，予复为阅定。俾穷乡初学，每读《四书》一章，即从此考究一章之典制、人物，触类引伸，渐得经史贯通，以发明四书之真诠，于举业、实学庶几有裨乎！

以往四书的注释类专著多讲求对义理的阐释，鲜少依据，难免空疏浮泛之病。鉴于此，陈宏谋很明确地表明编写该书的主旨，即穷探经史、贯通经史，以发明四书的真谛，并直接表明其考证依据多为坊间所流传的旧本，研究重点不同于历代的章句、集注、大全类注本，而是重在典制、人物上，将这些看似并非四书主体内容的词语加以考证梳理，使其与史实贯通，以此来探求四书文本撰写者的本意。

在《孟子考辑要》中也确实体现了陈宏谋在序言中所言及的"与史贯通，以发明四书之真诠"：在有异议处加按语表述自己的观点，无异议处只按逻辑顺序列举历代学者相关的研究成果。如对《梁惠王上》篇"王立于沼上，顾鸿雁麋鹿"中"麋鹿"词条的考证就仅列举了《诗经》《春秋左传》《抱朴子》中与麋鹿相关的语句，最后列出《埤雅》中对麋鹿一词的释义：

> 麋鹿（鹿子为麋）。《诗·小雅·鹿鸣》：呦呦（声之和也）鹿鸣，食野之苹（萧也）。呦呦鹿鸣，食野之蒿（青蒿）。呦呦鹿鸣，食野之芩（此燕飨诸侯之时，而以鹿鸣之和起兴也）。
>
> 《春秋左传·文十七年》：晋侯不见郑伯，郑子家以书告赵宣子曰："古人有言曰'鹿死不择音（荫也，庇荫之处，古字音原相同）'。小国之事大国也，德则其人也，不德则其鹿也（同鹿之不择地而死），铤（挺身而出）而走险，急何能择（不能择地而走也）。"
>
> 《抱朴子》：鹿寿千岁蒲五百岁，则色白。
>
> 《春秋斗运枢》：瑶光化为鹿。
>
> 《埤雅》：鹿性喜林，麋性喜泽。

括号中的字为陈宏谋作的随文注释，简洁明确。尽管《孟子》原文中出现"麋鹿"一句只是为了表明孟子谒见梁惠王时，梁惠王在池塘边欣赏麋鹿的场景，即便不对"麋鹿"一词进行解释，也不影响文意的理解。但陈宏谋本着与史贯通、探求《孟子》真谛的编写宗旨，以务实的态度将古籍中与"麋鹿"的习性、传说、寓意等相关的信息都清晰地传达出来。没

069

有过多的注释与按语，体现了其重视实证的研究文风。而在需要详细阐述之处或历代学者有异议之处又不惜笔墨进行分析探求，如对《梁惠王上》篇"海内之地方千里者九"一句就从历史、地理史实的角度进行了简要的阐述：

> 按，其时大国九，谓齐、楚、燕（召公之后，姬姓，今直隶顺天府地）、秦、赵、韩、魏、宋、中山（即古鲜虞国，姬姓，今直隶新乐县地），地皆千里，亦约言之耳。中山地狭，未必有千里。其余诸国，吞并最广，又未必仅千里也。

孟子说这句话的背景是各诸侯国均在想方设法扩张领土以图谋霸业，孟子与齐宣王探讨如何使齐国强大，孟子从齐国的国土面积与全国国土面积的悬殊对比上说服齐宣王放弃扩大地盘这种形式上的强国，而从根本上入手，即改革政治、施行仁德。对于"海内之地方千里者九"，历代学者关注的重心是"九"，去考证具体所指是哪九个诸侯国；而陈宏谋的关注点却是当时所言及的九个强国是否真有千里之广的领土范围，结论是有些小国不足千里，有些大国不止千里，这是符合历史地理史实的。

陈宏谋这种求真务实的研究风气不是其一人所崇尚的，而是当时整体的社会研究之风均如此。故从其尊重史实、尊重原典的务实研究文风可见当时考据学对诸子研究者的影响。陈宏谋也是众多重视实证的诸子学者中较为典型的代表。

（二）体现清代粤西士人的经世致用思想

陈宏谋是清代粤西少有的几位仕途顺达且以政绩闻名的高官，其为文也如为官一样，成就卓著，且为文与为官相互促进：在为官时能将所学的为文思想，尤其是孟子的保民思想予以发挥实施；在为文时又能结合为官中遇到的问题进行具体阐释。可以说，陈宏谋在将知识理论转化为具体的实践，再从实践中概括提升理论知识的良性循环中，将为官与为文均做到了极致。这种极致的具体体现便是《孟子考辑要》中经世致用思想的阐发，即对孟子仁政、民本、尚义思想的深入解读。如《离娄下》篇中对"文王视民如伤，望道而未之见"的解释：

> 按，文王之时，殷纣敷毒于上下，民之伤也亟矣。故《诗》曰："鲂鱼赪（赤色）尾（鱼劳则尾赤），此正民受伤之证也。"又曰："王室如毁，虽则如毁，父母孔迩。"此正文王视之如伤，故尝百计保护，如请除炮烙、葬枯骨，皆视民如伤之据。文王之德之纯，纯亦不已。与天同德，此即望道未见之极则也。盖圣人终日乾乾，不自满假，千古而下，犹可想见其心焉。

孟子说周文王看待百姓好像他们受了伤害一样，只加抚慰，不加侵扰。陈宏谋进一步解释道，纣王时残害百姓，就像《诗经》中借鲂鱼因过度劳累尾巴变红比喻百姓的困苦劳累；并将纣王运用炮烙等酷刑残害民众与文王兢兢业业、为民奔波形成鲜明对比，以此盛赞文王爱民如子的拳拳之心；同时也是孟子借文王之举表达其深切的爱民思想，间接体现了陈宏谋对爱民思想的认可与推崇。

陈宏谋不仅将爱民思想体现在文字上，更是在为官任上以实际行动将孟子的爱民思想落到实处。如其在任云南布政使期间，他贯彻"以不取为与，以不扰为安"的为官思想，处处以百姓利益为重，整顿为官风气，为民谋福祉。曾在一份文告中称："胥役索之土官……土官派之百姓……当此澄清吏治，弊绝风清之日，岂容若辈恣行婪贿，苦累土民。合行严查，剔除积习，不得稍有瞻徇。"他在上任之后发现地方官恣意勒索百姓，即刻要求开始严查，不得有任何懈怠，还百姓应有的生存空间。后来在陈宏谋移交云南布政使职印，奉旨赴京候命之时，滇民空市而出，列队相送。因陈宏谋以民为本，方有百姓如此不舍之举。

不仅如此，陈宏谋在各地的为官任上均将百姓利益放在首位，例如：

任江西巡抚时，初上任便开仓放赈，救济灾民；任湖北巡抚时，整顿刑狱，缉拿积匪，安抚民生；任河南巡抚时黄河漫堤，与官民一道修太行古堤，以工代赈，稳定灾民；任福建巡抚时，缉拿奸匪，整治恶习；任江苏按察使时，整顿吏治，平息诉讼；左迁天津分巡河道时，采用"放淤法"治理沽河水患；任湖南巡抚任时，治理洞庭之水，解除当地多年的水患；任江南扬州知府时，整顿盐粮事务；在江南驿盐道任内为家乡创办义学。可见，陈宏谋所到之处，均关心民生，解决民困。

有诸多悉心为民之举，对陈宏谋而言并非偶然为之，是与其自幼所受到的良好家学熏陶和人生理想息息相关。其曾在《学仕遗规》中多次谈及读书与为官之间的关系，如在《方正学逊志斋文集钞》篇中说："无学者不任事，犹可于世无患。学不知道，而任天下之重，其为患也大矣。"陈宏谋认为读书人如果不为官，尚且与世无害，如果为学而不明道，一旦为官便会危害国家、伤害民众。他又在《姜凤阿语录》中明确指出："为学留心世务，衡才必求实济。论志不尚空言，立教期于经世"，认为为学的最终目的就是济世，如果为学只停留在书本上，就成了空言、空谈。

可见，陈宏谋以经世致用为至高人生理想，其最终目的在于济世，即令百姓安定，国家太平。这也是当时众多具有社会责任感与使命感的士人共同的治学、治世理想。

（三）中原思想与西南邻国思想交流的纽带

相对于中原而言，粤西为边远偏僻之地；而对于东南亚邻国而言，粤西又是中华文明向海外传播的主阵地。陈宏谋的孟子研究成果及思想理念不仅惠泽其为官之地的百姓，也是西南邻国接受中华思想的桥梁与纽带。

粤西作为海上丝绸之路中西部线路的始发地，东南亚海上、陆地的连接桥梁，尤其是与越南有630多千米的边境线相连，粤西的廉州府、凭祥州、宁明州、龙州厅、养利州（治所在今大新县）、归顺州（治所在今靖西市）、小镇安厅（治所在今那坡县）与安南的高平、谅山、广宁等地接壤。明清时期朝廷在粤西的东南、西南、东北地区修建了供安南向清政府进奉贡品所用的贡道，贡道两侧驿站林立。朝廷通过粤西贡道与安南交流频繁，当时的钦州府被清政府视为"控临大海，制驭安南，为藩篱要防折冲重地"的重要之地。除了地理位置上成为清政府与安南交通的咽喉要地，粤西与安南的官员往来沟通也愈加频繁，如顺治十八年（1661），安南时任国王黎维祺派使臣到中国进贡，顺治帝以银币、衣服等物回赠，并派遣人马送达广西后，令广西巡抚在使者所经沿途调拨兵马相助，引导其出境。自此之后，派遣官员护送安南国使臣成为清代固定的制度确定下来。

清政府与安南之间的友好关系促进了粤西与中原、安南之间的沟通交流，繁荣了粤西的边境城镇，加强了贸易往来，增进了思想文化交流。该时期有大量的中国典籍通过粤西贡道传入安南，如体现陈宏谋修身、养性、治家、为官、处世、教育思想的《五种遗规》就于同治九年（1870），即越南嗣德二十三年传入越南，并刊行流传。据《大南列传正编第二集》卷三十八所载"集贤院编修陈文准初奉使如燕，得陈氏《五类遗规》梓行"，如今越南仍有嗣德三十一年（1878）兴安省关圣庙刻本被完好保存下来。同时，粤西与安南文人的学术交流也愈加密切，如1760至1762年，安南著名文人、学者、哲学家、史学家黎贵惇作为副使赴京给清政府进奉岁贡，其间黎贵惇将其所著《群书考辨》《圣谟贤范》赠与清朝伴官粤西提督学政朱佩莲，请其指点评阅。二人还就哲学、历史、地理等方面的知识进行了较为深入的切磋交流，朱佩莲盛赞黎贵惇的诗文"文辞婉丽，有唐宋之风"，足见当时粤西与安南文人之间交往之深广。

清代的粤西，已经成为清政府与越南等周边国家经济、思想、文化交流的前沿阵地。陈宏谋等粤西士人以其对家国的崇敬、对百姓的关爱之情，在为官任上、为文路上传播诸子思想。其诸子思想既体现了对中原先进思想文化的接受与认同，同时又以传递者的身份向周边国家传播，使得汉文化的传播日益广泛而深远。

作为清初集文学成就斐然、仕途畅达于一身的士人，陈宏谋的孟子研究代表了所处时代博采众长基础上的务实研究文风，体现了经世致用思想与济世行为的完美结合，更代表了粤西作为清政府与周边国家思想交流之要津地位。其孟子学研究成果具有了超越《孟子》文本与孟子思想的多重意义，颇值得深入探究。

清初以谢良琦、谢济世、陈宏谋为代表的粤西诸子学各有特色。谢良琦一生均在明末清初的战火中度过，其诸子学有在传统家学影响下的时代特点，即反对宋明理学空谈心性，期望回归原典，从先秦诸子思想中寻求解决社会动乱、民不聊生的良方，故对诸子思想不主某一家的研究，而是博采兼学众家之长，为时代所用，试图做到学以致用，为民为国奉献一己之力。谢济世凭借其深厚的家学功底及对诸子思想的深刻把握，明确反对理学，直言指出其毒害人思想的种种弊端，极力主张实证兴国。其因刚介耿直的个性在高官任上弹劾危害一方的贪官污吏、著书指责理学过失而被数次下狱、流放，甚至险些丧命。其经历成为清代初年文字狱案的典型。陈宏谋因生活在清初的中后期，社会矛盾趋于缓和，取得了政绩与治学的双重辉煌成就，其孟子学研究在批判地吸收前人研究成果之上有内容、形式与思想上的创新。同时因其在孟子及其他方面的学术研究成就突出，影响力大，借助粤西作为中越交流桥头堡的优势地位而远播越南等东南亚国家，促进了诸子学在海外的传播，提升了诸子学的国际影响力。

表面上看，谢良琦、谢济世、陈宏谋的诸子学特点各不相同，但因其均处于清初的粤西，共同的时代与地域使得他们所代表的清初粤西诸子学具有反对空谈、务实求真、关注国家、关注民生的研究特点。

从谢良琦、谢济世、陈宏谋三位学者的诸子学成果中不难看出求真务实的研究文风，如谢良琦在《再与李研斋书》的信中感慨道："近世学者耻言卑近，必欲驰骛于高深，幽远以自鸣得意"，对于追求空疏浮泛的为文风气予以指责。

与谢良琦相比，谢济世反对空泛的学风做法来得更为直接，其注"四书"直接选用古本，而不用朱熹的注本，并在注疏中直言："当世道方隆之时，即圣学大明之日。但当发挥孔、曾、思、孟，何必拘泥周、程、张、朱?"毫不隐讳地表达对程朱理学思想与文风的不满,主张探究诸子思想的原意,而非曲意解读。

陈宏谋对于理学的空疏亦不隐讳,其在《四书考辑要》的序言中写道:"举业家讲究书理,惟知玩味,儒先不及穷探经史,临文鲜所依据,空疏浮泛,难掩其陋。"自朱熹注四书后,科举考试将其作为必读之书,所以陈宏谋认为举业家,即参加科举考试为了应试作八股文的读书人为文缺乏足够的实证材料作支撑,其空疏浮泛之弊难以掩盖。

可见,清初粤西诸子学普遍具有同时代共同的特点,即反对宋明理学空谈心性、义理的思想与文风,且能将诸子思想付诸为官的具体实践中,切实做到了学以致用,学以报国,学以恤民。

诸子研究者均深谙孟子保民思想的精髓,不仅在行文中认可孟子的思想,且能在为官任上为一方百姓造福。如谢良琦发现主管民政与财务的布政使与监管布政使工作的总督巡抚之间互相勾结,危害百姓利益,榨取国家钱粮,便直接写信给督运漕粮的粮道官,指出"买者蠹国,征者厉民"的严重危害,因"事关民生国计"故"未敢缄默"。其对国计民生的体察与关注可见一斑。

谢济世虽因为民请命数度入狱,但仍不惧淫威,在任湖南粮储道期间,得知善化县令樊德贻收粮剥削农民,即刻向布政使和按察使揭发请求弹劾,因言辞过激被下狱,民情鼎沸,数千人跪地申冤,极力为谢济世平反。可见其关乎国计民生已达不惜以生命为代价的程度。

因出身于贫寒之家,陈宏谋自幼便对社会最底层的百姓困苦生活有切身的体会,在师长与父亲、家兄的教导与影响下立志救民疾苦,曾说,"吾辈为官,当事事从民生起见,计久远","凡有益民生之事,不以小而忽然,不以难而阻"。所以他在四十八年的为官生涯中,所到十二省均以实心行实政,在养民、安民、教民方面做出了"勤政为民"的突出业绩。他研习诸子尤其是孟子思想,吸取其德政思想精华,无论任官大小,均能将诸子思想中有益于国家、有益于百姓之处落实到具体的为政实践中。

　　清初粤西诸子学的总体特点与当时全国的诸子学特点既有内容上的一致，又有程度上的深化。一致是因为粤西与全国其他地区一道受明末清初政权更迭时的社会状况影响；深化是因为粤西作为南明政权的中心，受战乱之苦较其他地区更深更久，深受其影响的士人在诸子研究中对民生的关注和对实证风气的重视更加深广。

第二章　清代中期的粤西诸子学

清代中期，经过初期的恢复，社会各方面趋于稳定，加之执政者为巩固政权采取了一系列利国利民的治国措施，经济得到迅速发展、人口迅猛增加，国力强盛，社会稳定。稳定的社会局面与相对宽松的文化政策使得该时期的思想文化领域也出现了前所未有的繁荣局面。在反思宋明理学诸多弊端的基础上，文人学者提倡回归原典。为此，涌现了大批以经学为主的古籍训诂、辑佚、集注、校勘、注疏、辩伪等著作，治经信古、考文知音成为当时治学的共识。为更加准确地注经、解经、证经，学者们开始对先秦子书进行了全面的校勘、辑佚、考辨工作。诸子学在"以子证经""以子证史"的过程中得到了足够的重视与全面的发展。由此，考据学兴起并在乾嘉时期达到鼎盛，被学者称为"经学复盛的时代"，与先秦诸子学、汉代经学、魏晋玄学、隋唐佛学、宋明理学一道成为中国古代学术史上的重要发展阶段。

此时的粤西尽管地理位置偏远，但因参加科举考试需要，加之粤西籍士人赴中原为官，中原文人官员或被贬谪，或宦游至粤西，人员交往的同时也带来了彼时中原诸子学的方法与最新研究成果，诸子学也呈现繁盛之势。

考据学因其质朴的研究方法又被称为"朴学"。清廷专制统治禁锢学人思想，实行"崇儒重道"的基本国策，极力提倡程朱理学，借继承"道统"作为"治统"的后盾。清政府有意借"道统"作为其"治统"的正当性装饰，康熙甚至直言"道统在是，治统亦在是"，故对清政府"治统"

有益的思想学术均为清政府大力提倡的。

尽管朴学是为研究经学而兴起，但为了以子证经，使得子学间接得到了发展。追溯至汉代提出"罢黜百家、独尊儒术"以来，诸子思想及著述一直被冷落，许多子书没有经过整理，有些已不能读通。直到朴学兴起，学者们为了利用子书作为研究经书的辅助，前提是将子书进行系统的整理。开先河者为明末清初的傅山（1607—1684）。他指责过去学者忽略子学、只知经学之弊，确立了以先秦诸子为中心的研究方向，在阐述义理、词语训诂、贯通诸子大义等方面取得了全新的成就。

到了清代中期，随着学术的全面繁荣，在朴学治学思想的影响下，涌现出大量系统研究诸子的著述，包括毕沅的《墨子注》《吕氏春秋注》《老子道德经考异》、谢墉的《荀子笺释》、吴燕的《韩非子校注》、孙星衍的《晏子春秋注》、庄逵吉的《淮南子注》、秦恩复的《列子集释》《鬼谷子注》、卢文弨的《孟子音义》《荀子集解》、洪颐煊的《管子义证》、刘台拱的《荀子补注》、郝懿行的《荀子补注》、汪中的《墨子表微》《校陆隐刊本墨子》（均已佚）等。对于诸子研究范围之广、程度之深，为历代所未及，有学者将清代中期朴学视野下的诸子学时代称为诸子学的自觉时代，并不为过。该时期是诸子学极富实证成果的鼎盛时期。

受中原对诸子学进行全面考证研究风气的影响，清代中期的粤西诸子学也呈现出前所未有的繁荣局面，比较典型的代表是藤州学者苏时学的墨学研究，全州俞廷举、蒋励常的诸子学研究，象州文人郑献甫的孟子研究，临桂龙启瑞的孟子研究。五位文人均受朴学治学方法影响，所著诸子学成果即体现了清代中期普遍的诸子学特点，也有因地域、民族、生活环境等因素影响而呈现的不同特色。

苏时学与其子苏念礼、其女苏念淑被藤州人誉为"三苏"，与宋代苏洵、苏轼、苏辙父子的"三苏"一样以诗闻名。同时，苏时学亦对诸子之学有精深的体会，其中尤为酷爱《墨子》。其付出大量心血校撰的《墨子刊误》是首部对《墨子》原文进行全面系统刊误的著作，尽管篇幅不长，却使原本错谬繁多、不能畅读的《墨子》焕然冰释、怡然理顺，并成为孙诒让等墨学研究者校注《墨子》的重要依据，其开先河之功不可忽视。

俞廷举没有研究诸子的专书行世，但其论说文《老子舌存齿亡论》集中体现了其"尊刚卑柔"的老学观，其《一园文集》中所收录的110篇传记、论说文等古文中仍可窥见诸子学思想的精髓。与俞廷举为全州同乡的蒋励常尽管没有诸子研究专著，但家学渊源深厚，自幼遍读典籍，其散见于杂文、序跋等文体中的诸子思想体现了粤西士人对诸子思想的深刻把握与得体运用。

龙启瑞因精通音韵学、文字学、目录学而闻名于世，受其祖父"以文学起家"的家学影响，对古文、音韵、诗词均有涉猎，且成就较高。在广博的知识背景下，其诸子学研究也有较大收获，主要子学著述有《诸子精言》与《庄子字诂》，遗憾的是两部著作均已佚。但从其《经德堂文集》中所收录的论说文《论孟子》中可见其对孟子及其仁政、德治、民本、王道等思想的推崇。

079

被誉为"岭南才子""两粤宗师"的象州文人郑献甫以治经、为诗闻名。尽管科举之路坎坷，但在短暂的为官后毅然回乡设帐授徒、著书立说。在遍览群书基础上所著《四书考辑要》影响很大，其中所录《孟子考辑要》反映了郑献甫作为少数民族文人对汉文化的认同与接受。

可见，清代中期粤西诸子学园地百花齐放、硕果累累，从侧面反映了彼时的粤西文学研究领域已呈现空前繁盛的局面。

第一节　引领墨学复兴的苏时学

墨家在春秋战国之际与儒家分庭抗礼，成为世之显学。汉代中期以后，墨学由"天下显学"沦为民间私学，从此沉寂千年，被世人所忽视，甚至清代黄虞稷的《千顷堂书目》、王文进的《天禄堂访书记》、于敏中的

《天禄琳琅书目》等著名的目录书，都未著录《墨子》一书。这除了与墨学的思想主张和被统治者视为正统思想的儒学思想相左有关，也与《墨子》一书的难读难解密不可分。到了清代中期，方有毕沅的《墨子注》和汪中的校勘本《校陆隐刊本墨子》刊行。除此之外，鲜有人关注《墨子》，此时精通墨学的苏时学所著《墨子刊误》问世，在《墨子》错简的整理上具有首创意义。

苏时学（1814—1874），字"骹元"，号"琴舫"，又号"爻山"，晚年号"猛陵山人"，粤西藤州（今广西藤县藤城镇）人。二十三岁省城乡试中副榜贡生，三十二岁中丙午科举人，候选内阁中书，官至内阁中书、奉直大夫。一生追求真才实学，不局限于科举成名，不慕仕官，青年时代曾游学于广州、香港、杭州、上海等地。尽管于同治年间就任内阁中书一职，也只为利于阅读内府经典。潜心向学，诗文皆精，著述颇丰，除收录1 238首诗的《宝墨楼诗册》，还有《宝墨楼楹联》《游瑶日记》《羊城游记》《爻山笔话》《镡津考古录》，以及在刊正《墨子》错简上取得前所未有成就的《墨子刊误》。被世人誉为"藤州才子"。

《墨子刊误》初刊于同治六年（1867），主要版本有梁鼎芬于光绪二十五年（1899）辑刊《端溪丛书》本、陈柱于民国年间影印本、上海中华书局1928年版陈柱据同治六年广州版精校铅印本。流传较广的版本为1926年登载在《国学月刊》第1、2期上的版本，全书一万六千余字，是苏时学毕生墨学研究心得。书中有清代著名文学家、"岭西五家"之一的广西柳州人王拯的题跋。该书一经面世，便得到了高度的认可。著名学者陈澧在《墨子学刊》的题跋中评价道："今苏君爻山以所著墨子刊误见示，正伪字，改错简，涣然冰释，怡然理顺。"对于深奥难读的《墨子》，能使其讹误之处达到涣然冰释、怡然理顺的程度，可见苏时学对墨学用功之深。中国墨学史上对墨学研究著述颇丰，阐发甚多、成就最大的梁启超在《子墨子学》中给予苏时学的《墨子刊误》以"苏氏始大胆刊正错简"的评价，即肯定了苏时学是首位对《墨子》进行刊正错简的学者。除了初创之功，《墨子刊误》在刊正讹误、订正错简方面取得了无可比拟的成就。

一、《墨子刊误》取得的成就

《墨子刊误》问世于墨学复兴之初的清代。在鲜有前人研究成果之时，尤其是苏时学地处文化欠发达的粤西，没有浓厚的《墨子》研究氛围，能撰写出这样一部引领墨学研究走上规范之路的著作，其所取得的成就是颇为丰硕的，对后世墨学研究所产生的影响亦极为深远。

（一）依据扎实的小学功底、文献学知识提出诸多新说

作为校正《墨子》一书的第一人，苏时学没有诸多前人研究成果可供参考，多依据自己对《墨子》的深入研读和训诂、校勘、考据、注释功底，以及文献学知识提出己见。如以染丝为喻，阐述君王和诸侯选用人才重要性的《所染》篇：

> 夏桀染于干辛、推哆，殷纣染于崇侯、恶来，厉王染于厉公长父、荣夷终，幽王染于傅公夷、蔡公谷。此四王者，所染不当，故国残身死，为天下僇，举天下不义辱人，必称此四王者。

对于"傅公夷、蔡公谷"的身份未见前人有记载，苏时学对其做了这样的解释：

> 傅公夷无考，《国语》惠王时有傅氏。注曰："傅氏，狸姓也，在周为傅氏。""蔡公谷"，《吕览》作"祭公敦"。窃谓当从《吕览》作"祭公"为是。"祭"为周畿内国，周公少子所封。自文公谋父以下，世为卿士于周，隐元年所书"祭伯来"者即其后也。若"蔡"，当幽王时唯有釐侯所事，不闻更有名谷者。

历史上无从考证"傅公夷"此人，但《国语》中惠王在位时有傅氏的

记载，并注明傅氏，狸姓，在周被称为"傅氏"。至于"蔡公谷"，《吕氏春秋》中有字形接近的"祭公敦"，苏时学认为《墨子》中的"蔡公谷"是"祭公敦"之误，理由在于"祭"为周公少子所封的靠近国都的封国，《春秋·隐公元年》记载的"祭伯来"一事中的"祭伯"便是祭姓的后代。除了这一合乎史实的推断，苏时学还用了一条反证：如果是"蔡"姓，与幽王同时代的只有蔡釐侯，据《史记》记载，蔡釐侯在位的第39年，即公元前770年，周幽王被犬戎所杀，与《墨子》中列举这句话想表达"所染不当，故国残身死"的意思不符。据此可以断定，这里的"蔡公谷"是"祭公敦"之误。

又如因错简而入《迎敌祠》篇，叙述守城之法的部分内容：

> 城之内薪蒸庐室，矢之所遝皆为之涂菌。令命昏纬狗纂马，掔纬。静夜闻鼓声而谍，所以阖客之气也，所以固民之意也，故时噪则民不疾矣。

段中"令命昏纬狗纂马，掔纬"一句较为难懂，苏时学给出解释：

> 纬，束也。掔，苦闲切，音悭，固也。又牵去也，与"牵"通。言夜必防闲狗马，勿令惊逸。

苏时学同时用反切法和直音法给"掔"字注音："苦"为反切上字，切出"掔"的声母；"闲"为反切下字，切出"掔"的韵母和声调。反切法作为汉语拼音出现之前最科学的注音方法，被苏时学运用得非常准确得当。他同时用"悭"这一与"掔"同音的字标注"掔"的读音，反切法与直音法并用，确切地标出"掔"的读音，并以言简意赅的表述解释"掔"的意思："言夜必防闲狗马，勿令惊逸。"结合上下文，这段话表述的是守城的方法：城内的柴草和房屋以及箭矢能射到的地方，都要用泥涂抹，防止火烧。晚上将狗马拴好系牢，而且要系得牢固，夜间安静的时候听到鼓声就大声呼喊，以此来遏制敌人的气势，稳定城内百姓的情绪，不时地呼喊，百姓就不会害怕了。所以"言夜必防闲狗马，勿令惊逸"，即在鼓声、呼喊声中，狗马等动物不至于受到惊吓，尤其是不要让狗马因受惊吓而四处狂逸。这段注释用简单的表述将"挐"的读音和意思准确地呈现出来。

不难看出，苏时学的刊误，多依据自己深厚的小学功底和文献学、文学史综合素养进行阐述，提出了诸多发明性新说。这些发明性的创见为后世学者所继承与吸收，其中诸多观点成为《墨子》研究发展史上的定论。

（二）辩证地吸收、运用前人的研究成果

苏时学在运用自己的知识积累对《墨子》进行刊误的同时，也根据文中内容和刊误的具体字词，吸收前人已有的研究成果。因在苏时学之前，影响力较大的只有毕沅的《墨子注》，所以《墨子刊误》对毕沅的研究成果有所吸收。书中共有 533 条刊误，其中有 23 条是引用毕沅的观点，如反映墨子主张天下人爱人如爱己、彼此相亲相爱的《兼爱》下篇中：

> 子墨子曰："非人者必有以易之，若非人而无以易之，譬之犹以水救火也，其说将必无可焉。"是故子墨子曰："兼以易别。"

《墨子刊误》引用毕沅的释义，解释为：

> "譬之犹以水救水也，其说将必无可焉。"毕曰："一本作'火救水'。"案：火救水是也，当据改。

《墨子》这段话的大意是：墨子说"否定'别'，一定要有其他东西替换它，如果否定了'别'而没有其他东西替换它，就好像用火救水，这样是不行的"。因此，墨子说"要用'兼'来代替'别'"。

083

《墨子》文中的"以水救水"语义不通，要么是"以水救火"，要么是"以火救水"。"以水救火"是行得通的，而"以火救水"行不通。从上下文看，这里要表达的意思是"不行的"，所以苏时学采纳了毕沅的观点，认为毕沅的"以火救水"的解释与《墨子》要表达的文义相符，《墨子》原文应根据毕沅的考证予以改正。

然而，苏时学也并非全部认可毕沅的观点。《墨子刊误》中引用的23处毕沅的观点中，有14条是认可的，有9条是认为有误的。如墨子谴责非正义侵略战争观点的《非攻》中篇：

> 虽北者且不一著何，其所以亡于燕、代、胡、貉之间者，亦以攻战也。是故子墨子言曰："古者王公大人，情欲得而恶失，欲安而恶危，故当攻战而不可不非。"

这段话中，墨子举了一系列历史上的例子，想借以表达因为攻战而亡国的不争事实。对于中山国灭亡的事例，毕沅的《墨子注》中也给出了解释，但是苏时学认为其观点不可取：

> 中山之亡，当魏文侯世。墨子与子夏之门人同时，此事当犹及见之。今毕注引《史记》赵惠文王三年灭中山，非是。

历史上的中山国于公元前407年被晋国的魏文侯所灭，魏文侯曾尊孔子弟子子夏为师，而子夏弟子李悝、吴起与墨子处在同一时代，所以苏时学认为墨子应该见证了中山国为魏文侯所灭一事。而毕沅引用《史记》的记载，认为中山国是赵惠文王三年被灭国的，但赵惠文王三年是公元前296年，与中山国真正灭亡的时间公元前407年相差100多年，显然不符合史实。

可见，苏时学对前贤毕沅的观点既不盲目遵从，也不一味排斥，而是根据墨子所生活的历史时代背景与《墨子》的思想主旨，辩证地加以吸收与继承。其核心观点是为解读墨子思想精髓服务。这种重视实证的治学态度正是清代中期全国学者普遍认可的学术态度。

（三）　重在文字错简、文字脱衍、释义的刊误

苏时学对《墨子》一书从用字、字音、逸文（诗）、错简、衍文、脱文、语序、句读、释义等方面进行了校勘。其中影响文章意义解读的集中在用字错误、词语释义及衍文、脱文、错简等方面。故苏时学在用字正确与否、文字脱衍、释义三方面用力最深。全书关于用字的校勘达 262 条（约占校勘总条目 533 条的 49%）、文字脱衍的校勘达 86 条（约占校勘总条目 533 条的 16%）、字词释义的校勘达 81 条（约占校勘总条目 533 条的 15%）。这些校勘内容使得《墨子》由原来的文奥难读变得恰然理顺。如批评、指责儒家的《非儒》下篇：

> 夫执后不言之朝物，见利使己虽恐后言，君若言而未有利焉，则高拱下视，会噎为深，曰："唯其未之学也。"

墨子在这里谴责儒者：遇事持后退不言的态度，看到对自己有利的时候，唯恐说得比别人慢，如果说出来没有利，就合抱两手高高抬起，眼睛向下看，闭口不提正事，像嘴里噎着食物一样，说"这个还没有学过"。苏时学对这段话中"见利使己虽恐后言"一句的用字指出：

> "使"当作"便"，"虽"当作"唯"。

此句经刊正后为"见利便己唯恐后言"，把墨子眼中的儒者唯利避事的样子形象地刻画了出来，有呼之欲出之感。

表现墨子守城思想与策略的《备城门》篇中：

土楼百步一，外门发楼，左右渠之。

这句话中的"渠"字，苏时学对其释义为：

渠，堑也。所以防逾越者。

城上每百步建一座土楼，在楼门之外设置悬门，楼的左右两侧有堑以防止敌人逾越。苏时学解释"堑"的意思与作用：人工开凿的壕沟，以防止攻城之人逾越。其释义言简意赅，疏通句义的同时，可以深入解读墨子守城的科学、智慧。

较之先秦时代的其他诸子学著述，《墨子》一书的错乱、脱文、衍文之处最多。《墨子刊误》对《墨子》文字的脱衍之处进行了多达86条的校勘，如墨子提出避免离乱纠纷使社会得到安定主张的《尚同中》篇：

曰：其为正长若此，是故出诛胜者，何故之以也？曰：唯以尚同为政者也。故古者圣王之为政若此。今天下之人曰：方今之时，天鬼之福可得也，万民之所便利，而能疆从事焉，则万民之亲可得也。其为政若此，是以谋事得，举事成，入守固，上者天鬼有厚乎其为政长也，下者万民有便利乎其为政长也。天鬼之所深厚，而疆从事焉，则天下之正长犹未废乎天下也，而天下之乱者，何故之以也。

这段文字衍文、脱文、语序错乱等处较多，以致无法通读，苏时学作了如下刊误：

此段章句颠倒错乱，今为校正于此。曰：其为正长若此，是故上者天鬼有厚乎，其为政长也。下者万民有便利乎，其为政长

也。天鬼之所深厚而彊从事焉，则天鬼之福可得也。万民之所便
利而彊从事焉，则万民之亲可得也。其为政若此，是以谋事得，
举事成，入守固，出诛胜者。何故之以也。曰：惟以尚同为政者
也。故古者圣王之为政若此。今天下之人曰：方今之时。天下之
正长犹未废乎天下，而天下之乱者，何故之以也。

　　这段原本前后语序错乱，脱文、衍文并存，字句不通的文字，经过校
勘后，其文意判然而明：那些执掌政权的人像这样（指尊天敬鬼的行为），
那么天帝鬼神就会优待他们，平民百姓也会为他们提供便利。天帝鬼神优
待他们，他们顺应天意努力做事，那么天帝鬼神所降的福祉就可以得到
了。平民百姓给他们便利，他们顺应民意努力做事，那么百姓的爱戴就可
以得到了。如果像这样执掌政权，那么他们谋划事情就会顺利，办事就会
成功，防守就会坚固，进攻就会胜利。这是什么原因呢？回答说：是因为
尚同为政，古代圣明的君王都是这样的。如今天下人说：当今天下的行政
长官还没有废掉啊，而天下却乱成这个样子，是什么原因呢！

　　墨子的尚同主张是其十大思想主张之一，墨子认为人们的是非观点要
统一于上级、长官，这些上级、长官是指能够听取百姓意见，赏罚分明的
贤人、仁者。尽管在那个时代，这一主张不可能得到实现，但其对于统一
意志、治理国家、稳定社会有积极进步的意义。

（四）首次系统采用"以墨解墨"的研究方法

　　对于《墨子》文字的错讹难读，苏时学没有简单地凭一己之见，零星
细碎地就某个字词、语句、章节进行校勘考订，而是将《墨子》作为一个
整体，将文本前后进行相互照应，并加以研读、训释、刊正。在《墨子刊
误》的533条刊误中，有53条是采用了"以墨解墨"的研究方法。如反
映墨子认为鬼神可以"赏贤罚暴"思想的《明鬼》篇：

　　　今执无鬼者曰："意不忠亲之利，而害为孝子乎？"

苏时学用《非攻》篇的句子加以解释：

> 忠当作中。非攻篇言上中天之利，中中鬼之利，下中人之利。意与此同。

在上符合上天利益，在中间符合鬼神的利益，在下符合百姓的利益。此处的"中"读为去声，是"符合"的意思。《明鬼》篇中的"意不忠亲之利"意思是"这也许不符合父母的利益"，与《非攻》篇的"中"意思相同。

再如专论如何防备敌人掘地道攻城方法的《备穴》篇：

> 树渠母堞，堞三丈。

《墨子刊误》的释义为：

> 此句有错误。当从《杂守》篇作"树渠"，无"传堞五寸"，与《备城门》篇所云"去堞五寸"者合。

"堞"的意思是"城上如齿状的矮墙"。苏时学将同是讨论守城内容的《备穴》《杂守》《备城门》三篇意思相近的词语联系在一起，不仅正确解释了词义，理顺了章旨，而且通过前后篇章互为印证的方式对文中错字进行了刊误，是科学合理且最接近墨子原意的训释方法。

《墨子》作为一部具有完整体系的墨学典籍，必然存在系统而严密的内在逻辑体系，不能孤立片面地仅凭只言片语解读《墨子》，不能用孤证去破坏其整体思想系统，更不能用"墨子注我"的方式把自己的观点强加给《墨子》。《墨子刊误》从保持墨子思想的整体性出发，从文本出发，注重文本之间的逻辑关联，对墨子的核心思想给予了透彻的分析解答，只有这样，才是《墨子》原典的正确诠释方式。这样系统客观地运用"以墨解墨"的研究方法真实地展现《墨子》思想内涵的同时，使《墨子》研究有了质的飞跃，也为后代研究《墨子》提供了难能可贵的借鉴与参考。

建立在作者扎实学术功底基础上的《墨子刊误》将文奥艰涩的《墨子》以全新的面貌呈现在世人面前。苏时学对毕沅《墨子注》研究成果的批判吸收、对《墨子》原文错讹之处的大胆怀疑，"以墨解墨"方式的创新性运用，尤其是对《墨子》错简的整理，都在墨学研究史上具有深远的意义与影响。

二、《墨子刊误》的不足

《墨学刊误》体现作者扎实学术功底与严谨治学精神的同时，也有仍待提高与升华的一面，如刊误用语过于简洁，校释不够确定，一些影响阅读的关键性词语及篇章仍未得到很好的解读等。

《墨子刊误》的校释词条多简短精要，有的甚至只有短短几个字，如《七患》篇中"君朝之衣不革制"句中的"革"的释义是"改也"，《节用》上篇中"此所以寡人之道也与"句中"与"的读音训为"平声"，《节葬》下篇"细计厚葬为多埋赋之财者也"的刊误语为"之字衍"等，都是极简之语。且刊误用语多用"盖""疑"等不确定的表述，意为"可能是""怀疑是"。全书533条刊误中，有41条刊误使用"盖"字，80条刊误使用"疑"字，即共计121处校勘用语是不能确定的表述方式。这些不确定的刊误条目占刊误总条数的23%，也就是说，全书有多于五分之一的刊误条目内容是不能确定的。如《非攻》下篇：

意亡非为其上中天之利，而中中鬼之利，而下中人之利，故誉之与？

《墨子刊误》的校勘为：

089

篇中"意"与"抑"义同,"亡"字疑衍,或有误。

对于句中的"亡"无法解释,苏时学便以不确定的表达方式称其为"疑衍,或有误",怀疑"亡"字是多出来的字,还有一种可能性是"亡"字有误,至于视"亡"字为衍文的依据是什么,或者此处有误的具体错误点是什么,均没有明确,只是提出了问题,而没有解决问题。学者们普遍认为《墨子》中最难理解的《大取》等六篇原文也没有进行刊误。

尽管《墨子刊误》中存在部分校释不确定、字词训释过于简洁等不足,但瑕不掩瑜,仍不失为《墨子》刊误方面的开先河之作。其严谨的治学精神、忠于原典的治学态度、扎实的治学功底为后世学者所仰慕,在清代墨学领域所取得的领先成果与地位为当时其他治墨者所不及。

三、《墨子刊误》所体现的苏时学治学精神

与中原相比,苏时学所生活的粤西是文化欠发达地区,缺少浓厚的文化氛围影响与熏陶。在这样的大环境下,能有如此深厚的子学功底,要靠苏时学本身的勤勉与努力。从《墨子刊误》所取得的开创性成就的角度,可以窥见苏时学的治学精神体现在以下诸多方面。

(一) 求真务实的严谨治学精神

因被思想上占统治地位的儒家排斥而长期受冷落、被搁置,以及涂改、传抄等原因,《墨子》一书阙文错简严重,尤其是《经说》及《备城门》篇以下诸篇错乱难读。这为《墨子刊误》的撰写带来了极大的困难。没有求真务实的严谨学术精神,是难以有所成就的。

对于能够做出科学解释的内容,苏时学给出了令人信服的解释,如反映墨子行义主张的《耕柱》篇:

> 人之其不君子者,古之善者不诛,今也善者不作。其次不君子者,古之善者不遂,己有善则作之,欲善之自己出也。

"人之其不君子者"中的"其"解释不通。对此,《墨子刊误》是这样解释的:

> "其不君子"之"其",当为"甚"字之误,下言"次不君子"可证。"今也"当为"今世"。"诛"字、"遂"字皆当为"述",毕注是也。

苏时学将这里的"其"字刊正为"甚",其依据除了"其"与"甚"二字的字形接近,更主要的是本句后面有"次不君子者"可以证实。因为"甚"与"次"有语义上的递减关系,联系上下文,这样的刊正恰恰符合墨子论述"义"的主要观点:人之中最不好的,一是对古代善的不述说,对现在善的不去做;二是对古代善的不述说,自己有善就照做,善应当出自自己的本意。

墨子在《耕柱》篇中体现的主要思想是弘扬义,只有实行义,才能使社会安定,国家安泰,百姓安居。苏时学在深入理解墨子的这一思想主张后对文中字词的刊正可谓科学合理、准确到位。

对于能合理解释的部分,苏时学给出了科学的训释、校勘。对于没有有力证据支撑的部分,不强自为说,以实事求是的态度以"存疑""未详"标注。全书533条刊误中,有29条是限于各种原因,未能给出合理解释的,作者以"未详""存疑"等字样标示。如《备城门》篇:

> 城上三十步一藉车,当队者不用。
> 上作"五十步",《备穴》篇作"二十步",未详孰是。

《备城门》篇为"三十步一藉车,当队者不用",而《备穴》篇为"城上二十步一藉车,当队者不用此数",两篇中表达的都是防止敌人攻城的时候在城上布置藉车的间距。《备城门》篇的原文意思是"城上每三十步置一藉车，面对隧道的地方，不受此数限制"，而后面的《备穴》篇却是"城上每二十步置一藉车，面对隧道的地方，不受此数限制"。前后互相矛盾，至于"二十步"与"三十步"哪个正确，上下文中没有语句可以证实。苏时学没有主观臆断孰是孰非，而是客观如实地表述为"未详孰是"，以便于后世研究者深入探究。

这种求真务实的严谨治学精神，是建立在良好学术品德基础之上的，在严肃神圣的研究对象面前，不牵强附会，不妄自为说，体现的是苏时学对古人研究成果的敬仰，对神圣学术的尊重，颇值得学习、借鉴。

（二）敢破敢立的开拓精神

作为第一部《墨子》刊正之作，在鲜有前人研究成果可参考借鉴的情况下，要有所突破是极其困难的，加之古人治学，多恪守祖训，墨守成规者多，有创见者少。这是农耕文明社会的学术传统。苏时学勤勉好学，对于《墨子》原文阙漏错简之处敢于大胆怀疑，不盲从附会毕沅等墨学研究大家已有的研究成果，提出了诸多开创性的观点。如：

> 梁麻索涂中以束之，"梁"为"染"之误，染麻索以涂者，所以避烧。

结合上下文及古代文化常识，"梁"应为"染"因形近字而出现的讹误，意思是将麻绳涂上湿泥捆扎车轮，以此达到防止火烧的目的。

> 城上为爵穴，下垪三尺广其外。此言爵穴之法，广外则狭内，令下毋见上，上见下也。

墨子所用的爵穴之法，是指在城上女墙下挖出酒杯形的孔穴，外面大，里面小，使城内的人能看到城外，而城外的人看不到城内，便于窥视敌人，掌握敌人的动态。

> 楼四植，植皆为通舄。"四植"即"四柱"，"舄"同"碣"，
> 柱下石也。

"舄"的基本义项是"鞋"，在这里解释不通，苏时学考证为与"舄"字形相近的"碣"字，即建筑中用在柱子下面起加固作用的础石。

> 凡若蔺石数。蔺石，城上雷石也，见《汉书·晁错传》。

"蔺石"不是普通的石块，而是古代守城时用以打击敌人的大石块。其依据是《汉书·晁错传》中有"以便为之高城深堑，具蔺石，布渠答，复为一城其内，城间百五十步"的记载。这里的"蔺石"便是雷石、打击敌人所用石块的意思。《墨子》与《尚书》同为战国时期的作品，这样的佐证材料具有很强的说服力。

这些开创性的观点成为后世学者进行墨学研究的重要参考，如孙诒让的《墨子间诂》（1895 年）、陈柱的《墨学十论》（1926 年）、孙人和的《墨子举证》（1930 年）、张纯一的《墨子集释》（1931 年）、于省吾的《墨子新证》（1938 年）、吴毓江的《墨子校注》（1944 年）、高亨的《墨子新笺》（1961 年）等墨学研究史上颇有建树的墨学著作均是在苏时学的《墨子刊误》研究基础之上呈现的成果。可以说，苏时学的首创成就与首创精神对清代以后的墨学研究产生了深远的影响。

在抱经守旧的时代，苏时学敢于质疑经典，改造经典，乃至全面系统地刊正错简，大破大立，除了扎实的学术功底，还要有极大的气魄。今天的学人，对于是古非今的尚古主义、教条主义等守旧行为予以抵制的同时，应倡导弘扬苏时学的这种敢破敢立的学术精神，才能做出更多高质量的学术研究成果。

四、苏时学的《墨子刊误》与墨学复兴

先秦时期，墨学以站在儒学对立面的姿态出现，并在与儒家的争论中得到逐步发展，被称为"世之显学"，一度极为兴盛。但汉代罢黜百家后，墨学被冷落。有学者认为，直到清代提出复兴古学、经子平等的背景下，墨学才得以重新受到重视。这种现象被称为"墨学复兴"。其实严格意义上来讲，从汉代至清代的数千年间，墨学并未真正没落或消失，而是对于《墨子》文本及墨学本身的研究不被重视，但学者对墨家思想仍以不同的方式予以关注，即处于"衰而不振，然亦引用不绝"的状态。如宋代的理学大师朱熹便在文章中批评墨家的兼爱思想，认为"墨子之心本是恻隐，孟子推其弊，到得无父处，这个便是'恶亦不可不谓之性也'"，足以说明墨学与先秦时期的墨学及与同时代的其他诸子学相比呈现衰微之势，但对其思想的引用与评价并未真正断绝。

所谓的墨学复兴，确切而言，应是对《墨子》文本与墨学思想本身研究的复兴，苏时学在墨学复兴中起到了关键性的奠基作用。因《墨子》与其他先秦诸子著述不同，其内容涉及光学、力学、哲学、伦理学、几何学、逻辑学、工程学、军事学等诸多领域，加之年代久远，到清代时已难以读顺。在清代以子证经、以子证史的思潮影响下，欲利用墨学以证经史，必先理顺《墨子》文本。此时毕沅首先根据所见善本对《墨子》作注，但并未就文本中出现的错漏、讹误之处进行刊正。以追求真才实学为治学宗旨的苏时学以其扎实的墨学功底将《墨子》文本进行了全面系统的刊误，其诸多研究成果被誉为注墨权威之作的孙诒让的《墨子间诂》所采纳吸收。《墨子间诂》获得了"现代墨学复活，全由此书导之"的高度评价，其中苏时学的研究成果是重要的基础。梁启超曾如此评价苏时学在墨学史上取得的成就："大抵毕注仅据善本雠正，略释古训。苏氏始大胆刊正错简，仲容则诸法并用，识胆两皆绝伦，故能成此不朽之作。"这里的苏氏指的便是苏时学，其大胆刊正错简的著作便是《墨子刊误》，"仲容"

是孙诒让的字。梁启超肯定孙诒让墨学成就的同时，以客观公正的评语肯定了苏时学为《墨子》文本刊误所做的开创性功绩。

苏时学的《墨子刊误》虽未能尽善，但在《墨子》沉埋多年后，作为第一个刊误本，运用融校勘、训诂、考据、注释于一体的历史文献法，进行了卓有成效的研究，使其成为可读可用的文本，基本恢复了《墨子》文本的本来面貌，为后世学者研究《墨子》提供了较为可靠的善本，更为墨子思想的研究以及墨学在伦理学、逻辑学等社会科学和光学、化学、力学等自然科学方面的研究与发掘铺平了道路。其流播之广，影响之深，与儒家经典《论语》相比较而言，不相上下。尤其是他在撰写《墨子刊误》的过程中所体现的严谨、精到、敢为天下先的治学精神，彰显了粤西学者扎实的学术功底与务实的求学精神，值得治学者钦佩与学习。

第二节　崇尚书院传播的俞廷举

俞廷举作为广西历史上为数不多的集诗人、历史学家、文学家、医学家于一身的学者，在文学上颇有建树，尤其是其诸子学具有浓厚的清代子学研究特色，既有乾嘉学派的朴学之风，又有经世致用的思想融入。同时，也体现了清代粤西学者的子学研究特点：经学根基扎实，以自身经历宣扬为学主张，行文理气兼备。

一、俞廷举简介

俞廷举，生于乾隆八年（1743），字"介夫"，号"石村"，自号"四香居士""一园山人"，广西全州人，出生于全州县长乡高峰村。原为陈姓，后出继于俞。祖上为陕西人，其始祖义庸公于明宣德年间自陕西濠州由浦江领行营率兵定居全州。俞廷举自幼研习经学，博学多才，乾隆二十三年（1758）补博士弟子员，乾隆二十八年（1763）入桂林秀峰书院读书，与当时的同学朱芬谷、朱野塘、沈北溟、朱桂水号称"飞云五子"。乾隆三十三年（1768）中举人，次年被荐为四川定水县知县，历官六任，赋性耿介，善政爱民。因学问、人品俱佳，时人誉之为"粤西才子"。辑有《蒋文定公湘皋集》，著述有《静远楼诗集》《四川通志》《金台医话》《一园文集》等。其《一园文集》得名于辞官后安居今全州县才湾镇白石村委一园村，该文集初刻于嘉庆二十一年（1816），1935 年重刊，于 2001 年由广西人民出版社再刊。本节依照的是《一园文集》2001 年的再刊本。

二、俞廷举的子学研究范围

俞廷举的诸子学思想集中体现在《一园文集》中，文集共收录了 110 篇文章，包括 12 篇说、17 篇论、19 篇辨书、23 篇序文、4 篇祭文、1 篇碑文、2 篇传、17 篇记、5 篇后记、2 篇跋、8 篇骈文，内容涉及社会、政治、文化、教育、医术、堪舆等诸多领域。从中可以窥见俞廷举为学、为官、退隐、交友、著述的人生轨迹。

《一园文集》成书于乾隆四十五年（1780），当时俞廷举 37 岁，因性秉刚方，不阿上宪，后辞官回乡，远离饮酒弈棋，终日著书立说。俞廷举尽管经学根底深厚，文笔绝妙，但在过而立之年后两赴会试，均时运不济，以落榜告终。受时代与社会环境的影响，追求功名是大多数读书人的选择，两度落榜的经历无疑给俞廷举以沉重的精神打击。好在他 26 岁时被推举为四川定水县知县。在清代，少有人是没有通过科举考试而被直接举荐为官的，只有少数被公认为品德俱佳的特别优秀人才，才能享有被直接举荐为官的殊荣。上任后的俞廷举以"宁可得罪上司，不可得罪百姓"为为官准则，因廉明正直而不得志，挂冠而去。又由于文品兼优，被委任为《四川通志》编修官，提出了诸多在今天看来仍颇有见地的修志建议。

在经历了落榜与目睹了官场百态后，辞官回乡的俞廷举写下了大量教导人们贵德、修身的文章，主张文以载道，认为：

> 道者，天下第一义也。如遇君言仁，遇臣言忠，遇父言慈，遇
> 子言孝，遇兄弟言友，遇夫妇言敬，遇朋友言信，遇男子言孔、
> 孟、朱、程，遇妇女言婉昵淑慎，遇富贵言施，遇贫贱言守。

可见，俞廷举非常看中人的道德修养，把道德看作天下第一义。就如
同：为君者要仁，为臣者要忠，为人父要慈，为人子要孝，为兄为弟者要
友爱，为人夫、为人妇者要敬笃，交朋友要诚信。男子应以孔子、孟子、
程颐、程颢、朱熹这样的儒学家为人生追求目标，女子应以温婉、亲近、
贤良、谨慎为行为准则，富贵之人应乐施，贫苦微贱之人应善守。只有具
备了高尚品德的人，才能写出传世好文章。

从《一园文集》中所论及的范围，不难看出俞廷举的子学研究不限于
对某一家、某一人的研究，而是以儒家为中心，兼及道家的子学研究。

（一）对孔孟思想的坚守

俞廷举对子学的研究，是建立在对孔孟尊崇的基础之上的。俞廷举深
谙孔孟思想，推崇孔孟立身行事之道，这在其《一园文集》的论说文中有
明确的体现。《一园文集》所收录的29篇论说文中有19篇直接引用孔子
及其弟子、孟子的言论，共39条，这些引言涉及仁爱、伦理、修己、道
义、诚信、理性、中和等孟子的核心思想。如论述古代宗庙排列次序的昭
穆制度的《昭穆说》中引用《中庸·第十九章》和《论语·先进》中孔
子的话：

> 孔子曰："事死如事生。"又曰："未知生焉知死，未能事人
> 焉能事鬼。"

《中庸》中，孔子认为，侍奉死去的人就像侍奉活着的人一样，侍奉
亡故的人就像侍奉生存着的人一样，这是孝的最高境界。以此说明道用的
广大。《论语》中孔子认为，还没了解"生"，怎么能了解"死"，不能服

侍好活着的人，怎么能服侍好死了的人。俞廷举借孔子的天命鬼神观表达自己对孔孟礼制的维护与尊崇。

俞廷举在批评轻狂世胄子弟的《世胄说（二）》中引用曾子和孟子的话：

> 曾子曰："彼以其富，我以吾仁；彼以其爵，我以吾义，吾何歉乎哉。"孟子曰："说大人则藐之，勿视其巍巍然。"

曾子的话是《孟子·公孙丑下》中孟子引用的。孟子回答齐国大夫景丑关于孟子不听齐王召唤时说："曾子说过，晋国和楚国的财富，没有人赶得上。不过，他有他的财富，我有我的仁；他有他的爵位，我有我的义。我有什么不如他的呢？"后面孟子的话是《孟子·万章下》中他自己的话，意为：向位高显贵的人说话，要藐视他，不要把他的显赫地位和权势放在眼里。作者借孟子的话，表达对动辄阀阅傲人、趾高气扬示人，以祖上为炫耀资本，实则自己无所作为的世胄子弟的讽刺与批驳。

俞廷举写了七篇《师说》，从为师、为生、师生关系等不同角度阐述为师的重要性，其中有五篇引用孔孟言论支撑自己的观点：

> 孔子曰："弟子入则孝，出则弟，谨而信，泛爱众而亲仁。行有余力则以学文，此小学也；明德亲民止于至善，此大学也。"孟子曰："圣人，人伦之至也。"又曰："君子之所以异于人者，以其存心也。君子以仁存心，以礼存心。"
>
> ——《师说》（二）
>
> 余读孟子书，至"孔子没，三年之外，门人治任将归，入揖于子贡，相向而哭，皆失声，然后归。子贡返，筑室于场，独居三年，然后归"。
>
> ——《师说》（三）

又闻之罗从彦为惠州博罗县主簿，闻杨时得程氏学，慕之。及时为萧山令，遂徒步往学焉。初见时三日，即惊汗浃背，曰："不至是，几虚过一生矣。"此所谓信道之笃，"朝闻道夕死可矣"。

——《师说》（五）

善人多者，有孔子而后有七十二贤。云龙风虎，自然之道也。故曰："其身正，不令而行；其身不正，虽令不从。"

及遇人有不尊重，则又皆曰人不重道，独不思己有何道而可重哉？此顾名而不思义者也，如此而望其善人之多得乎？故姗笑者曰："二千五百人为师，从先生者七十人。"言其弟子少而师多也。孟子曰："人之患在好为人师。"

——《师说》（六）

孔子曰："自行束脩以上，吾未尝无诲焉。"朱子训曰："脩，脯也，十脡为束，古者相见必执赞以为礼，束脩其至薄者。"并非言财帛也。又曰："诲人不倦，无行不与。"颜渊曰："夫子博我，以文约我，以礼循循然善诱，人何其大公无私、仁至义尽也哉。"降至今日，斯文坠地。义之一字，消磨殆尽；利之一字，病入膏肓；礼有来学，并无往教。

——《师说》（七）

《师说》中引用了《论语》中《学而》《里仁》《子路》《述而》四篇的孔子言论，表达孔子重视"孝悌""泛爱众"的道德教育、以迫切之心追求真理的人生最高境界、自身行为端正胜过一切言论、有教无类的教育主张。引用孟子的话分别出自《孟子》的《离娄上》《离娄下》《滕文公上》三篇，表达的是对视教师为人伦之至的圣人的推崇，对子贡那样视师为父的弟子的褒扬，以及对自以为是、好为人师的盲目自信心态人士的批评。俞廷举借孔孟的为师言论表达自己的师生观：师生应如父子，老师应有教无类，以端正的品行影响学生胜过一切空泛的说教。

俞廷举在反映孔子弟子宰我和冉有从祀文庙观点的《宰我冉有从祀文庙论》篇中写道：

> 自古庠序、学校之设，皆所以明人伦。人伦者何？父子有亲，君臣有义，夫妇有别，长幼有序，朋友有信是也。而其中最大者，莫如君父。故曰："迩之事父，远之事君。"圣门仁义，忠孝之训久矣，岂及门未之闻乎？礼父母三年之丧，达乎天子无贵贱，一也。短丧之说，下愚耻言，而宰予以期为久，已为不可；至夫子语以"食稻衣锦，于汝安乎？"而宰我公然曰"安"，其人爱亲之薄，毫不知昊天罔极之恩，此可见矣。季氏身为大夫，鲁臣也；冉求为季氏宰，亦鲁臣也。四分公室，季独居二，富过周公，其不臣甚矣。而冉求为之家臣，不能匡救谏止，反为聚敛附益，其人见利忘义，目无鲁君，此可见矣。礼义由贤者出，二子如此，焉得谓之贤哲哉。其有愧于子贡之师死庐墓六年，闵子之辞费必在汶上多矣。虽有言语、政事之长，不足取也。后世以之从祀庙廷，列在十哲之中，何也？如以为圣门弟子，名列四科置之不论，此为循名而不核实，如舍其短而取其长，此为舍本逐末，均于理不顺。

俞廷举认为宰我爱亲甚薄，毫不知昊天罔极之恩，竟然认为在居丧期间吃着精细的稻米、穿着华美的绸衣会觉得心安，连孔子都认为其"子之不仁也"。冉有明知季氏意图分裂鲁国，仍任其家臣，且不能匡教谏止，所以宰我和冉有不是孔门弟子的优秀代表，毫无资格从祀孔子庙廷。

在俞廷举六篇关于反对文庙迁移的论说文中，有三篇引用了孔子、孟子的言论阐述自己反对文庙迁移的论点：

孔子曰："君子喻义，小人喻利。"孟子曰："欲知舜与跖之
分，无他，利与善之间也。"宋儒皆训云："义利之辨，不必截然
两途，判如天渊。即同一事，凡无所为而为之，即谓之义；有所
为而为之，即以利言也。"

——《文庙迁移论》（二）

人生富贵、贫贱、穷通、得丧，皆有定数。孔子曰："得之
不得，有命。"子夏曰："死生有命，富贵在天。"孟子曰："莫非
命也，顺受其正。"人命当兴，即匹夫瞽瞍之子，而亦为天子；
人命当衰，即天子帝尧之子，而不能有天下。

——《文庙迁移论》（五）

盖天道循环，日月中昃，盛极必衰，盈虚消长，自然之理。
孟子曰："君子之泽，五世而斩；小人之泽，五世而斩"，是也。

——《文庙迁移论》（六）

101

　　俞廷举的家乡于宋庆历四年（1044）在全州城东北始建清湘文庙，后
于南宋绍兴十三年（1143）由全州郡守高楫移于全州凤凰山，明代曾盛极
一时。到了清代雍正四年（1726），有人惑于风水之说，迁之翔凤楼下。
针对此举，乡人建议俞廷举撰文止之，于是便有了这六篇《文庙迁移论》。
作者从全州历代名将豪杰辈出、文人贤才涌现的事实出发，指出文庙与风
水显然两途，历来天下文风之盛，由于人，不由于地。贤才不择地而生，
豪杰不待人而起，直斥拆毁旧庙之非、亵渎圣贤之罪。友人罗筠庄认为俞
氏此文"言理，慷慨而谈，酷似昌黎《谏佛骨表》"。
　　去伪辩证历代地理著述的《地理论》中引用孟子的话：

　　《诗》所谓升虚望楚、陟巘降原，皆察也。若理气，罗盘不
过用以格方位，其于穴之是非、真赝，毫不能察，何益之有？是
以地理用察，罗经用格，地理形势之理，与罗盘方位之理，判然

两途，岂可混而为一哉？孟子曰："杨墨之道不息，孔子之道不著。"余曰："理气之言不息，地理之道不彰。"

此语出自《孟子·滕文公下》，孟子认为：杨朱、墨子不灭，孔子的儒家之道就不能大行天下，将杨墨看成是儒家的对立面，只有消灭杨墨之说，才能维护君权、纲常与孝道。俞廷举引用孟子的话，是为了类比自己对理气之言的批判，认为"理气之言不息，地理之道不彰"，反对一些以罗盘确定方位、看风水之人假借地理勘察之名著书立说，以伪传伪，使真正建立在科学考察基础上的地理学著作不被世人所知。

论述君王重孝悌轻天下观点的《汉高祖、先帝论》中引用孟子、孔子及弟子有若的语句：

自天子以至庶人，壹是皆以修身为本。身之所切，莫大于父母兄弟；身之所修，莫先于孝弟。有子曰："孝弟也者，其为人之本欤。"孟子曰："尧舜之道，孝弟而已。"又曰："瞽瞍杀人，皋陶执之。舜视弃天下如敝屣。窃负而逃海滨而处，终身欣然，乐而忘天下。"

楚汉之争天下也，汉之父太公久为项王执去，从未闻汉急切救回。及楚与汉俱临广武，两军相守，数月不下。项王患之，为高俎置太公其上，告汉王曰："今不急下，吾烹太公。"使他人处此则必痛哭流涕，只有急下弃地救父一策。乃汉王则谈笑而道之曰："吾翁即君翁，必欲烹而翁，则幸分我一杯羹？"其人之无人心如此，尚得谓之人乎？孔子曰："是可忍也，孰不可忍。"

嗟夫！人生天地，孝弟二字，其可不讲乎哉？乃后世之论史者，不于此大本论人，而沾沾以成败论，真小儿之见也。即苏氏父子论高祖，老泉以其能用平、勃，东坡病其易太子而不能保赵王如意，皆枝叶皮毛之论，而不知帝王治天下之大道者也。孟子曰："人而亡亲戚、君臣、上下，以其小者信其大者，奚可哉？"
又曰："不揣其本而齐其末，方寸之木可使高于岑楼。"此之谓
也，乌足与论世哉！

《论语·学而》篇中，有子认为"孝顺父母敬爱兄长，是仁德的根
本"。《论语·八佾》篇中，对于季氏在自家庭院中用了天子才能用的八列
舞队，孔子提出了反对意见：这种越礼的事都能狠心做出来，还有什么事
不能狠心做出来呢！《孟子·尽心上》篇中，桃应问孟子，假如舜的父亲
瞽瞍杀了人，皋陶当法官，该怎么办。孟子说，舜把放弃天子的位置看得
如同丢掉旧鞋子，他会偷偷背着父亲跑到海边住下来，一生都快快乐乐
的，甚至开心得忘掉了天下。一个人如果连亲戚、君臣、上下这样小的关
系都处理不好，在大的行为上肯定是不值得信任的。《孟子·告子下》篇
中的"不揣其本而齐其末，方寸之本可使高于岑楼"表达的是：事物如果
不放在同一起点上去竞争，是不公平的。俞廷举引用孟子的三段话，想表
明即便是万民之主的君王也要从重亲情这样看似平常的小事做起，并将其
做好，才能治理好天下。尤其是关于假如舜的父亲杀人的例子，看似不能
理解，觉得舜在徇私枉法，实则孟子认为舜的行为是大孝，所以俞廷举用
这一事例来说明无论是位高权重之人，还是帝王将相，只有将父母之爱、
手足之情放在首位，方可谓天下大丈夫。

驳斥苏轼《诸葛亮论》观点的《驳苏子瞻诸葛武侯论》中引用孟子的
言论：

> 天下事有经、有权、有常、有变，不可一概论也。孔子曰：
> "可与立，未可与权。"又曰："君子时中，当其可之谓时。"如
> 尧、舜时当可禅，舜、禹受之不为泰；桀、纣时当可伐，汤、武
> 伐之不可逆；太甲时当可放，伊尹放之不为篡；管叔时当可诛，
> 周公诛之不为忍。犹之三国，荆、益时当可取，孔明取之不为

过，其义一也。孟子曰："大人者，言不必信，行不必果，惟义
所在。"此之谓也。

《论语·子罕》篇中，孔子认为，可以和他一同立足于社会推行善道
的人，未必可以和他一同通权达变，从而建功立业。"君子时中，当其可
之谓时"是俞廷举将孔子在《中庸》和《礼记·学记》篇关于中庸思想
的阐发糅合在一句话中，意思是：君子总能因时制宜地按照当时情况做到
执中守正，无过无不及，且能事先有所准备，防患于未然。《孟子·离娄
下》篇中，孟子认为，通达的人说话不一定守信，做事不一定要有结果，
只要合乎道义即可。俞廷举引用孔孟的言论是为了反驳苏轼在《诸葛亮
论》中所持的观点：刘备和诸葛亮没有抓住时机彻底灭掉曹操的力量，应
该像刘邦那样，乘胜追击，统一天下。俞廷举认为刘备与诸葛亮有君子之
风，尽管没有得到大一统的江山，却得到了民心，君子应把仁义放在首
位，得到民心胜过得到天下。

表达对父亲续弦见解的《奉唐安楚夫子书》中引用孔子和孟子的
言论：

> 第闻之令弟艺甫曰：吾亲老家贫，子妇事奉维艰，鲜克如
> 意。近欲娶一老姬，以为贴身扶掖之人。吾兄辈难之，以为将来
> 称之继母不可，称之庶母亦不可，其事遂寝。此亦未尝不韪。然
> 孔子曰："父母之年不可不知，一则以喜，一则以惧。"孟子曰：
> "曾子养曾皙，必有酒肉；将彻必请所与，问有余必曰有，养
> 志也。"

《论语·里仁》篇中，孔子曾说"父母的年纪，不能不时刻记在心上
啊。一方面因为父母高寿而高兴，另一方面又因为父母年纪大了而有所忧
虑惧怕"。《孟子·离娄上》篇有关于曾子赡养父亲曾皙的故事：曾子奉养

父亲曾皙，每餐一定有酒肉，在将父亲吃剩下的食物拿走之前，也要问父亲剩下的给谁吃；父亲问是否还有剩余的，曾子一定回答"还有"。这是真正顺从亲意的奉养，而不仅仅是让父亲吃饱而已。俞廷举引用孔子和孟子的话，为了表明自己能理解并支持父亲续弦的想法，要像孔子所言、曾子所做那样，满足父母双亲的愿望，才是真正孝子所应该做的奉养。

俞廷举在回复友人谢培之的信《答谢培之书》中，引用了孔子弟子子贡和孟子的言论：

> 昔孔子大圣也，为之师者初不闻先有一孔子，为之弟者后不闻再有一孔子。盖生之者天，为之者人也。端木氏曰："在人贤者识其大者，不贤者识其小者。"夫子焉不学，而亦何常师之有？孟子曰："待文王而后兴者，凡民也；若夫豪杰之士，虽无文王犹兴。"诚确论也。己不自立而欲籍师之门户以为倚傍，其亦无耻甚矣。

《论语·子张》篇中，卫国大夫公孙朝问子贡，孔子的学问都是从哪来的。子贡回答，文武之道，并没有被遗弃，而是散在民间，贤能的人了解它的根本内容，不贤能的人只了解它的细枝末节。意思是说，孔子从散落民间的文武之道中学习，而不一定是固定地师从某位老师。《孟子·尽心上》篇中，孟子说：要等有周文王那样的人出现后才奋发向上的，是平庸的人，像豪杰之士，即便没有周文王那样的人出现，也能奋发向上，有所作为。俞廷举引用两位贤人的话，是回答友人谢培之的困惑，不见得时势造英雄，英雄豪杰可以造时势，自己知道学习、想有所作为的人，不见得一定在盛世，也不见得一定有圣人指引，最主要的是凭借自身的努力。

与友人讨论人之性情温和与否的《答友人书》中这样引用孔孟的言论：

（孔子）直云："吾恐季孙之忧，不在颛臾，而在萧墙之内。"子然问冉求，则曰："杀父与君，亦不从也。"当面唐突，危言危行，不畏强御，何其疾恶如仇，严而厉哉！平日朋友师弟之间，如王孙贾问媚灶，则曰："不然，获罪于天，无所祷也。"……严厉之辞，难更仆数，何温之有哉？……介厉为体，温和为用，有体有用，固为全人；有体无用，不失为君子；有用无体，未免为小人。与其有用无体，无宁无体无用。孟子曰："人有不为也，而后可以有为。"自古托孤寄命，临大节而不可夺，非介厉之士不能。

世人认为孔子向来以温和之面示人，与之相比，孟子则显得严厉直白得多。俞廷举认为这样的观点过于片面，如《论语·季氏》篇中，孔子对于冉有、子路说的"季氏将伐颛臾"一事，直言："季孙之忧，不在颛臾，而在萧墙之内。"在后续的表达中，均可见孔子不是一味毫无原则的温和。《孟子·离娄下》篇中，孟子曾说，人只有对某些事情舍弃不做，才会有所作为。意思是，想要有所作为，不能每件事情都去做，必须放弃一些，才能取得预期的成就。也就是今天常言的"有所为而有所不为"。俞廷举引用孔子和孟子的言论是为了表达自己对于温和与严厉的理解，即介厉为体，温和为用，有体有用，固为全人；有体无用，不失为君子；有用无体，未免为小人。与其有用无体，无宁有体无用。

记录为去世的父母选坟址一事的《先严慈坟图序》中引用了《孟子·公孙丑下》篇的话：

丙午冬，获玉丝鞭形安厝先君子；戊申冬，又获交椅形安厝先慈。一二年间得真穴者再，蚁泉之患可以永免。孟子云："无使土亲肤，于人心独无恔乎？"或曰："此道甚难，吾见天下更有痴于子者，未见其穴之皆真。子以为真，人以为假，奈何？"余

曰："山川之道不外形势，形势之道不外理法。人特患天资庸愚，
学之不得其旨耳；天资学力果到，何难之有？"

儒家推崇厚葬，孟子安葬母亲的时候，和弟子充虞说，之所以选择有
一定厚度的棺木，是避免泥土挨近逝者的肌肤，孝子之心不是能感到慰藉
吗？俞廷举借此事表达自己聚集古今堪舆之书，遍查附近山林追踪仙迹，
不是迷信不开化，而是为了表达孝子敬父爱母之心。

教导"士"砥砺品德的《教士敦品文》中引用了孔子、曾子、孟子的
言论：

古之学者周中规、折中矩，言坊行表，凡孝弟、忠信、礼
义、廉耻之事，无不身体力行，衾影无愧。如颜子之"非礼勿
视、听、言、动"，曾子之"慎独，勿自欺"，孟子之"不见诸
侯，不以卿相动心"……皆吾人之真学问、真事功。

《论语·颜渊》篇中，颜渊问孔子什么是仁，孔子回答道："不符合礼
的东西不看，不合于礼的话不听，不合于礼的话不说，不合于礼的事不
做。"《中庸》提及的"慎独"指的是，一个人独处的时候，要更加有所
戒惧。《大学》所言"勿自欺也"，也是说做人要意念忠诚，不自欺欺人。
《孟子·公孙丑上》篇，孟子回答公孙丑的问话，四十岁以后即便给卿相
的位置也不动心了。古代对平民的分类有士、农、工、商的说法，"士"
作为四民之首，应身体力行，应尊孝悌，讲忠信，明礼义，知廉耻。俞廷
举之所以引用这些典故，是借以讽刺士风大变，身边一些所谓"士"常作
出不合"士礼"之举。

俞廷举的诸子散文中随处可见的对孔子及其弟子言论的引用，这贯穿
了他作品的始终，无论是探讨为人、为文，抑或为官之道、为学之举，都
以儒家思想作为指导思想，体现了其对儒家仁爱、重礼、崇义等基本思想

的深刻把握与推崇。与此同时，建立在对儒家思想极力维护基础上的，便是对与儒家思想不一致的墨家、道家思想的否定与批驳。

（二）对道家、墨家观点的批驳

道家与墨家均与儒家观点有所不同，尤其墨家是在反对儒家核心思想基础上建立起来的。作为孔孟之道的忠实捍卫者，俞廷举自然会在著述中体现对道家、墨家观点的批驳。相对于对道家的批评，他对墨家的批评言论不多，但用语却极为尖锐。如对历代地理著述进行评述的《地理论》一文中，他引用孟子对道家杨朱学派创始人杨朱、墨家学派创始人墨翟的批评言论，借以表达自己对孟子观点的认同。《地理论》中对杨朱、墨翟学说的批驳：

> 《诗》所谓升虚望楚、陟巘降原，皆察也。若理气，罗盘不过用以格方位，其于穴之是非、真赝，毫不能察，何益之有？是以地理用察，罗经用格，地理形势之理，与罗盘方位之理，判然两途，岂可混而为一哉？孟子曰："杨墨之道不息，孔子之道不著。"

和墨子生活在同一时代的杨朱，是道家早期的代表人物。他主张"贵生""重己"，重视保存个人生命，自己不去侵夺他人的利益，也反对他人侵夺自己的利益。孟子认为杨朱的思想是极端自私的利己主义，而墨子主张"兼爱"，即不分阶级、亲疏远近厚薄，无差别的爱。在儒家看来，人与人之间的爱应该是仁爱，即推己及人，由亲及疏、由近及远，有等差的爱。所以孟子视杨朱、墨子思想为与儒家背道而驰的异端，认为杨朱、墨子思想盛行的时候，就是天下大乱的时候。俞廷举认同孟子的观点，是认同并发扬儒家学说的表现，同时也是对杨朱、墨子学说的批驳，以此维护儒学思想的正统地位。

俞廷举对道家观点的批驳，主要体现在《老子舌存齿亡论》篇。《舌存齿亡论》是《一园文集》17 篇论说文中的一篇。对于论说文的文体，刘勰在《文心雕龙·论说》篇中有"论也者，弥纶群言，而精研理一者也"的论述，其意为：所谓的论说文，就是概括各种言论和意见，精准严密地探求出其中唯一的道理。"论"的文体特点，决定了《老子舌存齿亡论》以短小的篇幅概括多种言论、层层相扣地表达见解等特点。

1. 篇幅短小却囊括了丰富的内容

《老子舌存齿亡论》全文不足一千二百字，却涵盖了丰富的文献典籍、历史掌故等信息。文中举了《易经》、孔子、孟子、方孝孺、张昭、霍无崖、白居易、子夏、李康、关龙逢、比干、伍奢、伍子胥、太宰嚭、费无极、汲黯、张汤、萧望、石显、王陵、贾充、袁粲、褚渊、冯道等二十余个事例阐发自己的观点。

　　《易》曰："立天之道曰阴与阳，立地之道曰柔与刚，立人之道曰仁与义。"二者原不可偏废也。

俞廷举最先引用《易传·系辞》第二章中的这句话，表达的是：无论是观察天的道象、地的道象，还是对一个人的总体印象，都要有一定的准则，阴阳、柔刚、仁义都不能偏废哪一个。引用该句后，他又进一步重申立场：刚阳是君子之道，柔阴是妾妇之道。

　　孔子曰："吾未见刚者"，未闻"吾未见柔者"。

接下来文中引用《论语·公冶长》篇中孔子的"吾未见刚者"之语，这句话的全文是："子曰：'吾未见刚者。'或对曰：'申枨。'子曰：'枨也欲，焉得刚？'"意思是说：孔子说他没有见到过刚强的人，有人说申枨是这样的人，孔子说申枨有很多欲望，怎么可能刚强呢？孔子认为无欲则刚，欲望多了往往就不会正言直行，称不上是刚强之人。俞廷举没有深入阐发孔子这句话的深意，只是以正反论证的方式，表达自己的观点："刚"是世人崇尚的，连孔子都说没有见到过刚强的人，却没有说没见到过柔弱的人。

> 孟子曰："其为气也，至大至刚"，未闻"其为气也，至小至柔"。

这句话出自《孟子·公孙丑上》篇，公孙丑问孟子"浩然之气"是什么，孟子说这种气极浩大、极有力量。俞廷举引用这句话与引用孔子的"吾未见刚者"的用意是一样的，孟子只提到了"至大至刚"，却没有提及"至小至柔"。

> 方正学《戆窝记》云："士之可贵者在气节，不在才智。"

方正学即方孝孺，明代名臣、文学家，其《戆窝记》中这句话的意思是：君子的可贵之处在于气节的伟大而非才智的出众。文中引用此句表明看似迂愚实则刚直的人是受世人尊重景仰的。

> 霍无崖《与王晋溪书》曰："今之人，大率取依阿软媚者，习遂成俗。故凡遇直率者，即群咻曰其人粗鄙；遇恬静者，即群咻曰其人立异；遇豪杰者，即群咻曰其人肝胆难测，皆摈而不用。其用者必软熟无气、易驾驭、听驱使者也。此辈人太平时极见忠厚可托；不幸事变，卒至委身寇廷，而倒戈内向皆是也。"

俞廷举引用明代霍无崖《与王晋溪书》之语，表明社会上刚正之人不被重用，且遭世人孤立，为政者往往喜欢任用看似软弱易驾驭之人，而这些人往往在危难之际叛变离道。所以，俞廷举以此例子阐明看似柔弱实则奸佞之人不可用，而看似粗鄙实则耿介刚直之人才是真正值得委以重任的。

> 白香山《折剑诗》曰："我有鄙介性，好刚不好柔；勿轻直折剑，犹胜曲全钩。"

文中引用白居易的折剑诗，借宝剑剑头质地坚硬，不屈外力，宁可折断，也不委曲求全，为了做全钩而被扭曲变形的品质，用以支撑自己尚刚鄙柔的观点。

> 子夏曰："死生有命，富贵在天。"

《论语·颜渊》篇中此语是孔子的弟子子夏与司马牛的对话。司马牛对自己没有兄弟表现出了忧虑。子夏说，死生由命运主宰，富贵由上天安排，只要做严肃认真、谦恭有礼的君子，普天下的人都会成为手足兄弟。反映的是儒家通达、现实的天命观。俞廷举引用子夏的话，想表达的是：即便柔曲，也不见得能保全，因为生死、富贵都不是自己所能主宰的，只能尽人事，听天命，所以与其委曲求全，莫如耿介刚直，给后人树立榜样。

> 李萧远《运命论》曰："凡希世苟合之士，蘧蒢戚施之人，俯仰尊贵之颜，逶迤势利之间，意无是非，赞之如流；言无可否，应之如响。以窥看为精神，以向背为变通。势之所集，从之如归市；势之所去，弃之如脱遗。洁其衣服，矜其车徒，冒其货略，淫其声色。脉脉然自以为得矣，盖见龙逢、比干之亡其身，而不思飞廉、恶来之灭其族也；盖知伍奢之杀于始，而不戒费无极之诛于终也；知伍子胥之镂镂于吴，而不知太宰嚭之诛于越

也；盖讥汲黯之白首于主爵，而不惩张汤牛车之祸也；盖笑萧望
之跋踬于前，而不惧石显之绞缢于后也。”

三国时代魏国文学家李康所作《运命论》，探讨的是国家治乱与个人
命运之间的关系问题。文中列举历史上诸多正面人物及历史事件，包括夏
朝末年中国第一位以死谏君的忠臣关龙逄、忠心耿耿而被商纣王剖心的比
干、春秋时期楚国大夫伍奢受牵连被杀、西汉敢于直言进谏的名臣汲黯、
西汉酷吏而以廉洁著称的张汤、西汉因遭诬告愤而自杀的忠臣萧望之。将
这些忠臣与陷害他们的佞臣，如春秋末年楚国迫害伍奢的奸臣费无极、汉
元帝时迫害萧望之的奸臣石显等对比，以此证明个人的穷达与时代命运、
个人命运息息相关。俞廷举引用李康《运命论》这段阐释，强调刚正不阿
的志士仁人尽管有的因被陷害、诬告而含冤离去，却因其浩然之气而名垂
青史。

昔孔子曰："人之生也直，罔之生也幸而免。"

《论语·雍也》篇中孔子说：人能生存下去是由于诚实正直，虚伪邪
曲的人能够生存下去是由于侥幸地免于祸患而已。俞廷举引用孔子的话，
仍是阐述他"为人需尚刚"的思想主张。

俞廷举在简短的篇幅中引用诸多古今典籍、历史人物、历史事件作为
论据论述自己的论点，上自春秋，下及明代，信手拈来，且每举一例都做
了简单的阐释，以简明扼要的语言使材料能为文章所用。在一千一百余字
的精短篇幅中涵盖了丰富的内容，体现了深刻的思想，足见其知识之广
博，尤其是儒学功底之深厚、治学之严谨。

2. 阐发见解，条分缕析，层层相扣

俞廷举在文中对于老子的舌存齿亡论进行了反驳。文章开头先解题，
即老子舌存齿亡的"舌""齿"所指，接下来分三个部分层层深入进行阐

发，每个部分之间观点清晰、举例得当、论证充分、层层相扣。

俞廷举在本章开篇即点明主旨，明确自己的观点——不赞成"柔弱胜刚强"：

> 老子"舌存齿亡"之说——舌者，柔也；齿者，刚也。刚不如柔，后世奉为保身之法。不知黜刚尚柔，此守雌之见，不可为训也。

俞廷举先明确老子的"舌存齿亡"所指即"刚不如柔"，据此再表明自己的立场：尽管世人将"以柔克刚"奉为保全自身安全的行为准则，但在他看来，这是柔弱的处世之道，不能当作典范、法则来尊崇。

紧接着以具体事例从三个层面反驳老子的观点：一是"刚之不可无"；二是"柔之不可用"；三是"刚亡而柔亦未尝不亡"。他先引用《周易》《论语》《戆窝记》中关于刚柔的表述，以汉代汲长儒、三国时吴国张昭两位重臣为例，表明尽管负气自高，敢于直言进谏，仍得到朝廷重用，是因为其气节值得称道。进而指出：国家可以数十年无才智之士，不可一日无气节之臣，得出"刚之不可无"的论点。然后以霍无崖《与王晋溪书》为例，表明阿谀谄媚者太平时期以忠厚之相示人，一旦事态有变，便倒戈向内，得出"柔之不可用"的结论。最后引用白居易的《折剑诗》和李萧远的《运命论》为例，尤其以《运命论》中所提及的历代名臣的结局为例，包括：以死谏君的忠臣龙逄、比干被杀，避免了被奸臣飞廉、恶来灭族；春秋时期伍子胥父亲伍奢被杀，不用戒备再被奸臣费无极陷害；西汉名臣汲黯在主爵都尉任上老去，而不用承受奸臣张汤所受的杀身之刑；西汉名臣萧望之受宦官弘恭、石显等诬告下狱，便不必惧怕奸臣石显所受的绞刑。以此得出"刚亡而柔亦未尝不亡"的论点。

俞廷举先正面论述"刚之不可无"，再从其反面论证"柔之不可用"，最后以"刚亡而柔亦未尝不亡"做结。三个论点环环相扣，逐层深入地阐明了其对"舌存齿亡"观点的否定。结尾再次重申自己的观点：天下之事，只论理之是否，不论人之刚柔，正如五代时的冯道，身为将相，历事五朝，且能得以寿终，可谓"柔"之典范，但留下千古骂名。这样寡廉鲜耻之人，即使能保全性命，也不为世人所尊崇，失去了人应有的尊严与风骨。

可见，在对老子舌存齿亡论的反驳中，在情理兼备的论述中，俞廷举所表现出来的除了宗儒学者对道家观点的否定外，还有他清白廉洁、正直为善的价值观。

三、俞廷举的子学研究特点

俞廷举生活的清代乾嘉时期，是朴学盛行之时。这样的生活背景决定了俞廷举的子学研究有不可回避的时代特色。出于对以子证经的需要，子学成为清代儒学者治学的辅助领域，以子学为经学之羽翼。主张中学为体、西学为用的清代名臣张之洞曾说：

> 大抵天地间人情、物理，下至猥琐纤末之事，经、史所不能尽者，子部无不有之。其趣妙处，较之经、史，尤易引人入胜。故不读诸子，不知瓦砾、糠秕无非至道；不读子，不知文章之面目变化百出，莫可端倪也。此其益人，又在于表里经、史之外者矣。

张之洞的言论大体反映了清代学者对子学的态度：经学、史学所不能囊括的人情、物理，却包含在子学范围内；但视子学为瓦砾、糟糠，不是真正可以治天下的大道；研究子学，仅仅是为了作为经学研究的附属品，甚至用以佐证经学的正确性与权威性。所以俞廷举的子学研究不可避免地也有借子证经的意味，同时既有乾嘉时期务实求真的朴学特色，也有自己独有的风格，主要表现在研究形式与研究内容的多元化、研究视角的独特性、所著行文理气兼备等方面。

（一）形式多样、内容多元

俞廷举的诸子学无论从外在形式，还是内在特点上，都呈现出多元化的特点。收入《一园文集》的诸子学作品中，既有说、论、记、辨书、传、骈文等体裁，也有与日常生活密切相关的祭文、碑文、传、后记、序、跋等实用文体。这些文体所述内容范围涉及社会、政治、文化、教育、医术、堪舆等诸多领域。

1. 表达孔孟核心思想的内容

《孔子删诗不删郑卫论》《宰我冉有从祀文庙论》《文庙迁移论》《昭穆说》《大小宗说》《排行名字说》《世胄说》《戒食牛犬文》《汉高祖、先帝论》等文中均反映了孔孟讲仁爱、讲伦理、重修己、讲道义、重诚信、讲理性、讲中和、重学习、重教育的核心思想。如《昭穆说》开篇即曰：

> 礼以义起。义者，宜也，谓必合乎天理，协乎人情，止于至善，一定不易。

俞廷举用孔孟所推崇的礼义标准原则阐述天子诸侯的庙制问题，认为正确的庙制应该是：左为昭，右为穆；父为昭，子为穆。理由在于左为阳，阳者昭明之义；右为阴，阴者幽穆之义。

这一论点不是凭空确立的，而是在对古代礼俗与历代天子诸侯的庙制设置进行深入研究基础上提升出来的，论据充分，论点清晰。从中可见古代对"礼有五经，莫重于祭"的祭祀之礼的重视，以及祭祀礼义与祭祀文化深层的儒家思想内涵：对逝者的敬重，对生者的祈福。

再如《排行名字说》中：

> 为子孙命名取字者，须考历代祖父之讳，并一族尊长之名，

以及国家讳禁之字，乡党先达之名皆凛不可犯。……凡为子孙者，当顾名思义，敦诗说礼，端品励行，以期名传四海，流芳百世，庶不负先人命名之意，是则余之所厚望也。

列举宗族排行取名避讳的具体内容，是对《礼记》中取名避讳的补充，从而体现儒家"长幼之节，不可废"的伦理观；并奉告子孙要以敬重之情珍惜尊长所取名字，内修品德外修品行，知书达礼，以流芳百世，不辜负先人命名中所寄予的厚望。

俞廷举的古代文学成就重在其孔孟思想研究，所以他的文章中以自己的为学、为官、育人等切身经历作为参照，体现孔孟思想并表达对孔孟思想的尊崇与维护，这贯穿了其诸子研究的始终。这既是俞廷举个人的特点，也是清代诸多治学者共性的特征。

2. 发表对为师、为生之道的见解

《师说（一）》《师说（二）》《师说（三）》《师说（四）》《师说（五）》《师说（六）》《师说（七）》七篇文章深入阐释了为师、为生之道。其中两篇阐述为师之道，三篇阐述为生之道，两篇阐述师生关系。在俞廷举看来，为师者除了有丰富扎实的学术积累之外，也应重视人品心术内容的讲解，既教学生为文之道，也教学生为人之道。且为师要重道，师严而道尊，师道立而善人多；为生者要尊师、勤奋，以学习为人为文之道为终生追求目标。师生之间应重义而非一时之利，师生如父子，师严生敬，方可体现为师之道与为生之道。

3. 抨击不良社会风气的论点

俞廷举并非乡愿，故对不良社会习气敢于正面抨击、讽刺。如《香奁无题诗论》《地理论》《驳苏子瞻诸葛武侯论》《老子舌存齿亡论》《杂论（一）》《杂论（二）》等文章中对于社会上迷信神仙鬼怪之论、迷信风水之说、沉迷香艳文风的读书人、阿谀谄媚为官的小人等社会流弊进行了讽刺与抨击，且用语犀利、一针见血。如《杂论（二）》中，善鸣善斗的画眉鸟被富贵子弟据为笼中之物，与之在林中鸣斗的不同之处在于：

> 然此时一身卒不能不鸣、不能不斗，而又不敢不鸣、不敢不斗。夫终其身至于不敢不鸣、不敢不斗，则必至于因鸣而死、因斗而死而后已。呜呼！物之具善鸣、善斗者，何如此之累也耶？彼山之中有不善鸣、不善斗而得以悠悠自适，终其天年，而不为人网罗牢笼者，夫岂非鸣之不善、斗之不善之适足以为福哉？

俞廷举通过被捕画眉为人强迫鸣斗之事，暗喻统治者束缚人的思想，压制、摧残人的行为。对于百姓而言，他们最好的生活状态应是言论、行为自由的环境，就像画眉鸟在它生活的深山大泽之中一样。想有所作为之人一旦进入官场，便被迫做些非顺从本意之事，其命运多如被囚禁的画眉鸟一样悲凉地死去。这种表达方式与清代文学家龚自珍在《病梅馆记》中所表达的思想有异曲同工之妙。

再如《香奁无题诗论》：

> 近世子弟轻薄，每遇宫体、宫怨、宫词、闺怨、闺情、香奁及《玉台新咏》《情史》等诗，未有不宝之如珠玉、奉之如师保者，以为前人尚不能无，我辈何乐不为！故凡淫邪之诗，非盈篋即累牍，且以此居然自谓为风雅。

在俞廷举看来，诗发乎情，止乎于礼，温柔敦厚，方为诗的本意。诗的大旨是"思无邪"，那些沉迷于香艳诗文欣赏与写作之人是轻薄之人、无耻下流之徒。尽管今天看来，其观点失之偏颇，但其对有违儒家思想的不良社会风气敢于正面批驳，体现了清代正统儒学学者的治学之风。

对于不良社会风气，俞廷举立场坚定，结合历史上与作者所处时代的具体实例，论据充分，论点明确，层层深入地进行批驳，体现了儒家正统学者的君子之风与浩然正气。

4．与友人探讨为人、为学之道

《孔子世家辨》《李杜名高见忌辨》《李白从永王璘辨》《严武欲杀杜工部辨》《乌枭辨》《奉唐安楚夫子书》《与朱野塘论文书》《与陈州尊论迁移文庙书》《上沈观察论修〈四川通志〉书》《上查方伯书》《上刘埏圃书》《答王司马论弭盗书》《上苏太守书》《与朱芬谷书》《与舍弟行素书》《与谢培之书》《与飞云诸友书》《答友人书》《与李怡堂孝廉书》等文章均为与友人探讨为人、为学之道。如反映乌枭因善知人祸而被厌恶之事的《乌枭辨》中：

> 第枭之鸣以夜，乌之鸣以昼，则不可不辨。夫昼鸣者，阳道也，君子之道也；夜鸣者，阴道也，小人之道也。……吾闻之乌有反哺之义，枭有噬母之恶，天性宵坏。夫如是，则枭之为人所恶而欲杀之、灭之也固宜；若乌以至孝之性，因直道取憎，意下同枭类，不大可悲也乎？

俞廷举以民间对乌枭出现便有祸事发生的说法入题，将乌昼鸣视为君子，枭夜鸣视为小人，将乌视为有反哺之义的至孝，枭有噬母之举的至恶，以此表明自己的为人之道：推崇儒家的孝亲观，做敢于直言的正人君子。

俞廷举主张堂堂正正为人，不因一时之利趋炎附势、巴结权贵，将儒家的修身、齐家、治国、平天下作为毕生追求的目标，在困顿的境况下能坚守道德原则，不惧一时之苦，在后世留下英名。

（二）理气兼备

以《老子舌存齿亡论》为代表的文章集中体现了俞廷举的论说文特

点，即说理透辟、语言简练、情理兼备，善于运用稽古、引经等手法，达到论说目的。就这一点而言，民国时期广西参议会议长蒋继伊的评价是非常中肯的。其在《一园文集》序中说："其为文也，不立宗派，不分门户，惟以理胜，气以运之，笔以达之，根柢六经，言皆有物。"从《老子舌存齿亡论》等诸多短小精悍的文章中，蒋氏的评价得到了充分的印证。

俞廷举的一生是坎坷的，由于身处清代乾隆盛世，受社会的影响，曾一度热衷于科举功名，但因自己多病，加之要照顾病弟，直到而立之年才两赴会试，却时运不济，未能因绝妙的文笔而中榜。后以德才兼备得到公众认可，作为特殊人才被直接推荐赴四川定水县任知县。对于俞廷举的品行，左方海在《一园文集序》中感叹道："今天下士，不难有才，而难有品，才品兼优，尤为难见。"但其因刚直耿介的性格、与时代不合拍的观点，不愿同流，而弃官回乡。官场经历让他更看重读书人的品德，厌恶读书人过于追求功名。这些人生阅历造就了俞廷举不慕权贵、刚直耿介的性格品行，用其昆孙俞平班的评价"文气纵横跌宕，品格卓荦雄豪"来概括他是非常恰当的。而俞廷举的刚柔观也诠释了他"文气纵横跌宕，品格卓荦雄豪"的为人与为文品质，是值得称道的学者典范。

四、俞廷举的子学观

自汉代董仲舒提出"罢黜百家，独尊儒术"后，以孔子为代表的儒家成为封建正统思想。直到清代，在文字狱的高压背景下，出现了儒学最后一个理论形态，即乾嘉学派的朴学，以顾炎武、惠栋、戴震等为首的考据大家，重新诠释儒家经典，力驳宋明理学空谈心性、空谈儒学理论之弊，重振儒家经世致用的古典儒学之风。在这一研究风气影响下，俞廷举的诸子学研究也呈现了与时代相吻合的特点，即在踏实严谨的学风指引下，主张治学论必有据、据必可信，立足现实，闻道行道，呈现浓厚的现世关怀思想，并反映在具体的诸子研究上。由此可见俞廷举的子学观：刚柔观、济世观。

（一）刚柔观

对于刚柔的探讨，早在商周时代就已出现，《诗经·商颂》中有"不刚不柔，敷政优优"的诗句，意为不刚不柔、温和宽厚的施政风格。春秋时代，就有用刚柔来说明事物的性质、阐述兵法之道。《老子》八十一章中有七章阐述了刚柔之道。

1. 推崇刚正之道

老子的刚柔观具体体现在《老子》的七个章节中，包括：第十章"专气致柔，能婴儿乎"；第三十六章"柔弱胜刚强"；第四十三章"天下之至柔，驰骋天下之至坚"；第五十二章"见小曰明，守柔曰强"；第五十五章"骨弱筋柔而握固"；第七十六章"人之生也柔弱，其死也坚强万物，草木之生也柔脆，其死也枯槁。故坚强者死之徒，柔弱者生之徒。是以兵强则不胜，木强则兵。强大处下，柔弱处上"；第七十八章"弱之胜强，柔之胜刚，天下莫不知，莫能行"。可见，老子推崇柔弱思想，强调柔能克刚，以刚柔观来解释天道、人事原则。

与此相反，俞廷举推崇刚正之道，认为刚能战胜弱，并以数个历史实例反复证明小到个人、大到国家都离不开"刚"，甚至认为"国家可使数十年无才智之士，而不可一日无气节之臣"，以此证明可以没有"柔"，但不能没有"刚"。与老子推崇柔弱相比，俞廷举推崇刚正，以刚正来解释为人、处世、为官，乃至治天下。其对老子"舌存齿亡论"的批驳，实则是对老子"柔弱胜刚强"的刚柔观的否定。

2. 尊刚卑柔

老子刚柔观的主旨是尚弱贵柔，而俞廷举的刚柔观则是尊刚卑柔。其实二者的内涵所指不同。老子特别看重"柔"与"弱"，是在强与弱、刚与柔相互对待的关系层面上而言。老子之所以贵柔，是因为柔代表了柔弱、镇静、处下、不争、甘后，刚则体现了刚强、躁动、居上、好斗、抢先。柔是新生事物的特征，有美好的发展前途；刚体现的是逞强恃暴，是濒临终结事物的特征。且刚易损、柔可存，以柔克刚，结合老子所处的时代便不难理解，以柔克刚除了表明其处世态度与处世哲学，也不失为那个时代一种保存自身力量以求长远发展的斗争艺术。

而俞廷举的尊刚卑柔观源自其自幼多病、两度应试不中、官场黑暗等坎坷的人生经历，所以他的刚柔观渗透了浓厚的个人情感色彩，其所指与老子刚柔观所指有所不同。他的"刚"指的是性格的刚毅、刚强，甚至刚烈，即坦荡耿直、不惜舍生取义的君子之道；"柔"指的是卑微、卑贱，甚至卑鄙，即阿谀取容、柔软媚世、寡廉鲜耻的小人之道。他以数十个历史事件、历史人物为例，从正反两方面阐述了其对刚毅君子的肯定和对胆小怯懦小人的责贬，态度坚决、立场分明、情感真挚。

（二）济世观

包括俞廷举在内的清代学者，不同于理学家一味研究道统，而不关注社会、民生的发展。俞廷举强调为人、为文的实用性，所以其文章中表现出了浓厚的忧国忧民思想。

贵州思州知府陈元在《一园文集》的序中评价："俞廷举之文，皆有所积而后发，有所见而后书，无一不关世教人心，并非空言无益者。"陈元的评价是中肯的，总览俞廷举的文章，均与社会、政治、生活、为官、为人、为文密切相关。如其在《老子舌存齿亡论》中对老子的舌存齿亡观进行了批驳，主张尊刚卑柔。而老子主张"柔弱胜刚强"，实则老子在尚柔的同时，并没有完全否定"刚"，而是认为柔之道最终胜过刚之道。与此相反，俞廷举尚刚的同时，明确反对、批驳"柔"，视之为"刚"截然相反的对立面，甚至主张"柔之不可用"，只要有"刚"，可以无须"柔"的存在。如此强烈的态度贯穿全文，并非俞廷举未能真正领会老子刚柔观的深意，而是其作为儒家学者的立场使然。文章最后以"宗老子何若宗孔子之为无偏、无弊也哉"收尾，可见，俞廷举是借老子的"舌存齿亡论"来抒发对社会现实的不满，更是借否定老子的刚柔观来衬托儒家中庸思想的正确性，其济世精神可见一斑。

清代的诸多学者，尤其是有识之士提倡经世致用，且形成一种社会风气，俞廷举也是这种风气影响下的一员。其济世观是受正统儒学影响下的正直学者所表现出来的达观、舒豁、爱国、爱民。与俞廷举同处全州之地的谢良琦、谢赐履、谢济世、蒋励常、蒋启敳、蒋琦龄、赵炳麟、蒋良骐等学者因为有共同的生活背景、相似的生活经历与受教育经历，身上或多或少地体现了与俞廷举同样的济世观。

五、俞廷举诸子研究的意义

俞廷举作为乾嘉时期偏居粤西一隅的普通学者，其为人、为学、为官、育人经历，以及在这一过程中所体现出的尊儒崇儒思想，代表了一个时代、一个地域学者的整体精神风貌，体现了清代鼎盛时期的社会、政治、文化、教育概貌，对研究清代儒学者与粤西儒学、子学思想有典范意义。

俞廷举作为清代诸多尊儒崇儒学者的一员，生于乾隆八年（1743），乾隆二十八年（1763）即二十岁时入秀峰书院读书，乾隆三十三年（1768）即二十五岁时中举人，乾隆三十四年（1769）即二十六岁时任四川定水县知县，后辞官回乡著书立说。其出身书香世家，以科举功名为人生主要追求。科举考试不顺、辗转求得官职后因性情耿直不愿同流合污而退隐田园，代表了乾嘉时代诸多学者的向学、为官、退隐、交友、著述的人生轨迹与道德理念。

（一）俞廷举为人之道

俞廷举尤为看中人的道德修养，对读书人追求功名利禄、利欲熏心、蝇营狗苟的做派深恶痛绝，认为读书人应该首先讲求人品心术。其大量教导人们修身处事的道德文章是最好的佐证。

俞廷举崇尚儒家之道，以"静远"为书房名与诗集名。寓意见天下宁静之士急流勇退，不为名利所动。

如《得四友序》中，俞廷举对自己做了如下剖析：

> 余性疏懒，又最戆直，非其人不与之言，世故周旋一切不
> 谙。……盖吾所交者道义，所讲者人品心术，非若世之以杯酒结
> 殷勤，竞向声色货利、势位富厚中行，此所以戛戛乎其难之也。

俞廷举自知性格耿直，不谙人情世故，不喜与阿谀逢迎者相处，自以为本性如此，不被周围人所理解，更不会遇到与自己性情相近的志同道合的朋友。然而却在桂林秀峰书院求学期间，遇到朱芬谷、朱野塘、沈北溟、朱桂水四位与自己人品、性情相合之人，与友人一起可以敦人品、正心术。

俞廷举崇尚儒家思想，人品淳厚，追求宁静、正直耿介的为人之道，直接影响其为官与为学作风。

（二）俞廷举为官之道

俞廷举在二十六岁时远赴四川定水县任县令。尽管在清代，一个普通的地方县令仅是七品官职，但俞廷举上任后恪尽职守，踏实做事，以报知遇之恩。在一番雷厉风行的举措后，一时境内大治。后因秉公办案，得罪了"性情乖张、最难事奉"的上司，他一怒之下，给布政使留书一封，辞官而去。俞廷举为官是因才学品行兼具而被举荐，辞官是因为人耿介、爱民如子且不肯同流合污，在"十年寒窗为功名，千里做官为钱财"的社会，能真正做到以"宁可得罪上司，不可得罪百姓"作为为官的基本原则。其为官之道主要体现在读书修身、刚毅耿介、廉明正直等方面。

1. 读书修身，立志报国

儒家把修身作为齐家、治国、平天下的首要条件，而修身主要靠读圣贤书实现，修身的目标是成为文质彬彬的君子。《论语·宪问》篇中，子路问孔子怎样才能算是一个君子，孔子回答道"修己安人"。修养自己，使百姓安乐，这是孔子的修己理想，也是历代儒家学者的修己目标。俞廷举读书范围颇广，除经书外，还涉及政治、社会、教育、文化、医术、堪

舆等诸多领域，所以其豁达的胸怀和广博的学术视野成为其为官路上的正确航标。

2. 刚毅耿介，善政爱民

俞廷举的族侄曾孙俞世能曾评价其"性秉刚方，不阿上宪，稍有不意，便乞五柳之还"。这从他的诸多文章中可见一斑，如《老子舌存齿亡论》中以批驳老子的刚柔观所体现出的尊刚卑柔观，其中所举的大量前贤先哲刚直不可、为民请命的事例足见其性格。俞廷举不仅自己言正行端，对于晚辈的教育也是如此。其长子俞当毅于嘉庆己未年（1799）考武进士时，曾与湖南张姓考生并列第一，主考官托人暗示俞廷举可以出三百两银子以获得武进士，俞廷举听后勃然大怒，认为此言污了名誉。可见，他正直清廉的为官之风不仅是律己的，也深刻影响着自己的后代，形成了家族式的廉政思想体系。

3. 廉明正直，政绩卓著

俞廷举被举荐赴四川为官，历官六任，均因廉明正直、务实创新而政绩卓著。在营山任上，军功卓著；在桂溪任上，书院振兴；士庶蒙麻，人民颂德。其昆孙俞平班将其在蜀为官之政绩比喻为"郑之子产"——春秋时期在郑国为卿的子产因其辅佐国君在政治、经济、外交方面所做的突出贡献，使得郑国强盛一时。俞平班以子产的博学、尚辞、通礼与俞廷举的博学、务实、达礼作比，形象地展现了俞廷举为官清廉正直、一心为民的清官品质。

儒家讲求做官先做人，做人先立德。德乃为官之本，为官先修德。做人是做官的前提。正因为俞廷举有德行兼备的良好品质，才能在为官任上功绩卓著，为百姓所爱戴。

（三）俞廷举为学之道

俞廷举除研习儒家经典外，广泛涉猎诗学、历史学、医学、方志学、堪舆学，且每门学科均有精到研究，如《静远楼诗集》所收诗作皆文风朴实、言之有物，且体现了作者文以载道的创作主旨。其方志学成就主要体现在《四川通志》的纂修上，本着"修史以人为本"的思想，但在选择入史人物的标准上，主张庸恶陋劣之人即使大员显宦不录，录入方志的人物一律张贴告示，众服者方载。这一编修原则与操作方法，使得《四川通志》成为其他通志编修者参考的范本，体现了其方志学的深厚研究功底，更展现了其高洁的人格品性。

其医学成就主要体现在《金台医话》的写作上。《金台医话》先介绍元明清各代名医，阐述了诸多医学理论、药方，并附有针灸穴位图，内容涉及眼科、正骨、针灸心法等。其在全面性、系统性、翔实性方面均可称为清代医学著述的典型代表。

不难看出，俞廷举研究领域广泛，治学严谨。这与他二十岁起便进入桂林秀峰书院读书，并结识同学朱芬谷、朱野塘、沈北溟、朱桂水，并被号称为"飞云五子"有关，更与他为学的出发点，即文以载道有关。无论在哪个领域的研究中，俞廷举始终以尊重事实、严以修身、惠泽他人为根本出发点，体现了返本务实、知行并进的为学之道。

生活于清代，偏居广西一隅的俞廷举，尽管缺少深厚的中原文化学术环境的熏染，但在对前辈家族治学者的继承以及对晚辈治学者的引领中起了重要的承前启后作用，其严以律己、宽以待人的品德与严谨家风对族人乡里起了很好的典范作用。俞廷举在以读书治学为尊的先辈影响下，潜心钻研经学、子学、史学、医学、诗学、方志学等多个学科领域，又以子学所传达出的哲学精神与研究方法指导其他学科领域的研究，所表现出来的是对儒家思想的忠实尊崇，对墨家、道家、杂家等子学思想的批判性吸纳与继承，对文、史、医等多个学科领域知识的融会贯通，并且能将立德、立功、立言进行较为完美的结合。春秋时鲁国大夫叔孙豹曾有"立德、立功、立言为三不朽"之说。"立德"即树立道德，"立功"即为国为民建立功绩，"立言"即发表具有真知灼见的言论。在俞廷举的亲朋、学友看来，俞廷举就是三不朽的典范。从俞廷举存世的著述中可见，其亲朋友人的评价是名副其实的。

六、俞廷举的诸子学与粤西书院

书院作为古代特殊的教育机构，集教学与学术科研于一体，自唐代初年开始设立，经过宋元明时期的发展，到清代已呈现鼎盛局面。广西历史上共建立了 347 所书院，其中清代就有 258 所。作为省城的桂林有四大书院，秀峰书院是其中之一。俞廷举于乾隆二十八年（1763）至乾隆三十三年（1768）在秀峰书院读书，与当时的同学朱芬谷、朱野塘、沈北溟、朱桂水相约讲学于飞云洞，时人称为"飞云五子"。五人为敦人品、正心术，设立规条共同遵守。

秀峰书院始设于雍正十一年（1733），朝廷颁布了"命直省省城设立书院"诏令，故秀峰书院为奉敕而建，因"傅叠彩、面秀峰"而取名"秀峰书院"。建立之初，雍正帝赏赐 1 000 两银作为创设经费，又于嘉庆四年（1799）赐予千卷书籍作为教学科研用藏书。历代巡抚均重视书院规模的扩大与生员招生数量的增加，嘉庆年间巡抚谢启昆再次向秀峰书院捐赠书籍，极大地丰富了书院的藏书数量，为生员学习提供了便利条件。乾隆四十年（1775）刘定逌掌教秀峰书院，制定《秀峰书院学规》，提出了"宜立志、宜立身、宜熟读、宜熟思"的为学四法与"去名心、去欺心、去骄心、去吝心"的为学四戒，规范秀峰书院的同时也使之成为当时书院学规的范本。

朝廷与粤西地方官员的重视，且招生范围面向全省，使得生员规模迅速扩大，一时间名流汇聚，为粤西培养了大量德才兼备的优秀人才。书院聘任学有专长的学者任教，如刘定逌、吕璜、郑献甫、王政等，主要讲授《四书》《小学》《孝经》《性理》以及古文等课程，且重视生员的德育，秉承"先行后文"的育人理念。作为"岭西五大家"之首的吕璜曾任秀峰书院山长，为书院题写"先有本而后有文，读三代两汉之书，养其根，俟其实；舍希贤莫由希圣，守先正大儒之说，尊所闻，行所知"的楹联，极大地激发了生员的学习热情。俞廷举在秀峰书院读书期间，曾任陕甘学正、广西学政的福建人官献瑶任山长。官献瑶在经学、理学方面均有深厚的造诣，为学员讲授《四书》《易经》《尚书》等典籍。在此环境下学习的俞廷举学业日益精进，于五年后中举，次年被荐为四川定水县县令。

俞廷举在秀峰书院读书的五年间，因授课教员均为当时的学术巨匠，加之他自幼刻苦研习古代典籍，且与朱芬谷、朱野塘、沈北溟、朱桂水等志同道合的同学常互相切磋功课，打下了日后作诸子学研究的深厚学术基础。可以说，秀峰书院对于俞廷举的诸子学起到了奠定基础与开阔视野的双重作用。

与秀峰书院起到同样培育地方人才作用的全省各地书院使得清代粤西本土文化得到迅猛发展。粤西各地书院为中原文化向粤西传播提供了长期稳定的平台，更奠定了粤西文人的学术格局。

第三节　考证《孟子》原典的郑献甫

郑献甫（1801—1872），原名"存纻"，字"献甫"，为避咸丰帝爱新觉罗·奕詝的名讳，改以字"行"，别字"小谷"，自号"白石""识字耕田夫"等。广西象州寺村乡白石村人。明代末期，其先祖从直隶州迁入象州定居，其伯祖郑名佐为乾隆年间进士，其父郑珊为乾隆年间诸生。郑献甫于嘉庆二十年（1815）入州学；道光五年（1825）拔贡获选后复应乡试中举人；道光十五年（1835）中进士，官刑部主事；一年后以亲老乞养为由，辞官回乡，再未复出为官，以教书著书为生，先后在龙溪、秀峰、榕湖书院讲学。他先后在柳州、宜州、广州、顺德、象州、桂林等地书院教学三十余年，门徒甚众，被后世誉为"粤西儒宗""岭南才子"。

郑献甫著作丰富，主要文集有《四书翼注论文》12卷，《愚一录》12卷，《补学轩文集》散体4卷、骈体2卷，《补学轩文集续刻》散体4卷、骈体 2 卷,《补学轩文集外编》4 卷。清代学者陈澧评价其"生平俭朴无嗜好,惟好书,终日不释卷,博闻强记,《十三经注疏》皆有校勘评点,尤熟诸史。为文章贯串古今,直抒所见,绝去修饰"。其《孟子》研究成就主要体现在《愚一录》中的《孟子注》和《四书翼注论文》中的《孟子翼注》中。《愚一录》最初稿本的内容涉及《史记》《庄子》《荀子》《吕氏春秋》《淮南子》等近 20 种典籍,后因遭遇盗匪,书稿尽失。今天所见稿本乃据其追忆所记,其中涉及诸子学的内容只有 4 卷《孟子翼注》和 1 卷《孟子注》。

一、郑献甫《孟子》研究的内容

毕生致力于四书五经研究的郑献甫,其孟子研究的内容比较宽泛,包括《孟子》文本内容真伪的考证、孟子行踪年谱考略、《史记》所载孟子传记考辨、《孟子》注疏代表著述的校正等。郑献甫的孟子研究考证逻辑严谨、篇幅浩繁,在清代诸多学者的孟子研究中占有重要地位。

(一) 研究范围宽广

历代学者多就孟子的某一方面进行研究,如:康有为《孟子微》(上海广智书局,1916 年版),分条探源,考求《孟子》文本的微言大义,注重经世致用思想的阐发;赵岐注、孙奭疏《孟子注疏》(中华书局,1980 年版)对《孟子》原文进行注释与深入解释;南怀瑾《孟子旁通》(复旦大学出版社,2003 年版),广征博引,对孟子的思想进行阐释;焦循《孟子正》运用现代语言理论,对《孟子》训诂问题进行全面考察;金履详《孟子集注考证》(中华书局,1991 年版);杨伯峻《孟子译注》(中华书局,2008 年版),对《孟子》的字音词义、历史知识、地理沿革、名物制度、风俗习惯,以及生僻字、破读、易生歧义和晦涩费解的词句作了详细的注解和考证,等等。可见,这些研究成果或注释解说,或训诂,或阐发思想,或思想集注,但鲜少有学者对《孟子》进行包括作者、文本、思想在内的全面阐释。如郑献甫在考证孟子著作时指出:

《后汉书·儒林传》云："程曾，字秀升，豫章南昌人，作
《孟子章句》。"赵岐本传末则云："岐多所述作，著《要子章
句》。"刘氏刊误云："要子"当作"孟子"。据此，赵氏章句前
有程氏章句。又《隋书·经籍志》有汉郑康成《孟子注》七卷、
汉刘熙《孟子注》七卷。《唐·志》有綦毋邃注《孟子》七卷、
陆善经注《孟子》七卷。今惟刘氏注见于《史》《汉》注中所引
者尚有十数条，陆氏注见于音义者有三数条，綦毋注见于《文
选》注中所引者数条，而程氏、郑氏皆无所见矣。

后世学者研究《孟子》，多参照赵岐的《孟子章句》。此处，郑献甫以
简单而严谨的表述将赵岐之前的两部重要的《孟子》注呈现出来，言简意
赅，却又留有进一步研究的空间。

在孟子行踪年谱考略中，郑献甫以帝王年号为纲，梳理了孟子从周安
王十七年出生，一直到周赧王二十六年卒的大事记。其中略加考辨之语：

（显王）三十六年戊子，五十三岁。
按：孟子去梁之齐，当在丙戌之后，戊子之前，此二、三年
间。阎百诗谓当后丙戌年即去，由梁之齐，故曰千里而见王。若
由邹之齐，只得半耳，未免太凿而不确。

这里不但交代清楚显王三十六年的时候，孟子五十三岁，并结合《孟
子》原文推断出孟子离开梁到齐应在丙戌和戊子之间的两三年。而据清代
著名国学大师阎百诗的考证，应是丙戌当年便发生了从梁到齐之事，所以
《孟子》文中所说的从千里之外来面见君王才能成立，如果是从郑国到齐
国，只有五百里，不够千里。对于阎百诗如此有权威的国学大家之说，郑
献甫仍然不盲从，认为古代千里往往是泛指路途遥远，而不一定是确指一
千里的举例，所以阎百诗的考证太过准确倒显得不真实。

在对《孟子》原文的注评中，郑献甫结合史志典籍进行简要点评，也很有说服力，如：

> "辟土地，朝秦楚"中无"而"字。"莅中国，抚四夷"中有"而"字。此不适合四句为三句文法耳。李岱云谓：小国易于兼并，而大国难于畏服，故既辟土地又要朝秦楚。然辟且朝犹在中国之内，未及外裔之广，故既莅中国而必又抚四夷，看"而"字有一折，亦似近理，故录之。

"辟土地，朝秦楚"出自《孟子·梁惠王上》。齐宣王和孟子谈论治国之事，孟子问齐宣王最大的愿望是什么，齐宣王笑而不语，孟子就说"欲辟土地，朝秦楚，莅中国，而抚四夷也"，意思是齐宣王的最大愿望是想要扩张国土，使秦、楚这些大国都来朝贡，自己君临天下，安抚四方落后的民族。如此细微的用语差别被郑献甫发现，并引用清代经学家李岱云的说法，指出两句中有"而"字与无"而"字的差别及理由。

从《孟子》研究专著钩沉、孟子行踪考略到《孟子》原文考证，不难发现郑献甫的孟子研究是全面而详尽的，且能根据研究的需要有所侧重，而非平均用墨，其研究辐射的范围之广博可见一斑。

（二）研究篇幅宏大

郑献甫的孟子研究，因为辐射范围广，加之考证深入，分析透彻，故其篇幅较其他学者的孟子研究篇幅要宏大得多。《愚一录》中所收《孟子注》有一万四千余字，《四书翼注论文》中所收4卷《孟子翼注》有十八万四千余字，二者加起来共有近二十万字。

如此浩繁的篇幅使得历代与《孟子》相关的研究成果都得以较为全面地呈现。这种全面不仅体现在研读与阐释《孟子》内容的全面上，还体现在对每个考证对象所引材料的全面上，如在针对孟子行踪进行的考证中就体现得较为明显。郑献甫在简要地考证孟子逐年大事记后，又附了"辩

《史记·孟荀列传》两条",节录其中两条材料作为佐证,其中一条没有给出定论,但为后世学者研究指明了方向:

> 本传云:"故武王以仁义伐纣而王,伯夷饿不食周粟。卫灵公问陈,而孔子不答。梁惠王谋欲攻赵,孟轲称太王去邠。此岂有意阿世俗苟合而已哉?"云云。今按,七篇中,与梁惠王语凡五章,并无谋攻赵事,亦无称去邠语。惟下篇滕文公问则云然。此岂出《孟子》外篇耶?抑史公杜撰耶?今不可考矣。

这部分内容看似与孟子的行踪考略关系不是很密切,但仔细推究却发现是对孟子行踪的重要补充,同时也能引起读者的思考,为后世学者留下进一步考证的空间。

郑献甫在关于《孟子》的著述中同时附有较少被学者引用的《竹书纪年》材料。《竹书纪年》是春秋时期晋国史官和战国时期魏国史官所作的一部编年体通史,共13篇,叙述夏、商、西周和春秋、战国的历史,按年编次。以君主纪年为纲目,上下记载了89位帝王、1847年的历史,是我国唯一留存的古代未经秦火的编年通史。郑献甫以"辩《竹书纪年》数条"的形式将其附在孟子行踪考略之后,提高了考略的全面性与可信度。

在《四书翼注论文》的4卷《孟子翼注》中,郑献甫没有按常规体例以《孟子》的7篇261章为序,而是根据内容划分了110章,包括:梁惠王章、王立章、尽心章、承教章、晋国章、襄王章、齐宣王章、庄暴章、文王之囿章、交邻章、雪宫章、明堂章、王之臣章、故国章、放桀章、巨室章、伐燕章、取之章、鲁哄章、滕文章、筑薛章、竭力章、鲁平公章、当路章、加齐章、以力章、仁则荣章、尊贤章、不忍章、矢人章、人告章、伯夷章、朝王章、陈臻章、平陆章、蚔鼃章、为卿章、自齐章、沈同章、燕人畔章、致为臣章、宿画章、尹士章、居休章、世子章、滕定公章、为国章、神农章、夷之章、陈代章、景春章、周霄章、后车章、宋小国章、戴不胜章、不见章、什一章、好辩章、陈仲子章、离娄章、规矩章、三代章、爱人章、有言章、为政章、有道章、不仁章、桀纣章、自暴章、道在章、居下位章、辟纣章、求也章、眸子章、恭者章、男女章、不教子章、事孰章、人不足章、不虞章、易言章、人之患章、乐正子章、徒餔啜章、不孝章、仁之宝章、舜生章、子产章、王者迹熄章、君子之泽章、天下之言性章、公行子章、匡章章、曾子居武城章、齐人章、舜往章、娶妻章、象曰章、语云章、人有言章、割烹章、于卫章、杞柳章、湍水章（今夫水节、生之节、食色节）、性无章、牛山章、苟得章、无惑章、仁人心章、天爵章。对于涉及内容比较多的章又分成若干节，如：齐宣王章又细分为仲尼节、若寡人节、有之节、无伤节、有复节、不为节、老老节、权然节、抑王节、吾何节、王之节、发政节共十二节；为国章细分为龙子节、世禄节、诗云节、学校节、请野三节、圭田节共六节。

篇幅如此庞大且根据《孟子》原文不同章节的主旨所细分的章次，将孟子所探讨的同一问题归纳到一章中进行集中分析考证。郑献甫以问题为中心章分节的方法在便于后世学者研究的同时，也将《孟子》的主要思想条分缕析地呈现了出来。

二、郑献甫孟子研究的特色与创新

在范围广与篇幅大的基础上，郑献甫的孟子研究也呈现了诸多与历代其他学者不同的风格特色。尤其是其建立在深厚学识基础之上的全面考证，因其博学多识方以全面客观的考辨还原《孟子》原典，以详尽的考证、严谨的逻辑思辨，提出诸多新说。

（一）广征博引，回归原典

郑献甫大量引用与《孟子》密切相关的古代典籍，将《孟子》多角度、全方位地呈现出来。在二十万字的孟子研究中，其引用了《史记》《后汉书》《竹书纪年》《资治通鉴》《四书释地》《扪虱新话》《孟子解》《仪礼》《释文》《诗经》《白虎通》《吕氏春秋》《尔雅》《广雅》《羽猎赋》《昭明文选》《孟子世谱》《邵子经世》《周语》《春秋旨要》《释名》《文中子》《毛诗》《四书摭余说》《孟子正义》《经读考异》《论衡》《法言》《韩诗外传》《荀子》《说苑》《北堂书钞》《风俗通》《昌言》《周礼》《桓子新论》《阙里志》《孟氏谱》《战国策》《颜氏家训》《梁书》《日知录》《大学》《周易说统》《朱子语类》《尚书大传》《程墨质疑集》《汉书》《左传》《庄子》《四书讲义困勉录》《晏子春秋》《大雅》《尚书》《吴越春秋》《水经注》《周易》《大戴礼记》《孝经》《考工记》《平王论》《岐山操》《日知录》《四书辩疑》《韩文公庙碑》《论语》《四书朱子本义汇参》《读书记》《上神宗书》《隋志》《越绝书》《尉缭子》《四书辩证》《孔子家语》《汲黯传》《孔丛子》《广文选》《谷梁传》《国语》《文献通考》《管子》《氾胜之书》《禹贡》《治水筌蹄》《舆地记》《宋史》《纬书》《春秋宝乾图》《周谱》《淮南子》《东昌府志》《青州府志》《沔阳州志》《物理论》《北溪字义》《宋书》《世说新语》《北史》《夏书》《周书》《说文解字》《逸周书》《春秋论》《春秋直解》《春秋正旨》《大唐六典》《绍闻编》《大六任说约》《孟子集注》《禹贡锥指》《晋书》《唐书》《学林》《姓苑》《四书经注集证》《通鉴纲目》《五代史》《鹤林玉露》《集古录》《临汾县志》《孟子外传》《路史》《楚辞》《舜典》《尚书古文疏证》《括地志》《韩非子》《元和郡县志》《艺林》《一统志》共 130 部著述。

所引著述的时代从周代直到清代，有周代的《诗经》、汉代的《史记》、南朝的《昭明文选》、宋代的《北溪字义》、元代的《文献通考》、明代的《绍闻编》、清代的《程墨质疑集》，内容包含范围广，既有《五代史》《宋史》等史书，《说文解字》《广雅》等文字学著述，《沔阳州志》《元和郡县志》等方志，《大唐六典》等典志，又有《淮南子》《庄子》《韩非子》等诸子著述，《日知录》等学术札记，《四书讲义困勉录》《孟子集注》等集注类著述，《路史》等杂史著作，《水经注》《括地志》等地理学著述。如此广泛地引用历代重要的各类典籍，其主要目的是还原《孟子》文本原貌。如郑献甫在神农章中有如下一段注评：

"父子有亲"五个"有"字，从上文"人之有道"一个"有"字来。邱文庄程墨竟以君臣父子五伦配仁义礼智之五性，以为皆因其所固有者以教之实义。李安溪称为不敝之文，王已山亦评以方员之至。按，《北溪字义》云：夫妇有别便是礼，长幼有序便是智。然《中庸》谓：智之德，足以别。程子谓：礼只是一个序。则《北溪》非也。"理其绪而分之，比其类而合之"二句是"教"字正解，即"有"字来路，不可单作性理语，脱却为司徒意也。

本段注评解的是《孟子·滕文公上》中："后稷教民稼穑。树艺五谷，五谷熟，而民人育。人之有道也，饱食、暖衣、逸居而无教，则近于禽兽。圣人有忧之，使契为司徒，教以人伦：父子有亲，君臣有义，夫妇有别，长幼有序，朋友有信。放勋曰：'劳之来之，匡之直之，辅之翼之，使自得之，又从而振德之。'圣人之忧民如此，而暇耕乎?""父子有亲、君臣有义、夫妇有别、长幼有序、朋友有信"短语里共有五个"有"字，前面的"人之有道"有一个"有"字。明代思想家邱濬认为父子、君臣、夫妇、长幼、朋友与五伦一一对应，清代翰林学士李光地、儒学大家王步青都认为是标准释义。

文中看似平常的"有"字，郑献甫引用了程颐、朱熹、陈淳、邱濬、李光地、王步青六位学者的观点，且不是简单地罗列枚举，而是有理有据地进行阐释，以按语的形式将诸位学者的不同观点加以简要的理顺分析，让人感受到《孟子》的语言有"增一字则繁，少一字则残"的凝练表达效果。

（二）考证详尽，逻辑严谨

郑献甫对《孟子》文本进行注释的广征博引使得整体的考证极为详尽，且没有冗长累赘之感，以简洁的语言将逻辑严谨、层层入理的注解明晰地加以呈现，如郑献甫在《孟子注》"自齐章"中的考证便将详尽与严谨的特色体现得极为鲜明：

此章据郝氏谈跋谓：孟子于三月而葬之后，拜君赐来齐。据《四书办正》谓：孟子于五月卒哭之后，致卿事来齐。考之《仪礼·士丧礼》云："三月成服，杖，拜君命及众实。不拜棺中之赐。"王果使人吊与？则当成服后已拜之矣。王或使人襚与？则据《礼》文又明云不拜矣。而乃皇皇焉弃亲丧于三月之余，拜君赐于三百里之外。此必不可通者也。考之《家语》，孔子曰：三年之丧，周人既卒丧而致事。不知孟子既致事，将在齐终丧与？抑既致事，仍反鲁终丧与？且必亲奔数百里，往返数阅月，恐亦非人情也。惟顾亭林谓：言葬而不言丧，此改葬也。《礼》：改葬，缌事毕而除。故反于齐止于嬴，充虞乃得承间而问。阎百诗谓：此终丧后事也。惟丧毕，故其言文，其语悉。充虞亦不以事久而忘。按，此二说亦各成一义，而以百诗论为定。今截录所辨于后。

或问：子以孟子奉母仕于齐，其说亦有征乎？余曰：征之。《列女传》传云：孟子处齐，有忧色，拥楹而叹，孟母见之。云云。则知母盖同在齐。自齐葬于鲁，则知母即没于齐也。然则既殁而葬，宜终丧于家，曷为而遽反于齐？余曰：此盖终三年丧，复至于齐而为卿耳。非遽也果尔。何以为前日解？余曰：《孟子》之书，有以昔与今对言。昔，似在所远，而亦有所指昨日者，"昔者辞以疾"是也。以前日与今日对言。前日，似在所近，而亦有所指最远者。"前日愿见而不可得"是也。

余按，百诗此说最有据，亦最合理。愚更为证之。按，孟子丧母，其木之美，鲁平公亦闻之。则居丧之礼，鲁国中皆传之矣。设不待三年之久，而竟以三月无君，自奔于齐、鲁之境，则他日臧氏子宜直斥以短后丧，岂但曰逾前丧耶？此关大贤名节，孝子心事，故不可不辨。

该段考证针对的是《孟子·公孙丑下》中一段的常见解读："孟子自齐葬于鲁，反于齐，止于嬴。充虞请曰：'前日不知虞之不肖，使虞敦匠事。严，虞不敢请。今愿窃有请也，木若以美然。'"意为：孟子从齐国到鲁国安葬母亲后返回齐国，住在嬴县。学生充虞请教说："前些日子承蒙老师您不嫌弃我，让我管理做棺椁的事。当时大家都很忙碌，我不敢来请教。现在我想把心里的疑问提出来请教老师：棺木似乎太好了一点吧！"明显可以看出，孟子弟子对于孟子葬母一事中体现的厚葬提出了异议，也是后世学者批评儒家有厚葬之习较为明确的记载。此事关乎孟子作为圣贤的名节与孟子尽孝之心，所以郑献甫对于这种看似小事的记载进行了详尽的考证。

他开篇引用的明代学者郝敬的《孟子说解》记载"孟子于三月葬母之后到齐国任客卿"，而与其同为清代学者的张椿却在《四书辩证》中说"孟子于五月结束母亲的丧事到齐国任客卿"，这里便出现了分歧。接着他又引入《仪礼》的解释：士死满三日之后，丧主与众主人开始穿斩衰或缌麻的丧服，丧主手拄丧杖，拜谢国君和众宾的吊唁、慰问，但不拜谢其惠赐衣物。而实际上国君是否真的前往吊唁了或者派人送去衣物存在争议。《礼记》明确说不拜，前后相矛盾。《孔子家语》的说法是三年之丧后辞官，不知道孟子是辞官后在齐国终丧还是回到鲁国终丧，但无论在齐国还是鲁国，两地有数百里的距离，往返要几个月的时间，不符合实际情况。顾炎武注意到了其中用语的细微之处，即文中只说葬而没有说丧。应指的是改葬，即二次葬。《礼记》认为改葬只要葬礼完成即可除去丧服，所以孟子从鲁国返回齐国的途中在嬴县停留，弟子充虞才在空闲时间问孟子关于棺椁华丽的问题。清代学者阎百诗也认为是丧事结束之后的事，只有丧事结束后充虞不以事久而忘请教问题。尽管顾炎武和阎百诗的解释不尽相同，但大体意见一致，且阎百诗的解释更合乎逻辑，所以被郑献甫采纳。

关于此段话的考证已经明晰，但郑献甫又以设问的方式进一步提出问题：孟子在齐国为官的同时侍奉母亲，此语是否有办法证明，郑氏给出的回答是肯定的。《列女传·母仪传·邹孟轲母》记载："孟子处齐，而有忧色。孟母见之曰：'子若有忧色，何也？'孟子曰：'不敏。'异日闲居，拥楹而叹。孟母见之曰：'乡见子有忧色，曰不也，今拥楹而叹，何也？'孟子对曰：'轲闻之：君子称身而就位，不为苟得而受赏，不贪荣禄。'"可知：孟子在齐国的时候，面露忧愁，孟母询问原因，孟子回答说自己不够聪慧。数日后孟母发现孟子抱着门前的楹柱叹气而询问缘由，孟子说君子应该根据自己的才能在合适的职位工作，不应贪图荣华富贵而出任与自己能力不相称的官职。孟子和母亲在齐国的两次对话，可以证明孟母和孟子同处于齐。郑献甫以层层设问的方式不断提出问题，又以层层深入的形式逐一回答问题，最终的结论是孟子为母亲的守丧之礼及棺椁的规格均符合当时的礼制规格，并无僭越不妥之处。

在全文中，类似的详尽而逻辑缜密的考证比比皆是，足见郑献甫敏锐的观察力与对《孟子》文本的领悟力，这也成为后世学者研究孟子思想及《孟子》文本的重要参考。

（三）学识深厚，考证全面

不同于其他学者的专门研究，郑献甫的孟子研究给人以触类旁通的整体感，不似某些学者研究孟子或训诂，或考证，或校注，或章句，或思想阐发，而是能从训诂、校注、考证、思想阐发等多方面进行研究。这得益于郑献甫自幼良好的家学熏陶与广泛涉猎各种学科知识的素养。如"庄暴章"对"乐"字读音的考证：

"庄暴"章诸"乐"字皆音"洛"。惟"鼓乐"一字当读"岳"。此说始于宋陈善《扪虱新话》及明郝敬《孟子说解》，至阎百诗《四书释地》，可谓的确不易矣。或谓《仪礼·乡射礼》"请以乐乐宾"。《释文》音义云：下"乐"音"洛"。旧注读上

137

"乐"如字，以为赵注有本，不知《仪礼》当如此读，《孟子》不当如此读也。不然，好乐亦佳事，何至见问而变色？好乐亦古事，何至欲对而无以？且方言鼓乐，何旁及田猎，而又以敖辟之齐乐由箾韶之舜乐耶？《后汉书·臧宫传》引黄石公记云："有德之君以所乐乐人，无德之君以所乐乐身。"正是此乐乐至证。

这段对"乐"字读音的训诂考证出自《孟子·梁惠王下》篇，庄暴和孟子谈论齐宣王喜欢音乐之事，其中"王语暴以好乐""好乐何如""王尝语庄子以好乐""寡人非能好先王之乐也，直好世俗之乐耳""独乐乐，与人乐乐，孰乐"等处的"乐"均读"洛"，只有"今王鼓乐于此"的"乐"读"岳"。持这种观点的有宋代的陈善、明代的郝敬、清代的阎百诗。经过三个不同时代的孟子研究、大家解读，"乐"字的读音已经成为不可改变的定论。而有后世学者提出异议，根据是《仪礼》中的"请以乐乐宾"句中前一个"乐"字读其本音"岳"，后一个"乐"字读"洛"音。郑献甫认为《仪礼》中的读音不能与《孟子》读音等同视之，应结合《孟子》文本的上下文进行分析。这一分析是有说服力的，他在对"乐"字读音进行解读时，用了训诂方法中的音训法，且用语规范，如"乐字皆音洛"采用的是直音法，"乐字当读岳"采用的是读为法，"旧注读上乐如字"采用如字注音法。将古代注音方法运动得如此恰当得体，且简单明了，足见郑献甫深厚的音韵学功底。

同时，其对字词的释义与运用也颇为精当、得体，如：

在《孟子》书中，在此节始露出"气"字。在朱子注中，于此节又点出"理"字。勇自离不得气，气自离不得理，于此唱明，乃是要着。"守约"本是虚字，故"守约"可以通用。《或问》云：以黝比舍，则舍之守为得其要。以舍比曾子，则曾子之守为得其要。据此，则"守"字当微读，"气也"当轻词，下句自然不背。若以"守约"二字对"守气"二字，则"约"果是何物而可守耶？此不可不审。

"守气"字不得说太好，说太好则与下文"守约"有碍。"守气"字亦不得说不好，说不好则与下文"养气"又有碍。守溪文云："理主乎气，气辅乎理，二者相须。而曾子尤得其要。"云云。最合法。

本段释义是针对《孟子·公孙丑上》篇所作的注释。在郑献甫看来，本篇是孟子首次谈及"气"，即孟子所推崇的浩然之气。孟子说"孟施舍之守气，又不如曾子之守约也"，即孟施舍保持无所畏惧的态度，又不如曾子之遵守约定了。这里的"守气"与"守约"对举，进而逐步引出孟子所要阐述的"气"的真正内涵，其上下文语境是：孟子和公孙丑探讨如何能不动心，孟子认为北宫黝培养勇气的方法是他不受制于贫贱的人，也不受制于大国的君主。而孟施舍培养勇气的方法却不同。孟施舍说在失败的情况下还要看到胜利，如果估量敌方的强弱而后前进，思虑胜败后才交锋，就是害怕敌方的三军而不能取胜，只要无所畏惧就行了。孟施舍像曾子，北宫黝像子夏。这两个人的勇气，不知道谁更好些。然而孟施舍却能遵守约定，保持无所畏惧的态度，又不如曾子那样遵守约定了。

结合这样的上下文和郑献甫对孟子思想的整体把握，认为对于"守气"二字的读音不能读得太重或太轻，要得体适度，方能体现其中"气"的真正内涵，曾子尤其深得其中的要领。这里孟子以宋国勇士北宫黝和勇士孟施舍之间培育勇气的方法进行对比，真正要阐释的是自己强调的"浩然之气"。郑献甫通过对《孟子》文本的仔细研读，结合朱熹等名家的解读，认为君子应该有勇气，即无所畏惧之气，为体现这种气的力量，在阅读的时候要注意读音的轻重缓急，以呈现二者之间"理主乎气，气辅乎理"的辩证关系。

仅从上述数例中便不难看出，郑献甫具有扎实的小学基础与深厚的学识素养，将《孟子》文本及孟子思想进行详尽的阐释，条分缕析，每一条都广征博引、层层深入，令人豁然开朗。

（四）不畏权威，提出新说

历代学者对《孟子》的多角度研究著述可谓汗牛充栋。在众多的研究成果中，学者针对某一段文本乃至某个字词的解释常常各执一词，众说纷纭，郑献甫的研究能站在宏观的角度辩证地进行甄别，并以"按语"的形式给出合理的简要释义。这些解释有些与历代名家的解释相左，但郑献甫不拘泥于权威之说，往往能根据自己的推断提出全新而合理的解释。如：

> 此章只是警齐王不可为残贼之君，不是说齐王不能为放伐之事。"可乎"紧贴汤武说，非泛指君臣说。言古来行此者，皆谓之乱臣贼子，而彼二人乃不害为圣帝明王。"将世之大不可者"至"斯人而亦可乎"，勿诬齐宣王有伐周之心，彼此语言方无挂碍。此意惟李岱云讲得是。玩注曰所以深警齐王而垂戒后世，则朱子本义亦了然矣。
>
> 宋高宗尝问尹焞曰：纣亦君也，孟子何以谓之独夫？焞对曰：此非孟子之言。武王誓师之言也。"独夫受洪惟作威。"高宗又问曰：君视臣如草芥，臣遂视君如冠仇乎？焞对曰：此亦非孟子之言。《书》云："抚我则后，虐我则仇。"高宗大喜。此宋儒逸事，为升菴所录。而近时张惕菴作讲章讪高宗为明太祖，讪尹焞为陶安，又不引"独夫"之言，而引"抚我则后，虐我则仇"。吾不知与此章书何涉也？惕菴读书颇博，而著书极疏，其中之影响多类此。近日颇行其书，而莫知其误，故论之。
>
> 外注另说纲常大旨，不涉本章书旨也。宋儒说书，好插旁论，自是讲学气习。其实本章只重警人君，不重戒人臣。作文者勿拦入此等意自以为密也。

这段被郑献甫命名为《放桀章》的注文是针对《孟子·梁惠王下》篇中孟子与齐宣王之间就商汤流放夏桀之事展开的一段对话进行的考释。齐宣王问孟子：商汤流放夏桀，武王讨伐商纣，是否真有其事。孟子回答：文献上有这样的记载。齐宣王接着问：臣子是否可以杀他的君主。孟子回答：败坏仁的人叫贼，败坏义的人叫残；残、贼这样的人叫独夫。我只听说杀了独夫纣罢了，没听说臣杀君啊。由此，后世便有学者认为齐宣王有伐周之心，甚至朱熹也持这样的观点。郑献甫认为清代学者李岱云的观点是正确的，朱熹如此注解的目的是以此作为警示后世的典型范例，而非《孟子》文本的原意。错误的观点以讹传讹后便衍生出更多偏离实际的说法，如明代学者杨升菴便在著述中提及宋高宗和礼部侍郎尹焞的对话时认可朱熹的观点，清人张惕菴在此基础上进一步讹传为明太祖与学者陶安的对话时认可朱熹的观点。故此，郑献甫直言不讳地指出张惕菴读书范围虽然广博，但是著述不多，且著述大多没有经过严格考证，观点多不可信。又因近日张氏的书颇为流行，多数读书者并不知晓张氏书中的错讹之处，为避免更多的讹传，还原真实的孟子思想，所以直接加以指出。他再次强调，本章节的主旨是警戒为人君者要自律，而不在告诫为人臣者。

再如，孟子是先秦诸子中最好辩、善辩者，在《孟子》的诸多篇章中都有所体现。郑献甫单立一章名为《好辩章》进行阐释：

> 王文恪作"驱猛兽"句指上虎豹犀象，"兼夷狄"即指上奄及飞廉，所说甚有据。阎百诗云：《秦本纪》中衍之玄孙曰中潏，在西戎，保西垂，实生飞廉。又言：柏翳子孙或在中国，或在夷狄，飞蜚非夷狄耶？郑康成曰：奄国在淮夷之北，观后娄与淮浦之夷、徐州之戎并叛，则正为一类。安国传晚出，然言成王迁奄，君于蒲姑。蒲姑，齐地，近中国教化之处。言中国。则正与夷狄对。盖奄亦夷也。王文信为有徵。林次崖谓，五十国中必有夷狄。邱琼山谓，非独奄、飞廉，又有夷狄者。皆臆说。

141

这段考证针对的是《孟子·滕文公下》篇中关于"昔者禹抑洪水，而天下平；周公兼夷狄，驱猛兽，而百姓宁"一段的解读。明代文学家王鏊认为"周公兼夷狄，驱猛兽，而百姓宁"指的是上一句的"周公相武王，诛纣伐奄，三年讨其君，驱飞廉于海隅而戮之，灭国者五十，驱虎豹犀象而远之，天下大悦"，看似说法有根有据。西汉司马迁的《史记》中认为飞廉不见得是夷狄。东汉经学家郑玄说齐成王生活过的奄地、蒲姑为齐国领地，属于与夷狄相对的中国教化之地，奄就是夷狄。明代学者林希元认为当时的五十小国中一定有夷狄。明代大学士邱浚认为不仅有奄、飞廉，另外还有夷狄。郑献甫认为王鏊、司马迁、郑玄、林希元、邱浚等历代知名学者的观点均有误，便直接下断语为"皆臆说"。有如此学识与胆识的学者实属罕见，尤其是在清代文化政策形势非常严峻的情况下，有敢于直言的勇气，足见郑献甫踏实的文风和耿直的文人风格。

在指出权威学者观点有误的基础上，郑献甫也提出了诸多自己独有的创见。当然，这种创见是建立在合理的论证基础之上，如对《孟子·离娄上》篇中仁政思想的阐释：

> 天地之立君，所以为民。帝王之设官，所以治国。若不从国本民生上作计，则或任战之事，或挑战之祸，或助战之资，皆意在破国杀人以自恣者耳。所以人分三种，罪只一科。单重"君不行仁政"句。不然，兼弱攻昧，王者救民之事也。地辟田治，王者行庆之典也。安有一律科要者哉？当时最得志是此三种人，诸侯王既用此辈，遂不能行仁政，恃有此辈，更不思行仁政，而天下尽属之三种人，天下乃尽死于三种人矣。注申所引，每条各两人。李悝最先，却最有功。商鞅最后，却最有罪。聊举其概，不必实指其人。作文以浑雅为得。

该段评述是通过孔子对弟子冉求做法的评价体现孟子所推崇的仁政思

想。原文是："求也为季氏宰，无能改于其德，而赋粟倍他日。孔子曰：
'求非我徒也，小子鸣鼓而攻之可也。'由此观之，君不行仁政而富之，皆
弃于孔子者也。况于为之强战？"意思是冉求做了季氏的官员，没有能力
改变季氏执政的规律，而征收的粟米比过去倍增。孔子说："冉求不是我
的弟子了，学生们击鼓而攻击他，是可以的。"由此看来，国君不施行爱
民政策而敛财致富的人，都是孔子所厌弃的，更何况是还要替他卖力打仗
的人呢？接着，孔子将人分为善战者、连诸侯者、辟土地者三种。这段话
是孟子说的，也是孟子借孔子之口明确地表达自己的政治主张，即君王的
使命是为民服务，官员的职责是理政治国。赵岐在《孟子注》中给孔子所
分的三种人各举了两个例子：将提倡重农与法治结合的魏国政治家李悝放
在最前面，其实是最有功绩的；提倡重农抑商、制定严酷刑法的商鞅被放
在最后，其实是最有罪的。郑献甫认为所举的这些例子只是为了说明三种
不同的人对治国的作用，表明道理即可，而不确指某个人，因为为人的最
高境界应是雄浑雅致，点到即可，以防后世学者根据注本中的例子进行脱
离实际的进一步阐释，体现了他对孟子思想的精准把握与远见卓识。

　　同样出自《孟子·离娄上》的《事执章》以曾参为例谈了事亲与守身
之间的关系，便有学者据此大谈曾子的孝道与操守。程颐对《孟子》的注
解中便如此认为。故郑献甫予以反驳：

　　　　黄蕴生文中段云：盖至"请所与"，而雁可知也。雁中馈之
　　不洁，而亲以为不必须，至问"有余"，而喜可知也。喜馐食之
　　和甘，而亲以为为有可共，则疾应之曰"有"而已，不必其果有
　　余也。亲以为有余，是即有余也。此尤得意在文字之外。
　　　　此"可也"是指示后人，不是裁量曾子。程注非本义，别论
　　其理耳。

　　明末学者黄淳耀对《孟子》的注文认为，孟子举曾参三代人事亲的例

子，是为了表明事亲要用心，即有高洁的操守才能发自内心地侍奉双亲，而不仅仅是从身体上照顾其饮食起居，曾参对父亲曾皙的侍奉是用心的，而曾元对父亲曾参的侍奉仅仅是物质上、身体上的侍奉而已，而没有达到曾子从内心深处的孝敬出发去侍奉父亲的境界。文中的表述简洁，有意在言外之作用。郑献甫在评论末尾只有简单的一句话作结：此"可也"是指示后人，不是裁量曾子。"程注非本义，别论其理耳"，即黄淳耀的解读是正确的，程颐的理解是想借此表明他要表达的道理，并非孟子本义。

程颐作为北宋开创洛学、奠定理学基础的学者，对包括《孟子》在内的"四书"的研究影响深远。对如此成就斐然的学者的观点，郑献甫不但不盲从，反而敢于直言其失当之处。

这种尊重《孟子》原典、不迷信权威的严谨治学精神，在指出前人诸多研究不足的基础上，提出真知灼见，既体现了郑献甫本人的学术素养，也代表了清代士人求真务实的学术风气及粤西学者耿直严谨的学术品格。

三、郑献甫孟子研究的价值

扎实的学术功底，严谨务实的学术态度，使得郑献甫的孟子研究无论是与清代孟子研究做横向对比，还是同历代孟子研究者做纵向对比，都呈现出独有的价值与意义。具体表现在粤西作为少数民族地区对中原先进文化的认同与主动传播、清代学者普遍具有的经世救国意识等方面。

（一）体现少数民族地区文人对中原文化的认同

明末清初，随着改土归流制度的逐步推行，中央政权将粤西少数民族的土司首领废除，逐渐改为由朝廷中央政府派任流官。这一举措在消除土司制度落后性的同时，加强了中央集权对边疆少数民族聚居区的统治与管理，各地纷纷设立书院学宫，少数民族子弟开始有机会学习中原文化，向较为先进的中原文化靠拢，整体教育水平逐步得到提高。尤其是很多壮人子弟在改土归流后取得了参加科举考试的资格，自幼生活在粤西象州壮族聚居区白石村的郑献甫便是诸多壮人子弟的典型代表。取得参加科举考试资格的壮人子弟也同当时的汉族子弟一样，多数人以参加科举考试、出仕为官作为自己的人生终极目标，他们在取得功名后多以服务乡里为荣，是汉文化的自觉接受者。因为他们身处壮族文化与汉族文化之间，既具有壮族人固有的思想意识与思维方式，又在不断接受汉族文化的影响，所以他们比其他汉族学者更了解少数民族人民的文化接受心理，易于被同乡所接受，传播的速度、广度、深度都是汉族文人所不及的。

郑献甫生活在粤北地区。清代的粤北与粤东相对于粤西的其他地区而言，无论是经济发展，还是教育水平都明显偏高，通过科举考试走上仕途的壮族文人也较其他地方多。这些参加科举考试的壮族子弟未来的前途无非是两种：一是屡试不中，对为官失去信心，转而授学乡里，传播汉民族的主流文化；二是科举成功出仕为官，胸怀为官一任、造福一方的远大志向走上仕途之位，但因官场的黑暗、社会矛盾的加剧，在任期满后，甚至任期未满就直接辞官回乡任教。郑献甫便属于后者。他在经历二十五岁、二十九岁、三十三岁、三十四岁四次赴京赶考后，于三十四岁终中进士而获授京官。昔日的理想终于实现之时，郑献甫却发现仕途并无想象中的顺利。为官之前，他对清政府的腐败早有耳闻，待真正踏入官场，方发现处处所见皆"饮器提骷髅，酒香溺人血"的贪官污吏。亲历官场的黑暗与腐败后，他的家教与耿直性格使得他不肯与这些吸食百姓血肉的贪官同流合污，遂在十四个月的为官生涯结束后回乡授徒讲学，先在粤西的雒容设馆教学，以后接续在粤西德胜书院、庆江书院（古称龙溪书院）、榕湖书院、秀峰书院、象台书院、柳江书院，广东顺德之凤山书院，广州越华书院等任主讲，直到七十二岁病逝于桂林孝廉书院山长任上。郑献甫大半生的时间均在教书，足迹遍布粤西乃至岭南，其所育优秀门生遍及岭南各地，诸多学子在其思想影响下成为各路精英，其为人品行、治学思想等对学生产生了潜移默化的影响，对岭南文化的发展起了积极的推动作用。

郑献甫的人生经历是大多数清代粤西壮族士人的缩影。他们在应试过程中习得四书五经，对诸子思想及儒家的道德规范有深入的了解，也强调修身养性，笃信"有德必有方"，并身体力行去实践。可以说，郑献甫及众多如郑献甫般的壮族文人在促进壮族接受汉文化的过程中起到了无可替代的重要作用，有力地促进了汉、壮之间的思想文化交流。

（二）体现清代学者的经世救国意识

郑献甫生活的时代，跨越了嘉庆、道光、咸丰、同治四个时期，其为文创作活动主要在道光、咸丰、同治的清代中后期。这一时期的中国处于封建社会向半封建半殖民地社会过渡的阶段，也是清王朝走向没落的衰败时期。在这一时期，郑献甫亲眼看见了帝国主义列强的残暴入侵，也经历了震动全国的太平天国运动。作为一名少数民族文学家，郑献甫亲身经历了太平天国运动，在动荡不安的时局中较其他文人学者有更为深刻的认知与体会。清代著名学者陈澧在《五品卿衔刑部主事象州郑君传》中描述郑献甫当时的处境：

> 道光三十年，广西贼起，掠象州，欲杀君，旋舍之。其后复遇贼于途，劫其衣装，并失所著书。咸丰七年，君在桂林省城，贼攻城急，君走平乐，走封川，皆有贼，遂走广州省城。是年，夷寇入城，君走仁化，转徙东莞。十年，夷事定，复至省城。

这段记载中所说的"广西贼起"，指的就是太平天国运动对广西所产生的影响。如此惊险甚至几乎丧命的经历，让郑献甫对社会现实有了清醒的认识。与自己同样处于水深火热之中的百姓生活困境自然让郑献甫产生了强烈的救国民于水火之中的责任感。

郑献甫的粤西同乡全州士人蒋琦龄在《小谷郑先生墓志铭》中如此评价郑献甫的这份责任感，其实这也体现了郑献甫的为学风格与为学理想：

> 今先生为考据，而不肯以汉学名，不尊宋而制行与古贤合，殆亦借考据以夺时贤之气，而关其口以救其弊。

据二十余万字的《孟子注》中郑献甫对朱熹、程颐等宋代理学大家观点的批评可知，其对宋明理学持反对态度，原因在于郑献甫认为沉迷于考据、脱离社会思想实际的理学会蒙蔽文人对社会的关注，影响对民生的了解，进而影响文人针砭时弊的社会责任。这在《孟子注》中有数处明显的体现，如：

> 此节须切治岐形势，并切文王时事，方与引诱齐宣配享明堂对针。罗文止五句题文云：夫商辛毒逋之世，而文以其时养士给民，于事势盖岌岌矣。然其犯甚危，而其全甚大，卒也使其身有孔迩之戴，而使其民忘如燬之伤。岐阳蕞尔之区，而文用之，不蓄材收，咸于事机，宜落落矣，然其留已厚，而其规已远，卒也武王因之，用著者定之烈，而周公成之，遂垂治。世之书不呆写文王一面，自动得齐王一面，此又代圣贤立言妙法也。
>
> 孙疏虽引伪作，所言间可采。如此节引《周礼》参正云：司关，国凶札，则无关门之征，犹议。司市，国凶荒，则市无征，而作布。泽虞掌国泽之政，令为之属禁。川衡以时舍其守，犯禁者执而罚之。司厉，男子入于罪隶，女子入于春藁。此而推之，则关市非无征也，泽梁非无禁也，罪人非不孥也。而文王皆无者。盖亦见文王权一时之宜，不得不然耳。故孟子于宣王之一时，亦以此引之以救弊矣。

被郑献甫在"明堂章"中命名为"王政节"的这段注释，出自《孟子·梁惠王下》。齐宣王向孟子征求意见，是否拆毁明堂。孟子的回答自然引到王政上，引导齐宣王与其讨论如何行王政，并以昔日周文王治理岐山时的安定局面为例：周文王所采取的低税收、为官者的世袭俸禄、鼓励经商、轻刑罚等诸多利民政策使岐山出现政通人和的局面。宋代的《孟子注疏》引用《周礼》对这部分内容进行了阐释分析。在郑献甫看来，赵岐注，孙奭疏的《孟子注疏》中有引用伪书的现象，但部分注疏仍然可采纳，比如该章节所引用的《周礼》之语便是可采纳之处。孙奭认为孟子与齐宣王讨论王政以周文王治理岐山为例，是借文王治岐之事表达自己的王政思想以解时弊。

其实，郑献甫的这段论述除了表明自己对孙奭观点的认可——孟子以文王之事欲解当时的时弊，同时也表明自己明确的愿望，即借此表达自己对清王朝衰败时弊的针砭。因为清代中后期也出现了与孟子生活时代相同的境况：战乱不断、赋税加重、民怨沸腾、民不聊生。孟子带着学生周游列国，希望有君王能采纳他的仁政主张，救民众于水火之中。郑献甫也有着与孟子同样的人生理想，只是郑献甫将孟子的周游列国改为授徒讲学，尽管形式不同，但能从思想上引导更多的晚学后生认清时局，救民救国救世。

郑献甫作为清代壮汉文化的集大成者，对《孟子》的研究建立在广博学识的基础之上。他曾在《著书说》中表达自己的学术积累观点："著书者，不能离经史，而行文者，更不容荒经史。"因为"文之义理出十经，其事迹出十史，其词笔则并出十子"，如若"不通经、史、子，而欲为文，则犹之不通天、地、人，而欲为儒也"。如此严谨的治学精神与深厚的治学功力，使得郑献甫的孟子研究成为清代岭南孟子研究的典型代表，更直接反映了壮族人民对中原文化的认同与主动传播，文中所体现的经世救国思想反映了清代学者忧国忧民的大局意识与读书图强的士人精神。郑献甫的孟子研究成果对于壮汉思想融合，乃至边疆文化对中原文化的认同与接受均有重要的参考借鉴价值。

第四节　培育地方英才的蒋励常

蒋励常（1751—1838），字"道之"，号"岳麓"，广西全州县龙水村人。好性理、兵法、文史、医卜。四岁入家塾读书，1786 年中举，1801 年任融县教谕，为官六年，因不愿与当权者同流，于 1807 年引疾辞职归乡，1814 年起任全州清湘书院山长，十年间培育了大批英才。

蒋励常出身名门望族，曾祖父蒋尚翊、祖父蒋颐秀、父亲蒋振闿皆应试中举，三个儿子蒋启徵、蒋启敫、蒋启奂及长孙蒋琦龄也先后考中举人，宗族历代举人、进士达七十多位，是名副其实的书香文学世家。道光二十三年（1843），灌阳人陆锡璞在为蒋励常的著述作序时称"服其家学世范，益向往之"，代表了诸多后学对蒋氏家学的仰慕之情。蒋氏自幼受父亲蒋振闿影响，喜欢古儒先贤之学及兵法、医卜之学，十五六岁时即潜心存诚、主敬之学，通经而外，纂辑性理之书，尤喜被誉为"北宋五子"的周敦颐、程颢、程颐、邵雍、张载之作。蒋振闿不仅教授蒋励常习得先贤典籍，还重视学以致用，这为蒋励常日后为学、为官打下了良好基础。其主要著作有《养蒙篇》《类藻》《摘艳》，作品被其孙蒋琦龄收入《岳麓文集》《十室遗语》《养正篇》三部著作中。因子孙显达，蒋励常享有众多封赠头衔。《清史列传·循吏传》有其传记。

149

一、蒋励常的诸子学内容

蒋励常的诸子学成果主要体现在《岳麓文集》《十室遗语》《养正篇》中。《岳麓文集》包括论说文 13 篇、碑记 19 篇、书信 8 篇、序跋 25 篇、铭表 13 篇、杂文 17 篇、诗词 10 篇，共 105 篇。《十室遗语》包括性理、说经、评史（上）、评史（下）、经世、善俗、砥行、劝学、论文、谈兵、述艺、杂记，共 12 卷。《养正篇》包括孝亲、弟道、谨行、信言、泛爱、亲仁、学文，共 7 编。

蒋励常生前并未有著述刊行，《岳麓文集》《十室遗语》《养正篇》是其孙蒋琦龄在他过世后搜集编印的。从《岳麓文集》中不难看出，蒋励常尊崇儒家，尤其尊崇孟子学说，作品中大量引用孟子的观点表达自己的思想主张。蒋励常主张"先理后文"，认为《孟子》是"说理"与"运笔"

完美结合的典范之作，曾道："说理不善运笔，便近注疏语录，然而运笔之妙，当先于《孟子》求之。此余十数年用心古文独有会心，未易为不知者道也。"对《孟子》精到的文辞与透彻的说理给予了高度的评价。

（一）对诸子学说的全面把握

蒋励常对于诸子学的研究范围较广，涉及孔子、孟子、韩非子、老子、孙子等儒家、法家、道家、兵家等诸家学说，并将诸家的观点和自己的认识自然地融入行文中。今天读来，除了通过蒋励常了解先秦诸子学说，更能通过这些表述深入了解蒋励常本人乃至清代学者对先秦诸子学说的认识与继承。如：

> 孔子微服过宋，智也。于卫不主弥子，于齐不主痈疽，亦智也。

蒋励常在探讨智慧的《智说》一文中，举了孔子周游列国的例子。据《史记·孔子世家》记载，孔子周游列国经过宋国的时候，宋国司马桓魋砍掉孔子与学生习礼旁的大树，并想杀掉孔子，孔子却淡定地说："天生德于予，桓魋其如予何？"然后换装离开宋国。据《孟子·万章》篇记载，孔子到卫国的时候，弥子想让孔子为卿，孔子没有答应；孔子到齐国的时候，不接受宦官痈疽的接待。在蒋励常看来，孔子在宋国能临危不惧，不屈服于桓魋的恐吓威胁，却不与之正面冲突，而选择换装离开，不失为一种智慧；在卫国不为眼前的官位所动，因为孔子周游列国，是为了宣传自己的政治思想，而不是为了爵位俸禄，这是一种智慧之举；在齐国不与自己思想相违的宦官接触，不受其接待，也是为了表明自己不为官位所动，仅为百姓谋生、为国家谋治的政治主张，这也是一种智慧。

在讨论"智慧"这一话题时，蒋励常能熟练运用孔子周游列国的事迹，并与孔子一贯的思想主张较好地融合在一起，以支撑自己的论点，足见其对孔子乃至儒家精到的认知与把握。

再如，蒋励常在评论史实的《评史》篇中引用韩非子的例子：

> 韩非一不用于韩，便思赞秦为虐，欲亡其宗国。然则非之死，实天杀之，非斯杀之也。

韩非子作为韩国人，在韩国不被任用，便考虑帮助暴政的秦国，想让自己的韩国灭亡。所以说，韩非子之死，是上天杀了他，而不是李斯杀了他。在蒋励常看来，韩非子作为韩国人，要站在自己国家的立场上图谋发展，而不应帮助敌国来灭自己的国家，这是天道所不能容忍的。他的死也是因为违背了天道常伦，而不是李斯的陷害。可见，蒋励常从儒家的伦理纲常出发，去评价韩非子，认为韩非子违背了儒家的忠国、忠君思想主张。这不同于历代学者对韩非子的评价，凸显了蒋励常对韩非子及其思想的精确认识。

体现蒋励常对于品行与道德修养的认识的《砥行》篇中提及老子说：

> 老子曰"不见可欲，使心不乱"，是保身第一法，此等正不必学。

《老子》第三章中有"不见可欲，使心不乱"的表述，意思是说"不显露可以引起贪欲的事物，使人民的心思不致被扰乱"。蒋励常认为这是保身的最重要之法。举老子的例子，是在提及沈佺期被贬筠州时，曾携一鬟，七年后鬟仍为处子。宋代著名文学家潘炬曾赋诗《献沈詹事》评论此事：铁石心肠延寿药，不风流处却风流。蒋励常认为沈佺期的所为是为沽名。如果要做到真正的大丈夫，就应该像老子所说的"不见可欲，使心不乱"才是明智的保身之法，像沈佺期这样所谓的正直，后人不必学习。

蒋励常将沈佺期的保身之法与老子的保身之法作比，以突出老子无为的政治观和社会理想，即"常使民无知无欲"，使百姓没有诈伪的心智，没有卑劣的贪欲，从根源上消除相争相夺，以保持淳朴的民风，最终实现治国安民的社会理想。

在探讨军事之道的《谈兵》篇中，蒋励常引用了孙子的名篇《军势》篇：

> 孙子《军势》篇，所谓"分数形名，奇正虚实"，其后先之序，何也？盖敌形有本虚者，必出奇以乘之，而后全胜可期……敌形有本实者，必先出奇以扰之，俟其有可乘而后乘之。

蒋励常在论述"分数形名"之所以先于"奇正"时，引用孙子《孙子兵法》的《军势篇》关于分数、形名、奇正的阐述。孙子提出，在用兵作战时，将帅必须把握"分数""形名""奇正""虚实"四个环节："分数"即军队的组织编制；"形名"即军队的通信联络；"奇正"即用兵的战术及其变化形式，正面与敌交战为"正"，从侧面出其不意攻击敌人为"奇"；"虚实"即善于避实就虚，以便取得以实击虚的绝对优势。在孙子看来，严整的组织体系、畅通的通信网络、奇正结合的多变战术、正确的攻击方向，这四个环节是取得战争胜利的关键。只有四个环节环环相扣，才能取得战争的最后胜利。蒋励常认为孙子的分数、形名、奇正、虚实有这样的先后顺序，是有道理的，他以晋楚城濮之战、吴人与越人作战的实例证实奇正先于虚实，且四个环节必须逐环相扣，方能取得胜利。

能对兵家有如此深刻的认识，源于蒋励常开阔的研究视野和广博的知识储备。他曾在《谈兵》篇的末尾这样表述：

> 一事不知，儒者之耻，矧文事、武备不可偏废乎！天下之平久矣，文武恬嬉，猝遇事变，韬略弓马一无所能，而始悔之，亦已晚矣。儿辈读书，并令读孙、吴之书，人或以为怪也。

　　蒋励常认为只知文事、偏废武事是儒者的耻辱，在和平盛世或许不知武事，不以为奇，一旦遇到战事，对武事一无所知，悔之晚矣，所以也要求自己的儿孙后代读兵书，了解武事。蒋氏对兵家的学习，不是停留在纸上谈兵层面，而是身体力行。在蒋励常年轻时，其父任四川平武县令，奉命管理粮站，蒋励常随侍。在一次运粮到南路迁站时，蒋励常领数骑先行，至山隘突遇贼数百，从者失色，蒋氏徐登高处，回首做指挥状，复席地坐，笑语移时，始按辔行。贼惧有伏不敢逼，既出隘，贼追不及乃免。可见，蒋励常不但熟谙兵法，还能灵活运用于兵事实践中，在与贼人周旋的过程中，表现出的淡定从容与张弛有度，非一般将帅可及。

　　蒋励常对孔子、孟子、老子、韩非子、孙子思想主张的深入把握，使得他在为文过程中能够根据文章主旨熟练运用诸子思想深化论点。其对诸子观点的引用能做到信手拈来、浑然天成。

（二）对孟子学说的深入阐发

　　在对诸子学的研究中，蒋励常最推崇的是孟子，也是他文中引用最多的一位。在《岳麓文集》中引用诸子的言论共 55 处，其中引用孟子言论 39 处。可见，蒋励常极为推崇孟子，且对孟子思想学说有深刻理解。如蒋励常在给在广东翁源县任职的朋友谢稼轩的回信《答谢稼轩书》中引用了孟子的话以鼓励谢稼轩为官要施行廉政：

　　　　孟子谓："君子之泽，五世而斩。"老弟于公为六世孙，乃能
　　力自振兴致有今日，则公之遗泽甚远可知矣。

　　"君子之泽，五世而斩"出自《孟子·离娄下》，原文为："君子之泽，五世而斩；小人之泽，五世而斩。予未得为孔子徒也，予私淑诸人也。"意思是，君子的德行，影响五代以后而中断；小人的品行，五代以后也会中断。我没有机会成为孔子的弟子，但我却遵照孔子的教诲行事。蒋励常在此引用孟子的话，是因为在《答谢稼轩书》中，提及谢稼轩的先

祖曾在四川北部的平武任官，因政清廉正直，被当地《府志》称为"扑直有文，慈和能断"的明官。谢稼轩是为官平武的先祖的六世孙。按孟子"君子之泽，五世而斩"的说法，谢稼轩已是先祖的第六代，但是谢稼轩为官一年余，仍能治理一方有功，实属自己能力所及与先君的遗风影响深远所致。只有对孟子的思想有深刻的认识与领会，才能如此自然地将其化用到文章中，且有得体的鼓励和劝诫意味在其中，没有生硬说教的味道，易于被人接受。

蒋励常除了熟练地将孟子的言论引用到文章中，还在《十室遗语·论文》中撰有专篇《读〈孟〉》谈《孟子》。《读〈孟〉》篇不同于一般学者对《孟子》文本的解读，也不同于其他人对孟子思想的深入阐发，而是独辟蹊径地找出《孟子》中的经典语句、点睛之笔及断句的巧妙之处，进行评析。如：

> 孟子初见梁惠王即曰"何必曰利"，所谓当头棒喝，三日耳聋也，须重读。随带出仁义，用笔何等轻捷！此两句领下文两段。"王曰"段用竖笔陡笔，句句宜重读急读，若高山转石，万马绝尘，势不容缓……前以十六句为一段，后以两句为一段，读之觉铢而悉匀，多者不嫌其多，少者不觉其少，可谓奇绝。"王亦曰"二句双起，仍用双收也，宜缓读。章法极整严，极变幻，殆今不能有二之文。

《孟子》首篇《梁惠王上》中，开篇之语为"孟子见梁惠王，王曰：'叟！不远千里而来，亦将有以利吾国乎？'孟子对曰：'王何必曰利？亦有仁义而已矣。'"。这是孟子第一次见梁惠王：彼时梁惠王刚打了败仗，被迫迁都，同时儿子做了人质。急于复仇且使国家迅速强大的梁惠王迫不及待地问孟子有什么办法可以使国家得到实际利益，孟子也直截了当地回答"何必言利"。蒋励常的体会是此处应该重读，即加强语气，有振聋发聩之感，才能体现孟子作为真正的儒者所表现出来的推行仁义之道的决心与信心。接下来的对话部分，因为两人的对话简短犀利、逻辑严谨、直冲要害，所以说有高山转石、万马绝尘般的简短利落感。这段对话根据内容分为前后两部分，读起来字字珠玑，达到奇绝的境界，且下一段的章法严整，富于变幻，后世无人可超越。

《读〈孟〉》篇短短两千五百字，却把三万五千字的《孟子》的精华提纲挈领式呈现出来。文中多处充满"如芍药当风，偏反莫测，文笔之妙，至此极矣""如花聚锦团，骇心炫目""将吐复吞，含而不露""若霄之与壤，闻者哪得不歆羡？"等精彩评语，将《孟子》的思想通过绝妙文笔的评述予以呈现。

二、蒋励常的诸子学方法

对于诸子学的研究，历代学者运用考据训诂、阐发义理等多种研究方法，凸显诸子思想精髓。有清一代的学者受乾嘉学派的影响，多重考据训诂，而生活在乾嘉之时的蒋励常却有自己独特的诸子学研究方法。

（一）重诸子学说的阐发运用

蒋励常的诸子学不拘泥于对某部诸子学专著的考据训诂，也不单纯地对某一家进行义理阐发，而是在熟谙诸子内容与思想的基础上，在为文过程中熟练运用诸子学内容，结合写作对象对诸子学进行适应时代发展的运用与阐发。如蒋励常任广西融县主管文庙祭祀、教会生员的教谕一职时，在为融县重修节孝祠时所写的《融县节孝祠记》阐发了孔子的节孝之道：

> 夫纲常之大，绵亘古今，充塞宇宙，而有夫妇然后有父子，有父子然后有君臣，故礼重亲迎书先厘降夫妇之道于斯，为尤重焉。尧舜之所以治者，此也。孔子之所以教者，此也。

在儒家看来，伦理纲常是个人修身的根本，也是齐家、治国、平天下的根本。这是尧舜能够使天下大治的原因，也是孔子教化的结果。蒋励常任教谕后，不忍节孝祠破败凄凉之象，所以极力提倡重修，并作记以教化百姓知守节之重，身体力行遵守儒家的伦理纲常，达到社会稳定、百姓安康的治世目标。

在教诲儿子蒋启敫为官后要坚守正直的为官之道的《诫次子启敫书》中，蒋励常告诫儿子"无负于国，有益于民，不愧于天，不怍于人"。短短不足二百字的诫子书中引用孟子的话，足以表达书香世家的父亲对远赴他乡为官的儿子的叮咛与重托，将家国情怀融入浓浓的父子深情之中。"不愧于天，不怍于人"出自《孟子·尽心上》。孟子认为："君子有三乐，而王天下不与存焉。父母俱存，兄弟无故，一乐也；仰不愧于天，俯不怍于人，二乐也；得天下英才而教育之，三乐也。"蒋励常对即将走上仕途的儿子寄予厚望，希望其为官之举能时刻虑及百姓，仰头看的时候能做到不愧于天，低头想的时候能做到不愧对百姓，做一名光明磊落、正直坦荡的真君子。而蒋启敫也确实没有辜负父亲的期望，从最初任江西广昌同知开始踏上仕途，历任江西德兴、会昌县知县，永丰知州，南昌同知，江西盐法道等职，一生宦游屡屡留下功绩与英名。

在探讨性理之说的《十室遗语·性理》篇，将孔子的"性相近"与孟子的"性善"对比进行讨论：

> 孔子所谓"性相近"，《中庸》所谓"道不远人"者，从人学道之后言之也。孟子所谓"性善"者，从人有生之初言之也。……孔孟之言本无二致，不以辞害意可也。

孔孟之后，有学者认为孔子与孟子虽同为儒家，但二人对性理的认识有所不同，孔子认为人的性情相近，孟子认为人的本性是善的。在蒋励常看来，二者并无本质差别，孟子是从人刚出生时的习性而言，认为人天生是善的，如果有良好环境的影响，人人都可以成为尧舜那样的圣人。但现实生活中却往往由于生活环境的差异，每个人呈现出善恶不同的性情。孟子的"性善"是孔子"性相近"的前提，孔子的"性相近"是对孟子"性善"的进一步阐释。所以二者之间并无本质上的差异，不能拘泥于词义表层的含义，而曲解误会前贤的本意。

无论是撰写与日常生活密切相关的劝诫书函、题碑铭表、序跋等应用文体，还是阐发读书心得的杂文，蒋励常总能借写作对象，巧妙自然地将先秦诸子的言论运用其中，且能自然融合在一起，做到情理交融，发人深省，而毫无生涩、说教之感。相较于对诸子原文的训诂注释的研究方法，这种方法更能体现蒋励常深厚的诸子学功底及其诸子学研究与现实生活的完美结合，真正做到了诸子学与现实生活的良性互动。

（二）重诸子思想的躬行实践

不同于多数学者为研究诸子而研究诸子，蒋励常除了对诸子思想理论有深刻的领悟外，更能躬行实践诸子所蕴含的深刻思想内涵。这在历代学者中是极为少见的。究其原因，是蒋励常出生于簪缨世家，自其太高祖以下，皆官至县令，且均以廉惠著称，宦迹美名皆载省邑志乘，受家学影响，加之自身的刻苦努力，在为官、治学、教学的过程中实践自己所领会的诸子学精髓。

如在五十岁的知天命之年首次为官，任融县教谕这样的八品官，仍恪守职责，奉行儒家的"德行为先，文艺次之"的原则，亲自授课，为贫苦的生员解决实际困难；维修危旧教学场所与旧庙祠堂，包括节孝祠、文昌庙、魁星楼、关帝庙、柴侯祠、南平庙等在内的融县古迹都在蒋励常在任期间得以修复，且蒋励常均亲自作记留存。在任六年，他为融县培育了大量英才，使融县出现了历史上少有的学风盛行、人才辈出的良好社会风气。但有着良好家风的蒋励常，在面临被提拔升迁之时对官场的行贿索贿之风深恶痛绝，挂冠而去，回乡设帐讲学，以教书育人为乐。且在六十四岁高龄欣然出任清湘书院山长，将自己毕生所学毫无保留地以言传身教的方式传授给学生，使全州文风大振，声名远播。

蒋励常在为官、为学、育人的人生关键时段，父母健在，手足团结；为官做到了上不愧对于天，下不愧对于人；任融县教谕、回乡设帐讲学、任清湘书院山长期间，为国家培育了大量英才，可谓"得天下英才而育之"。不难看出，他用一生的努力在践行孟子所言的"君子三乐"，这是对崇尚孟子思想的最得体的诠释。其美名与功绩被载入仅收入数十位广西籍人士的《清史列传》中。可见，蒋励常所践行的诸子学精神在他所生活的时代已得到世人的认可。这是一位清儒的荣誉，也是粤西士人的荣耀。

蒋励常对以孙子为代表的兵家思想也有深刻的领悟。在随父任四川平武县令时，他在数次与贼人的周旋中，很好地运用了在孙子思想启发下研究出来的战术，协助父亲维护了一方平安。其时，乾隆皇帝对大小金川用兵，蒋父受命管理西路大军粮站，在运粮保证军需的道路险要遥远、时有贼人追杀劫掠的情况下，蒋励常与兵役同甘共苦，饷馈不绝，并亲自深入贼巢侦察敌情，掌握敌方的人数、配备与所处地形后，带领兵役突袭，杀百余人，使得周围有劫粮饷之心的贼人闻风丧胆，再不敢犯。这体现了蒋励常有勇有谋的文武双全之才的睿智与胆识，更是对孙子"先为不可胜"的备战观、"知己知彼"的军事认知观、"令文齐武"的治军观的得体运用与完美体现。

这种研究诸子学思想的同时，将诸子学思想理论用来指导生活实践的做法，即发挥诸子学经世致用的作用，在蒋励常所处的乾嘉盛世是难能可贵的。乾嘉时代在全国范围内呈现出的诸子学研究特点：明末清初倡导的"经子平等""各周于用"的经世精神渐趋衰弱；为博涉兼采的需要，以音韵、训诂等考据法为主，对先秦诸子著述进行校勘整理。在这样的大背景下，蒋励常能跳出考据训诂诸子著述的常规研究方法，将诸子学的精髓适时、适度地运用到文学创作实践与生活实践中，实属难能可贵。

三、蒋励常的诸子学成就

与同时代的诸子学研究学者相比较而言，蒋励常在进行诸子学研究时除了全面深刻、善于活用、躬身实践之外，更呈现了受家族文化影响，治学扎实严谨，以儒家道德规范匡正士风民风等研究特点。

（一）受家族文化影响，治学为修身治世

蒋氏家族是清代粤西全州的望族，从明代的蒋冕开始便有重文重教的优良传统。蒋励常在《晓泉府君墓记》中提及祖父蒋颐秀晚年回到家乡的情景：

> 府君归，百姓攀辕泣送者，百余里不绝。既抵里，生计寥寥，而食指日繁，府君绝不为意。时惟闭门读书课子孙，或肆情山水间，以诗酒自娱，所著诗有《梦庵小草》。

可见，蒋励常的祖父蒋颐秀在为官还乡后，尽管生活拮据，但仍不忘读书并亲自教授子孙，寄情山水，饮酒作诗，且以之为乐。如此豁达的人生态度和坚持读书修身的良好习惯直接影响着晚辈。

在父辈的影响下，蒋励常四岁开始入家塾读书，以四子六经为研修对象，且不拘泥于书中内容。同年，中举的朋友之子严长宧曾这样评价蒋励常：

> 年伯岳麓蒋先生，潜心圣贤之学，视荣利澹如也。……尝读朱文公文，论事则明白轩畅，言理则平正通达，不袭四子六经之貌，而能发明四子六经之微，令人肃然，不敢以文士之文相目。

蒋励常淡泊名利，以治学修身为乐，研究《论语》《大学》《中庸》《孟子》《诗》《书》《礼》《易》《乐》《春秋》，能做到不单纯为研究而研究，透过现象参悟其思想内核，并将领悟到的先人智慧用于提高自身修养与子孙的教育中。在次子蒋启敩赴江西上任时寄语曰：

> 学者读书取功名，非图温饱，欲为朝廷添一好官，为地方行
> 无数好事。否则，不如其已，毋徒自取戾也。

科举是隋朝至清朝的选官制度，读书为博取功名，是科举时代士人的共同追求。而蒋励常及其家族也不例外，读书为做官。但做官的目的却有所不同，有人为摆脱生活的困境，能在物质上享受更好的生活。蒋励常却认为读书为官不只是图温饱那么简单，应该是为朝廷添一好官，为为官之地做无数好事。这样的告诫不只是对儿子的叮咛与期许，也是蒋励常父亲曾经对自己的要求。这是儒家修身、齐家、治国、平天下的人生理想的最好体现。

为实现修身、齐家、治国、平天下的人生理想，蒋励常鼓励世人刻苦读书，并领悟书中精髓。他曾举曾子的弟子公明宣读书的例子以勉励世人：

> 公明宣学于曾子，三年不读书。曾子曰："宣而居参之门三年不学，何也？"公明宣曰："宣安敢不学？宣见夫子居宫廷，亲在，叱咤之声未尝至于犬马，宣说之，学而未能。宣见夫子之应宾客，恭俭而不懈怠，宣说之，学而未能。宣见夫子之居朝廷，严临下而不毁伤，宣说之，学而未能。宣说此三者学而未能，宣安敢不学而居夫子之门乎？"曾子避席谢之曰："子之善学，参亦不及也。"

公明宣跟随曾子学习，看似三年没有读书，实则是在学习曾子对父母的孝、待人接物的恭敬节俭、对下属的严格与尊重。连曾子都惊讶于公明宣的善于学习，且体察细微，尤其善于从生活中学习。公明宣的学习方式是正确的，真正的学习不只是从书本上学习，更是从生活中学习。这也是孔子推崇的学习方法，即"君子见贤思齐焉，见不贤而内自省也"，在道

德修养上提升自己，且是主动自觉地提升自己。这一提升自身素养的过程也是修身的过程。只有实现尽忠、尽孝、尚义、知耻、节俭、宽容的修身理想，才能齐家、治国、平天下。

蒋励常反复强调读书修身的作用，认为读书为文是涵濡德行的关键，并且举了山东布政使夏寅因清正廉洁而无人与之结党的例子。夏寅经常和人说：

> 君子有三惜："此生不学，一可惜；此日闲过，二可惜；此身不修，三可惜。"世传以为名言。

夏寅无人与之结党，看似孤独，但他是因为清正耿介而被孤立，是形体上的孤立，精神上的富足。他有如此高的精神境界，与他的自身修养密不可分。所以仔细斟酌会发现，夏寅认为的人生三惜离不开读书、修身。蒋励常对夏寅言行的认可，也是对读书、修身的认可。

蒋励常不仅以历代严谨治学、修身严格的学者为例教育学生与晚辈后学，更是以自己的实际行动影响世人。其在融县任教谕时政绩卓著，中丞欲提拔，布政使的书吏公然向蒋励常索贿，蒋励常断然拒绝，并表示：吾辈谋求仕途发展，是要展示自己的学识才干而已。如果委身小人，已亏了大节，那么，一个官职有什么可宝贵的？

他将索贿之人逐出门，随后称病辞官回乡。有人认为蒋励常辞官辜负了中丞识才爱才的好意，蒋励常却认为中丞是认为自己贤德，才委以教谕的重任，如靠贿赂小人得以提升，才是真正的有负正直的中丞。读书为官是科举时代大多数士人的终身理想，蒋励常也不例外，但他却将清白尚义的人生大节视为高于一切的修身治世准则，宁肯不做官，也不失为人的气节。这是孟子"善养浩然之气"的君子之风的鲜明呈现。

蒋励常受家族重文重教的家教家风影响，一生视读书为修身的根本，努力获取功名后不为图温饱，更不为敛财，而是竭尽全力为朝廷添好官，

161

为地方谋好事。这不仅是蒋氏家族的治世理想，也是清代诸多士人的治世理想。

（二）以孔孟的道德规范匡正士风民风

从蒋励常的行文中，随处可见深受儒家影响的痕迹，他以孔孟的仁义、孝慈、中庸、民本之道影响乡人的行为规范。且蒋氏家人，均识礼明理，以身作则，表率乡里。

《清史列传》第七十五卷《循吏传》中，记录蒋励常晚年"建安阳侯琬之大宗祠，修谱牒，以禁诉讼、别婚姻，而祭祀期会无寒暑必亲往。年八十余，每日犹徒步省墓。当往来道，有博戏者闻杖声铿然皆避去"。短短数语，足见晚年的蒋励常仍对同乡邻里之风气有匡正之功，赌博、游戏等不务正业之人只要听到蒋励常挂的拐杖声就闻声躲避。尽管要求严格，但乡人对其敬畏有加。

> 既卒，门弟子百余人以齿引奠于庭，其居首者年亦七八十矣，皤然老儒跪拜哭，不胜其哀。见者叹为盛事。

门下弟子百余人按年龄排列于庭前祭奠，其中年纪最大的七八十岁。蒋励常去世时已八十七岁，有比逝者年龄略小的白发苍苍的老者跪拜而哭，悲恸至极，哀悼为师者。足见蒋励常生前为乡人、为弟子所付出的心血是被族人乡邻肯定的。

蒋励常如此德高望重，亲友在其晚年想为他祝寿，他极力推却，并写下《辞亲友祝寿书》陈述其中的理由：

> 世俗所谓祝寿，有最伤天理者二，有最可鄙笑者一，今请得而具陈之。一以子生之辰，即其母免身受难之日。……一以物力甚艰，戚友所具贺仪，设措匪易，甚至有典鬻衣物以足其数者。……一以天之生人，备此昂然七尺之躯，非独为己，利物济

人皆分内事也。

　　一般为老人祝寿是乡里的传统习俗，表达对尊长的尊重与感谢。蒋励常却坚决不受，认为自己接受亲友的祝寿是伤天害理的行为，一是因为自己的生日应该是母亲受难之日，应该感激母亲，而不是给自己祝寿。这源于传统文化中认为孩子的生日实则是父忧母难日，过生日是为了提醒孩子更好地反哺父母的生养之恩。二是亲友们为己祝寿会造成不必要的生活困境，为备寿礼，导致本就物力甚艰的亲友陷入更加窘迫的境地。最主要的是每个人来到这个世界上，不仅是为了一己私利，还要为了对他人有利、对社会有利。这就是孔子提倡的推己及人思想，也是孟子兼济天下、墨家爱人如己的兼爱思想体现。可见，蒋励常直到晚年都一直为营造邻里的文明之风身体力行，处处起表率作用，使得乡风大为改观。

　　除了破除陈规陋习，表率乡里，蒋励常还在八十岁的时候著有《淫戒八则》，为了预先告诫子侄"不肖之心，不致为终身之玷"。具体八则诫言内容为：亏体辱亲、伤亲心、玷辱祖宗贻羞妻子、淫为首恶、报在妻女、累及功名、推己度人、仆妇使女俱不可犯。这八则诫言结合《周易》《尚书》《孟子》等典籍的具体事例，告诫子侄晚辈：身体发肤受之父母，不可自损或做出伤害身体之事，更不能做让父母双亲伤心之事，即不能做违背道德之事，体现了儒家的至孝思想；不可做玷辱祖宗贻羞妻子之事，按君子的标准严于律己，不使祖宗之名被玷污，不使妻子儿女蒙羞；淫荡之事是比杀人越货更大的罪恶，居万恶之首，且别人会在自己的妻子女儿身上进行报复，玷污门楣，绝不可犯；早日开始为学之路，积学有年，方可文成名立；推己度人即孔子所言的"己所不欲，勿施于人"，孔子推崇的"仁"的两个要点，一是对待职事要"敬"，不能玩忽职守；二是对待他人要"恕"，也就是"己所不欲，勿施于人"；仆妇使女俱为父母所生，是因家贫所致，不要因为身份卑微而不尊重他们，应视同手足般关爱有加。这八则诫言的核心均为孔子、孟子所提倡的仁义、孝悌的核心思想。

除了预先的告诫之外，蒋励常还亲自解除乡邻族人的纠纷，曾写《族人讼久不解，作诗示之》：

同祖与同宗，咸相鱼肉使。……操戈勿复尔。凡属吾同枝，如掌分五指。纵使弱可凌，空遗身后耻。若将忠厚存，终贫亦有几。

蒋励常劝诫族人都是同枝手足，同室操戈的结果只能徒留骂名，无论是争名还是争财，最后留下的都只是坟前一抔土而已。诗虽短小，却蕴含了深刻的道理：同室操戈，只会两败俱伤。只有和睦相处，才能共生共荣。

从口头劝勉乡邻戒赌，到书写诫语告诫子侄，从辞谢亲友祝寿，到作诗劝解族人相讼，蒋励常都将自己终身所学喻于其中，使得亲友、族人、乡邻重教崇文、敬老尊老、互敬互让、远离赌戏，民风淳朴，人文蔚然。

（三）将诸子思想融入育人始终

教书育人可谓贯穿了蒋励常的一生，除了任融县教谕和清湘书院山长前后共十六年为融县和全州培育人才之外，也从未间断对乡邻与自己的子孙晚辈读书的督促与指导。

他五十岁时被选拔为融县教谕。以他的德行与才学，周围的人都觉得委屈他了，但他却认为这是育人的良机，欣然就任，负责融县的教育生员，秉承一贯的"德行为先，文艺次之"的原则，亲自为生员授课，且严格管理，将孔子孝亲、尚义、自省的修身之道，孟子"父子有亲，君臣有义，夫妇有别，长幼有序，朋友有信"的五伦与民本思想融入对生员的教育之中，治学六年间为融县造就了一大批人才，得到地方百姓的认可与上司的赏识。

蒋励常在五十岁知天命之年首次出任融县教谕一职，在别人看来，已经难以理解了，又在六十四岁的时候接受州牧的聘请，任清湘书院山长。

清湘书院建于宋代嘉定八年（1215），南宋皇帝宋理宗赐额"清湘书院"，
当时其名声之大、学员之众与被称为中国四大书院的江西白鹿洞书院、河
南应天府书院、河南嵩阳书院、湖南岳麓书院不相上下。明代著名文学家
徐霞客、顾璘和四部尚书张瀚等名人都游览过清湘书院，并作诗咏之。蒋
励常出任山长后，在州牧的支持下对清湘书院进行了重新修建，并代州牧
作《重修清湘书院启》记之。蒋励常认为兴教办学，首要任务是教生员如
何做人，也就是孔子所提倡的修身，其次才是教生员作文。强调思想上的
端正是治学的前提，所以在育人过程中始终以孔孟之道为思想育人的源
头。他重视引导生员学习和掌握利于修身养性的孔孟之道和利国利民的经
世之学，而不应只为应付科举考试而读书为学。在这样的书院管理思想指
导下，蒋励常言传身教，以自己的实际言行影响生员的为人与为学。可以
说，他任清湘书院山长的十年，是清湘书院声名远播的十年，因其充分发
挥了书院造士储才的作用，为桑梓培育了大批英才。

　　蒋励常不只在为官任上以诸子思想培育人才，在辞去融县教谕一职
后，回到家乡也曾设帐收徒，为乡邻子弟传授知识。辞去清湘书院山长一
职后，直到谢世前，这十四年间，他均没有中断对晚辈的教育，如其在次
子蒋启敳赴江西知县任前特作《官箴十二则》寄示：

　　　　知县为亲民之官，造福易，造孽亦易。事事检点，时时觉
　　察，则地方受福；稍一疏忽，内外即因缘为奸。吏役之贪婪，亲
　　友之弊贿，豪右地棍之鱼肉良善，种种罪恶，皆坐于本官一人。
　　不得以操守廉洁，居心宽厚，自为解免。盖不能造福处便是造
　　孽，此际无中立之理也。

　　父亲对儿子的教诲，体现的是父慈子孝，是孔子所倡导的居心宽厚、
操守廉洁和老子"善利万物"思想的博大胸怀。"不能造福处便是造孽"
看似偏颇，实则是老子"相互对待""对立转化"的"相对"思想潜移默

化的融入。简洁的语言中凝聚的是为人之道、为官之道、治世之道。

蒋励常曾将自己为父母守墓的庐舍命名为"岳麓精舍",作为教育三个儿子的场所,主要讲授《春秋》与诸子学,尤其是讲授诸子学,必期以有体有用。三个儿子成年后学识扎实广博、为人有君子之风、为官清正廉明,都与蒋励常的教育密不可分。

蒋励常一生治诸子之学,且治学有道,育人有方,以自己的勤奋与务实探究诸子的思想内涵,并以言传身教的方式教育与影响学生与子孙晚辈,提升自我修养的同时,实现了齐家乃至治国的理想。

四、蒋励常诸子学研究的影响

蒋励常的诸子学研究不是个人孤立的研究成就,它折射了一个家族、一个地域、一个时代的诸子学盛况。这在粤西乃至全国的历代诸子学史上都是少有的,其影响之深广不容小觑。

(一) 在家族文学研究中,起到了承上启下的作用

蒋励常家族是三国时蜀国将军蒋琬之后,据其族谱记载,宗族历代举人、进士达 70 多位,包括:蒋励常祖上的蒋荷坤(1666 年中举)、蒋尚辑(1683 年中举)、蒋尚翊(蒋励常曾祖,1683 年中举)、蒋儒秀(1690 年中举)、蒋振先(1699 年中举)、蒋洽秀(1711 年中举)、蒋颐秀(1714 年中举)、蒋济秀(1729 年中举)、蒋涵秀(1729 年中举)、蒋振凯(1729 年中举)、蒋颐秀(蒋励常祖父,1732 年中举)、蒋振婺(1736 年中举)、蒋振祓(1747 年中举)、蒋振闾(蒋励常父亲,1752 年中举)、蒋振阅(1759 年中举)、蒋振业(1760 年中举)、蒋振本(1768 年中举);蒋励常同辈的蒋励宣(1777 年中举)、蒋励容(1780 年中举),蒋励常本人(1786 年中举),蒋励常儿孙辈的蒋启徵(1818 年中进士)、蒋启敫(1822 年中进士)、蒋琦龄(1830 年中进士)、蒋启淳(1834 年中举)。在这一家学渊源深厚的书香家族链条中,蒋励常起了承上启下的作用。

在蒋励常的幼年时期,父母对其治学、为人都颇为严格。在父母长辈

的言传身教下，童年时期的蒋励常就表现出与一般孩童不同的性格与胆识。据清代著名散文家梅曾亮撰的《蒋岳麓先生家传》记载：

> 五岁时即异常童。祖病思蔗，怅怅然行五里外得蔗园，园人惊，负归而畀以蔗。

一个五岁的孩子能在长辈生病之时，以独自行走五里之外寻找甘蔗的感人方式满足亲人的愿望，甘蔗园主被孩子的孝心所感动，亲自背负甘蔗送给五里外的老人。看似一件平常小事，却体现了蒋励常自幼有良好的家教熏陶，在幼小的时候便知道如何尽孝。"孝"是儒家伦理道德的核心内容之一，是一切道德的根本。所以"孝"便成为诸多家庭中教育孩子的首要任务。尽管文中没有提及蒋励常的父母如何教育幼年的蒋励常尽孝道，但蒋励常五岁的行为从侧面反映出其父母一定是对父母尊长极为孝顺的，所以才给了幼小的蒋励常以深刻的影响，即所谓的身教胜言传。

在《先妣谢太孺人坟前石表辞》中，蒋励常这样评价母亲：

> 先大父亦罢官归，吾母奉养，供肴馔必躬为调和。既彻视所余无几，则欣然喜。或余多，则悄然忧。忧其调和失宜，莫可适口，且惧以他疾减食也，甚或泣下。辛巳，吾父官陕西之安定县。甲申，晓泉府君弃世，吾父未及旋里，丧中费，太孺人独引为己任。诸叔时已析居，或以为言。吾母曰："礼，人子不有私财，谓子之身即亲之身，子之财皆亲之财也。余虽妇人不读书，亦尝闻此，敢视此区区者为己有耶？"

蒋励常的母亲谢氏没有读过书，却深知儒家之礼，对病中的公公婆婆尽心服侍，照顾有加，毫无怨言。公公去世后，在丈夫不在家的情况下，不与小叔们争议、推脱，独自承担丧葬费，且认为理应如此。虽然没有一句说教，但是母亲的懿德却给了蒋励常最好的身教，并影响其一生。

蒋励常的父母给蒋励常及兄弟姐妹们树立了良好的家教典范。蒋励常也将双亲尊长的这种良好家风传递给晚辈儿孙。在两次写给次子蒋启敫的告诫书中叮嘱儿子"汝既入仕途，便有自可树立，亦不负读书一生""唯居易以俟命，一切穷通得失，举不足计也"。平实的话语中饱含对步入仕途儿子的期待与鼓励：既已走上官场，一切行为多斟酌，不辜负读书所学，能在为官途中将所学知识灵活适时地加以运用，不计较个人穷达与得失，以不变应万变。短短数语，却蕴含了先为人、后为官的育子思想，也是蒋励常一生所倡导的"德行为先"。

蒋励常在写给长孙蒋奇淳的《长孙奇淳字申甫说》中说：

> 口，其中空处吾心也；其四旁，事物之自上下左右以接于吾心者也。丨者，吾心所操以绳物者也，一者，吾心所凭以衡物者也。吾心一失其正，不偏左则偏右，一失其平，不过高则过卑。如是而第，欲事物之接于吾者，适中乎绳而不失其正，符乎衡而不失其平，其可得乎？中庸谓中为天下之大本，和为天下之达道。虽事物未交，必戒惧焉，慎独焉，预绝其偏倚而消其乖戾者，盖谓此也。右书以勖长孙奇淳。

为勉励长孙，通过"口""丨"二字，鼓励孙子恪守中道，坚持原则，不偏不倚，本着慎独自修、忠恕宽容、至诚尽性的中庸原则行事。中庸之道是儒家修己治人的内圣外王之道，是儒者所追求的完美修身之道，所以蒋励常以中庸之道勉励孙子。

在书香世家的家风传承过程中，蒋励常承祖上之风，传给族内后人，起到了承前启后的衔接作用。其所传承的家学家风是建立在以孔子、孟子为中心的诸子思想精髓基础之上的，是对诸子经世作用最得体的诠释。

（二）　与同时代的学人共同积淀粤西的文化底蕴

蒋励常的诸子学并非是一个人的孤立研究。他与清代的诸多粤西学者一起，从不同角度，以不同方式诠释诸子之学。包括谢良琦、石涛、谢赐履、谢济世、俞廷举、蒋励常、蒋启敫、蒋琦龄、赵炳麟、蒋良骐、蒋励宣、蒋启焱、蒋元杰、苏时学、郑献甫、苏宗经、唐景崧、况周颐、陈宏谋、龙启瑞、吕璜、朱琦、彭昱尧、王拯在内的诸多粤西学者，都在诗歌、词、散文、杂文、史志、文集等方面取得了可喜的成就。

其中全州籍的谢良琦以诗文著称，有《醉白堂诗文集》行世；绘画家、艺术理论家石涛，著有《画语录》；廉政爱民、政绩卓著的谢赐履，著有《悦山堂诗集》；铁骨铮铮、疾恶如仇、为民请命、不畏权贵的谢济世，著有《梅庄杂著》《大学注》《经义评》《西北域记》等；著名诗人、历史学家、医学家俞廷举，辑《蒋文定公湘皋集》，著《一园文集》《金台医话》《静远楼诗集》《四川通志》等；以清廉著称的蒋启敫，著有《问梅轩诗草偶存》；为官与为学均颇有建树的蒋琦龄，曾担任石鼓书院主讲，擅长论文讲艺，著有《东窗诗集》《空青水碧斋诗文集》；被誉为两粤文人之冠，历任翰林院编修、国史馆编纂的著名史学家蒋良骐，编有《东华录》；曾任江苏宜兴知县、湖州府知府的蒋励宣，著有《巢云楼存诗》；蒋励常三子蒋启焱，著有《少麓遗稿》；蒋元杰著有《蘅雪堂剩草》；被称为"藤州才子"的苏时学，著有《宝墨楼诗四册》《宝墨楼楹联》《墨子刊误》《游瑶日记》《羊城游记》《爻山笔话》《镡津考古录》；被誉为两粤宗师，曾在榕湖书院、秀峰书院等十余家书院担任主讲的郑献甫，著有《鸿爪集》《鸿爪集续集》《幽女集》《补学轩诗集》《鸦吟集》《鹤唳集》《鸡尾集》《鸥闲集》；历任平乐县教谕、梧州府教授、国子监监丞的苏宗经，著有《读史管见》《坊表录》《名臣百咏》《慎动斋文集》《明史约编》《鉴史精华》《酾江诗草》《广西通志辑要》等；署理台湾巡抚的唐景崧，著有《请缨日记》《诗畸》《迷拾》《寄困吟馆诗存》《看棋亭杂剧》等；词学成就斐然的晚清词人况周颐，著有《蕙风词》《蕙风词话》；东阁大学士兼工部尚书陈宏谋，著有《五种遗规》；音韵学家、文字学家、文学家、目录学家龙启瑞，著有《经德堂诗文集》《小学高注补正》《经籍举要》；以古文著称的吕璜，著有《月沧文集》《初月楼古文绪论》等；政绩卓著、工诗文、善词曲的朱琦，著有杂剧《平锞记》及传奇四种；广西桐城派成就最突出的彭昱尧，著有《致翼堂文集》《怡云楼诗集》《彭子穆先生词集》《子穆诗抄》等；以古文著称，兼善诗词、书画的王拯，著有《龙壁山诗文集》《茂陵秋雨词》《归方评点史记合笔》等。其中龙启瑞、吕璜、彭昱尧、朱琦、王拯为清代广西桐城派古文学家代表"岭西五大家"。

蒋励常的诸子学成就与上述文人学者在诗学、词学、学曲、古文学、文字学、音韵学、目录学、教育学、谱牒学、史学、方志学等方面的成就一起助推了清代粤西的文学与文化发展，使粤西出现了前所未有的文化兴盛时期，奠定了民国时期广西诸子学的繁盛局面，更为今天广西的文化与教育发展打下了坚实的基础。

五、蒋励常的诸子学与培育地方英才

蒋励常因受祖父与父亲的影响，自幼便开始习先贤之文，但并未考取功名。嘉庆元年（1796），四十六岁时开始在乡里设立学舍，授徒讲学，直到嘉庆六年（1801）任融县教谕。嘉庆十年（1805），中丞汪氏欲提拔其为西隆州教谕，被布政使书吏索贿，引疾归乡，并于嘉庆十二年（1807）辞去融县教谕之职，回归乡里。嘉庆十七年（1812），全州知县聘其为清湘书院山长，此后的十年间均在清湘书院任职。

纵观蒋励常的一生，87 年间有 23 年在育人岗位上，人生超过四分之一的时间都在为地方培育人才，无论是在家乡设立学舍，在清湘书院任山长，还是在融县教谕任上负责融县的教育事务，均在育人的第一线。

蒋励常任职最久的清湘书院历史悠久，由林岊郡守于宋嘉定八年（1215）建于全州，宋理宗于南宋宝庆三年（1227）赐院额"清湘书院"，盛极一时，在全省乃至全国均有影响力。孔子后人孔思坦曾被聘为山长。

雍正十一年（1733），清政府开始对书院采取扶植政策，认为书院"于世习风有裨益而无实弊"，使得包括清湘书院在内的各地书院得到了空前的发展。此时，蒋励常在清湘书院任十年的主讲，对其诸子学思想的深入阐发与传播起到了积极的推动作用。他对孔子、孟子、老子、韩非子、孙子等诸子均有深入的了解，故在为生员授课时能将其个人的解读融入具体的课程中，讲学本着"德行为先，文艺次之"的宗旨，注重培育学员的德行修养。所育弟子数百人，多获高第。

在任融县教谕时，尽管融县土地贫瘠，社会风气浮薄，蒋励常仍用心履职。初到任，即集诸生于明伦堂训饬之，严立课程，皆感悟受业，学舍为满。对于极贫学员解囊相助，弟子曹梦兰、何善纶辈，相继举于乡。离职时，诸生数百人泣送郊外，可见当地百姓对蒋氏在当地育人方面所做贡献的高度认可。在蒋励常任职期间，融县出现百姓崇文重教之风，学子苦读勤学，时有蟾宫折桂之士。当地人均认为融县文风之盛，是从蒋励常上任后开始的。

蒋励常在 23 年的任教生涯中，以诸子思想影响生员的同时，更以实际行动诠释孔子的仁政、德政，孟子的爱民、育人思想，在发展粤西教育、为地方培育人才方面竭尽全力。

蒋励常的黄金创作时期是清代中期的乾隆、嘉庆年间。乾嘉时期是清代诸子学的繁盛时期，涌现出戴震、焦循、钱大昕等诸子学大家。偏居西南的粤西也受全国诸子学氛围的影响，涌现出诸如蒋励常、苏时学、俞廷举等诸子学成就斐然的学者。这些学者视诸子书为"入道见志之书"，进行了深入的探究，以提高自身的修养，并以此作为出仕为官、为国为民的思想积淀。

在这样的背景下，尤其是受家族崇文重教的环境熏陶，蒋励常一生以诸子学的研究与实践为人生追求，无论是在治学、为官，还是在育人、匡正民风等方面，都以诸子思想，尤其是孟子的民本、重社会伦理道德、重视个人的主观道德修养等核心思想为准则，对良好家风民风的形成起了关键作用，也为社会培育了大量英才，并在育人的过程中融入诸子学思想精髓，使诸子学的思想得以广为发扬传播。

第五节　匡正时政弊病的龙启瑞

龙启瑞在五大家中是影响最大的，在桐城派为文思想的指导下，其诸子学也呈现出独有的风貌与特色，尤其是其对孟子的研究在考据之风盛行的大背景下给人以耳目一新之感。

一、龙启瑞及其诸子学内容

龙启瑞（1814—1858），字翰臣，一字辑五，广西临桂（今桂林）人。文学家、音韵学家、文字学家、目录学家，广西桐城派五大古文家之一。自幼有良好的治学基础，祖父龙济涛，乾隆五十九年（1794）恩科举人，曾任广西浔州府武宣县儒学训导、柳江府儒学教授等职。父亲龙光甸，字见田，嘉庆二十四年（1819）举人，历任湖南溆浦知县、湘阴知县、黔阳知县、福建霞浦同知、浙江台州同知等职。祖父和父亲对龙启瑞影响很大，尤其是祖父在乾隆时期便"始以文学起家"，深厚的家学渊源使得龙启瑞具有广博的学术背景，对古文、音韵、诗词均有所涉猎。五六岁即能背诵诸多儒学经典，十一岁考中秀才，道光十四年（1834）乡试中举，道光二十一年（1841）进士，历任翰林院修撰、顺天府乡试同考官、广东甲辰科乡试副考官、湖北学政、通政司副使、提督江西学政、江西布政使等职。早年随吕璜、梅曾亮（姚鼐的四大弟子之一）习得古文义法，是桐城派后期的核心人物之一，与朱琦、吕璜、彭昱尧、王拯并称"粤西古文五大家"。梅曾亮评价五大家："天下之文章，其萃于岭西乎？"四十八岁时卒于任上。主要著述有《经德堂文集》十二卷、《诸子精言》、《庄子字诂》等。其生平事迹被收入《清史列传》二百六十七卷《儒林传三》、

《清史稿》、《清代七百名人传》中。

龙启瑞的诸子学著述颇丰，集中在《诸子精言》《庄子字诂》《经德堂文集》及《经德堂别集》中，《诸子精言》《庄子字诂》已佚，故其诸子学成就只能通过《经德堂文集》《经德堂别集》窥见。《经德堂文集》共六卷，包括 30 篇论、41 篇序跋、42 篇书、6 篇传状、8 篇碑志、3 篇祭文、17 篇杂文。《经德堂别集》共二卷，包括 40 篇书檄。

本节依据的是以光绪四年（1878）龙继栋京师刊本为底本的《龙启瑞集》影印本（广西师范大学出版社，2012 年版）。

龙启瑞的诸子学与同时代的学者相比，没有局限于文本解读与考据，而是结合诸子所处的时代进行客观分析，挖掘诸子思想产生的时代原因，尤其是《论孟子》篇对孟子的研究最为典型。

二、龙启瑞孟子研究的特点

因龙启瑞的《诸子精言》《庄子字诂》等诸子学著述已佚，所以研究其诸子学成就只能从其《论孟子》中寻找其诸子学研究的特色。

（一）孔孟对比，凸显时代差别

孔子生活在礼崩乐坏的春秋末期，孟子生活在距孔子百年之后的战国时期，孔子周游列国时的社会背景与孟子游说各国诸侯王宣传政治主张时的生活时代已迥然不同。故龙启瑞在论述孟子时，不直接阐述，而是将孔子与孟子进行对比：

> 孟子之言，孔子所不忍言也。孟子所能为，孔子之所不为也。斯不亦圣与贤之不同而不可通其志乎。曰"时也"。

孟子以"好辩""雄辩"著称，尤其是与齐宣王、梁惠王的对话颇具代表性。在龙启瑞看来，孔子和孟子虽然都有周游各国的经历，都宣传仁政、爱民的政治主张。但二者在实际行动、表达方式上却有差别。孟子以直白的表达方式直接面对各国诸侯王阐述自己的政治主张。这种方式是孔子不会采用、不忍心采用的。孟子不惧君王威严，以凛然之气在朝廷之上与君王谈民生、谈王道。这种方式也是孔子不会采用的。孔子与孟子言行上的差异并非圣人与贤人之间的差异，并非孔子与孟子志向不相通，而是二者所处时代不同使然。

龙启瑞的这一对比分析是符合实际的，孔子所生活的春秋末期，正是奴隶制瓦解、封建制开始形成的大变革时期。孔子的思想倾向是代表新兴地主阶级中开明贵族的愿望，本质上是和平变革的政治构想。但当政者为自身利益着想，加之囿于思想视野的局限，不可能接受孔子的政治主张，所以在孔子长达十四年之久的周游列国过程中，没有执政者认可并采纳他的思想主张。而孟子生活的战国时代，封建制已基本确立，孟子的思想倾向是代表地主阶级改良派的利益，希望用改良的方法建立封建制国家。这种改良是在不触动封建制度本质的前提下进行的，所以孟子提出的"制民之产""保民而王"政治主张实际上是为新兴地主阶级勾画出的一幅治国安民的美好蓝图。同时，这幅蓝图也是试图消除世乱、希望君臣平等、提高百姓社会地位的庶民安居乐业的理想蓝图，反映了人民的愿望与要求。所以孟子的思想主张既能得到君王的响应，也能获得百姓的支持与认可。

正因为孔子和孟子所生活的时代不同，所以尽管二者都主张仁政、爱民，但表达方式不同。所表现出的行为不同。这并非二位圣人的志趣有别，而是时代使然。在龙启瑞看来，研究诸子必须将其思想主张与其所处的时代紧密联系，而不是孤立地进行研究，只有将其置于具体的时代背景下，方能全面透彻地了解其思想内涵。

（二）有意误读，实则肯定

龙启瑞对孟子的研究，建立在与孔子对比的基础上，但对孔子某些思想的解读看似失之偏颇，如在《论孟子》开篇，龙启瑞便说：

昔孔子周游天下，而曰："如有用我，吾其为东周。"窃以为孔子不得大用于时，苟得大用，当必率诸侯以尊周室，不为桓文之假仁义而已。

龙启瑞引用《论语·阳货》篇中"如有用我，吾其为东周"之语，认为孔子没有得到统治者的重用，一旦得到重用，一定会带领各诸侯尊崇周王室，恢复周王朝的制度。他对孔子该段语句的解读与孔子原意有出入。《阳货》篇中的完整原句：

公山弗扰以费畔，召，子欲往。子路不说，曰："末之也已，何必公山氏之之也？"子曰："夫召我者，而岂徒哉？如有用我者，吾其为东周乎！"

公山弗扰据费邑反叛季氏，来召请孔子，孔子打算前往。子路不高兴，说："没有地方去也就算了，为什么一定要去公山弗扰那里呢？"孔子说："那召请我的人，难道是平白无故召请我吗？是想用我啊！如果有人想用我，我打算建立一个新东周。"而龙启瑞认为孔子是想率领众诸侯，复兴周文王、周武王之道。这与孔子一贯的政治主张不符。

从孔子的系列言行来看，孔子并非是想简单地恢复周室的复辟派，这从《卫灵公》篇中所载内容可以明确感受到。据《论语·卫灵公》记载：

颜渊问为邦，子曰："行夏之时，乘殷之辂，服周之冕，乐则《韶》《舞》。放郑声，远佞人。郑声淫，佞人殆。"

颜回问怎么治理国家。孔子说："使用夏代的历法，乘坐殷代的车子，头戴周代的礼帽，音乐就用《韶》乐和《武》乐。舍弃郑国的音乐，疏远花言巧语的小人。郑国的音乐轻靡淫荡，而花言巧语的小人十分危险。"孔子的这番答语看似答非所问，但仔细推敲后不难发现：孔子是在用历法、车子、礼帽作比喻，委婉地告诉颜回治理国家的道理，即择优而取，而非一味地认为某个朝代某个政权是最好的。即使是周朝，他也认为周朝的历法不如夏朝。

孔子并非想简单恢复周王朝，在《为政》篇中也能找到线索：

> 子曰："殷因于夏礼，所损益，可知也。周因于殷礼，所损益，可知也。其或继周者，虽百世，可知也。"

孔子说："殷商承袭夏代的礼仪制度，所废除的和所增加的地方是可以知道的。周朝承袭商朝的礼仪制度，所废除的和所增加的地方也是可以知道的。如果有一个继周朝之后出现的王朝，即使在百代以后，它在礼制上所废除的和所增加的也是可以预先知道的。"这是孔子回答子张问政的答语。从寥寥数语中不难看出，孔子对朝代的更迭是持不断更新的客观态度的：商朝承袭夏礼，但对夏礼进行了修改完善；周朝承袭殷礼，同样也对殷礼进行了修改完善；将来继承周朝的人也同样会对周礼进行修改。即使再过一百年也仍然会遵循这个规律。

可见，孔子的"如有用我者，吾其为东周乎"并非简单地想恢复周朝，而是在对周朝进行改革的基础上建立的新王朝。结合龙启瑞的整体诸子学思想，不难看出，龙启瑞对孔子的这一政治主张是高度认同的，而在此处又以相悖的表述呈现其观点，实则是借此引起读者的注意，引发深层思考，从更高的高度与更深的广度理解孔子变革思想及其一贯的政治主张。

（三）意尽言止，词足理明

历代学者对孟子的研究多是洋洋洒洒的鸿篇巨制，龙启瑞能以不足六百字的篇幅将孟子的独特之处呈现出来，不难看出龙启瑞深厚的语言功底。著名学者、古文学家钱基博曾评价龙启瑞的文章："今诵其文，倏达疏畅，意尽则言止，词足而理明。"钱基博读龙启瑞的文章，有疏通畅达、豁然开朗之感，认为其文以言简意赅的语言表达深刻的道理。

> 孔孟之心，易地皆同也，心同而疑其言之异也。何哉？夫战
> 国诸侯秦为大，秦政严急于礼，不应王也。而诸侯皆畏其蚕食，
> 相与会盟约从，以谋其后议者。又曰："不当赂秦以地，而相约
> 并力西向。"于是则秦可以弱，而六国不至于亡。吁！天下之为
> 秦者多矣。弱一秦，安知不又益一秦也，将使吾子孙弱而事之，
> 抑将再为合从以拒后之为秦代者乎？由吾孟子之言，则天下俛首
> 听命矣，虽百世无秦可也。

孔子和孟子尽管所处时代不同，但二者的思想主张相同。为什么二者的表达内容有别？原因在于战国时代的秦国势力最大，制度严苛，不适合称王。而除了秦国之外的六国都畏惧秦国的强大势力，争相与秦国签订盟约，以谋求长远发展。有人说，六国不该讨好贿赂秦国，而应该联合起来向西攻打秦国。这样秦国的力量削弱，六国也不至于灭亡。天下像秦国这样的情况多了，削弱一个秦国，怎么知道不会又多个秦国，使我们的子孙后代侍奉它，或者六国中的某个国家在合纵成功后成为秦国的替代者？如果能有国家采纳孟子的言论，其他国家都会俯首听命，即使百代之后也不会出现暴虐的秦国抑或其他采取暴政的国家。

战国时代的社会状况与思想争鸣以及秦国与六国的关系，历来有众多文人学者进行阐述、分析，但像龙启瑞这样能用如此简短且有深意的语句透彻分析出来的还比较鲜见。表面上来看，是秦国军事上的绝对优势与制度的严苛导致六国被灭，使秦国一统天下的局面出现。实际上是各国只顾一味地扩张自己的势力范围，穷兵黩武，导致民不聊生，而忽视了百姓的利益。即便不是秦国统一六国，也会有其他与秦国采取同样暴政的国家来统一天下。无论是哪个小国统一天下，只要没有真正接受孟子的思想主张，以切实行动实行仁政，没有把百姓的利益放在首位，都终究摆脱不了

灭亡的命运。

看似复杂的道理，却被龙启瑞以寥寥数语清晰明了地勾勒出来，为增加说理的深度与透彻度，他还假托"议者"的发问将问题引向深入，充分体现了作者"意尽言止，词足理明"的孟子研究特色与深厚的语言功力。

三、龙启瑞孟子研究的意义

龙启瑞的孟子研究既通过对比孔孟以突出孟子思想要义，具有意尽言止、词足理明的特色，还有以古讽今、以救时弊，警示为政者重视圣贤，彰显孟子思想超越时代的价值等多方面的意义。

（一）以古讽今，以救时弊

龙启瑞生活在清代中后期，正值嘉庆、道光、咸丰年间，其文学创作多在道光时期。这一时期清王朝社会矛盾加剧，开始出现衰落之迹，有识之士开始关注国家未来的发展，希冀从自己的研究领域中找到拯救社会的良方。精通文学、音韵学、目录学的龙启瑞深受家学深厚的家庭环境影响，加之曾任翰林院修撰、湖北学政、江西布政使等职，既有深厚的学术积累，又有深入百姓生活的从政经历，所以在面对社会变革的动荡时代，借论述孟子之机，以古讽今，指出时代弊病。在《论孟子》的结尾，龙启瑞发出感叹：

> 得孟子之言而行之，其于国家之事，庶有济乎！

"真正能领悟孟子的思想主张，对于国家的政事，但愿有所补益呀！"在龙启瑞看来，自己所处的道光时期，社会的混乱情况与孟子所生活的战国时代并无本质差别，如果执政者能认识到孟子思想的正确性，并以切实的行动贯彻孟子思想，对于国家而言，是大有裨益的。

龙启瑞此番感慨并非凭空而论。在龙启瑞十岁的时候，其家乡广西便爆发了中国历史上最大规模的农民起义，即太平天国运动。这场长达十四年的农民起义对全国都产生了极大的影响。其任江西布政使时曾说"窃念粤西近日情事，如人满身疮毒，脓血所至，随即溃烂""草莽之间狡焉思逞者，即无事之区，亦将乘间窃发"。这里所言及的"粤西近日情事"指的便是太平天国运动，并形象地将清政府比喻成一个满身疮毒、即将溃烂的病人，认为其已经到了无可救药的程度。他认为之所以爆发如此大规模的农民运动，是因为百姓被执政者压迫得已经无法生存，其根源是清政府没有采取仁政爱民的政策，已经成为社会发展的障碍，只有彻底推翻这种腐朽的统治，百姓才有生存下去的希望，社会才有进步发展的可能。

龙启瑞以短小的篇幅，将孟子的思想与清代社会现实之间的关系阐述得清晰透彻，给身处乱世的国人以深刻的警醒。这是他丰富的人生阅历与关心民众疾苦的社会责任使然，也是清代士人的思想折射。

（二）呼吁为政者重视圣贤

亚圣孟子继承圣人孔子的思想，并在孔子思想的基础上结合时代所需有所发扬与提升。龙启瑞在论述孟子思想的同时，强调孔孟这样的圣贤对执政者治理国家所起的重要作用。执政者在未得到江山之前，或许对国家的现状存在诸多不满，期待有朝一日自己执政后施展远大抱负，将国家治理成一个国泰民安的太平盛世。事实上，一旦自己真的坐在王位之上，以往的雄心壮志将被置于脑后，或者其本身被表面上的各种利益所迷惑，出现治国方略不当的情形。这时候就亟需圣贤的出现：

> 由此观之，时者，圣贤之所务也。而为国者往往昧之自弛，夫可用之力而乐与，夫无穷之祸，此大乱未息于天下，而圣贤之所以见摈于时也，后有处危亡之势者。

一腔报国之志，而无施展之机，以致国家处在危难乃至亡国的边缘。像孔子这样的圣人，让龙启瑞意识到在时代需要圣贤辅佐之时，往往是执政者自我懈怠，且被一些不良之人或现象所蒙蔽之时。在面临社会动荡不

179

安，天下大乱且难以平息之时，圣贤有为社会做出贡献的主观意愿与足够的能力，但因为执政者没有充分意识到圣贤扭转乾坤的力量，所以圣贤往往被时代所抛弃。龙氏对圣贤治国能力的认可并非主观臆想，他曾举孟子与梁襄王、齐宣王的事例加以佐证：

> 故于梁襄王则对以不嗜杀人而一天下，于齐宣王则劝勿毁明堂而行治岐之政。

孟子与梁襄王之间的对话见于《孟子·梁惠王上》篇，原文是孟子与梁襄王的一段简短对话：

> 孟子见梁襄王。出，语人曰："望之不似人君，就之而不见所畏焉。卒然问曰：'天下恶乎定？'吾对曰：'定于一。''孰能一之？'对曰：'不嗜杀人者能一之。''孰能与之？'对曰：'天下莫不与也。王知夫苗乎？七八月之间旱，则苗槁矣。天油然作云，沛然下雨，则苗浡然兴之矣。其如是，孰能御之？今夫天下之人牧，未有不嗜杀人者也。如有不嗜杀人者，则天下之民皆引领而望之矣。诚如是也，民归之，由水之就下，沛然谁能御之？'"

孟子见梁襄王后出来和别人说："梁襄王远看不像国君，走近也看不出君王应有的威严。他突然问我：'天下要怎样才能安定？'我回答说：'要统一后才能安定。'他又问：'谁能统一天下呢？'我又答：'不喜欢杀人的国君就能统一天下。'他又问：'有谁愿意追随不喜欢杀人的国君呢？'我又答：'天下的人没有不愿意追随他的。大王您知道禾苗的情况吗？当七八月间天旱的时候，禾苗就干枯了。一旦突然下起大雨来，禾苗便会蓬勃生长起来。这样的情况，谁能够阻挡得住呢？如今各国的国君，没有一个不喜欢杀人的，如果有一个不喜欢杀人的国君，那么天下的老百姓都会伸长脖子期待着他来解救了。真像这样，老百姓都会归服他，就像雨水向下奔流一样，哗啦哗啦谁能阻挡得住呢？'"从文中不难看出，孟子认为梁襄王并不具备君王的韬略与威严，所以用最直白的比喻与其谈王道与仁政，即不嗜杀人便可统一天下。

与齐宣王关于治理国家的对话见于《孟子·梁惠王下》，对话针对是否拆毁明堂展开：

齐宣王问曰："人皆谓我毁明堂，毁诸？已乎？"

孟子对曰："夫明堂者，王者之堂也。王欲行王政，则勿毁之矣。"王曰："王政可得闻与？"

对曰："昔者文王之治岐也，耕者九一，仕者世禄，关市讥而不征，泽梁无禁，罪人不孥。老而无妻曰鳏。老而无夫曰寡。老而无子曰独。幼而无父曰孤。此四者，天下之穷民而无告者。文王发政施仁，必先斯四者。《诗》云：'哿矣富人，哀此茕独。'"

王曰："善哉言乎！"

曰："王如善之，则何为不行？"

王曰："寡人有疾，寡人好货。"

对曰："昔者公刘好货，诗云：'乃积乃仓，乃裹糇粮，于橐于囊。思戢用光。弓矢斯张，干戈戚扬，爰方启行。'故居者有积仓，行者有裹粮也，然后可以'爰方启行'。王如好货，与百姓同之，于王何有？"

王曰："寡人有疾，寡人好色。"

对曰："昔者大王好色，爱厥妃。《诗》云：'古公亶父，来朝走马，率西水浒，至于岐下，爰及姜女，聿来胥宇。'当是时也，内无怨女，外无旷夫。王如好色，与百姓同之，于王何有？"

这段对话表面上是齐宣王就明堂是否需要拆毁的问题与孟子进行探讨，实际上是在探讨治国之道。孟子以周文王治理岐山时向百姓征收低税，君王爱财有道、爱色有度等事例，说明以德治国的重要性。在龙启瑞看来，孟子这样的圣人，之所以成为圣人，是因其一心为民的民本思想、敢于与君王辩驳的无畏精神、善辩善喻的博学智慧。有这样的圣人进谏，对当时的当政者而言无疑是幸运的，但当政者囿于各种陈腐的观念，没有充分利用圣人的优势资源。

孟子见梁襄王、齐宣王的时候已经七十一岁。这是他怀着自己的政治理想，于40～64岁带领弟子经历25年周游宋、滕、魏、齐、梁等诸国之后与两位君王就治国理政所进行的交流。周游列国后，孟子思想较为成熟、经验较为丰富。但梁襄王与齐宣王都没有采纳孟子的政治主张，以致孟子离开齐国后仰天悲叹"天未欲平治天下"，也就是龙启瑞所说的"圣贤见摈于时"。

孟子倾尽心血向各诸侯国君阐明自己利国利民的政治主张终未被采用，这导致的结果是齐、魏等国被秦国所灭，孟子所担心的国家危亡之势成为不可逆转的现实。足见圣贤思想于国于民的重要性，也是龙启瑞呼吁重视圣贤力量的根本缘由。

（三）孟子思想超越时代

孟子的仁政、保民思想不仅适用于战火频仍的战国时代，对后世包括龙启瑞生活的清代也同样适用。

　　　　得孟子之言而行之，其于国家之事，庶有济乎！

"真正能领悟孟子的思想主张，对于国家的政事，但愿有所补益呀！"孟子的思想核心是主张"王道"而非"霸道"，主张"民贵君轻"而非"君权至上"。孟子所处的是各诸侯国争霸的战国时代，为新兴地主阶级崛起之时，各国均有取得统治地位的政治需求，从而导致社会矛盾加剧，出

现了"争地以战，杀人盈野；争城以战，杀人盈城"的惨烈战争场面与
"庖有肥肉，厩有肥马，民有饥色，野有饿莩"的平民之间的阶级对立与
鲜明对比。为此，各诸侯国为求生存，纷纷进行富国强兵的政治改革，孟
子认为这是"以力服人"，而非"以德服人"。与当时奔走于各诸侯国的策
士为自己利益而到处游说相比，孟子是真正站在国家与百姓的角度提出切
合实际的思想主张。

在孟子看来，"民心之向背"才是"政权转移"的最后标准，即"得
乎丘民而为天子"，得到民众的认可就能成为天子，拥有天下。这种思想
不只放在战国时代的大背景下有积极意义，对于其后的各个时代也同样重
要。龙启瑞生活的清代中后期，社会矛盾日益激化，最为典型的事件是太
平天国运动。彼时的国情是清政府为支付战争赔款而加重对人民的剥削与
搜刮、外国资本主义的入侵加剧人民的灾难、鸦片输入导致资金外流与劳
动力衰竭，社会矛盾激化达到前所未有的严重程度。龙启瑞认为所以出现
这样的状况，其根本原因是执政者忽视了民众的利益，执政者如果也能像
孟子一样，认识到民众的利益大于一切，积极采取有效措施为民众营造较
为安定的生存空间，国家必将长治久安。所以，他认为孟子是一位高瞻远
瞩的思想家，其仁政爱民思想跨越古今，超越时代。

历代学者对孟子的研究成果众多，角度多样。但龙启瑞却独辟蹊径，
从孟子及《孟子》文本的深入解读中领悟其深刻的思想精髓。他并没有用
常规的方式将孟子与君王之间的对话以长篇累牍的形式进行列举分析，而
是意尽言止、词足理明地以高度概括的语言将孟子的仁政、爱民思想进行
了独到的阐释。同时，结合清代中后期的社会现实反观孟子思想跨越时代
的进步意义，借此以古鉴今，呼吁执政者能重视圣贤，充分利用圣贤的思
想价值，给民众以生存空间，这样方可长治久安。无论是研究视角的独特
性，还是挖掘孟子思想的深刻程度，抑或与时代的结合之紧密，均为清代
《孟子》研究的上乘之作。

清代中期是清王朝学术研究成果丰硕的繁盛时期。尽管地处偏远的西

南边境，但由于宦游人士增加、商贸往来频繁等诸多因素，清代中期的粤西也与全国一样，在学术上呈现繁荣之势，诸子学作为其中的重要组成部分也呈现了与中原诸子学研究相同又有粤西独有的地域特色。主要体现在书院对诸子思想的传播所搭建的平台、敢为天下先的治学精神等方面。

敢为人先的严谨治学精神。在诸子学进入繁盛时期的清代中期，粤西士人也不甘落后，以勤奋苦读的治学精神在学习中原最新研究成果的基础上，创造性地开展新领域的研究。如郑献甫是广西第一位注疏《四书》的壮族学者和思想家。其《四书翼注论文》和《愚一录》中所收录的《孟子注》亦是粤西首部壮族学者的诸子学系统注书。《四书翼注论文》与《愚一录》各12卷，共计24卷中有5卷为研究《孟子》的内容。郑献甫的博闻强记鲜有人能及，且能将所学知识加以融会贯通。他对于当时流行甚广的《十三经》也不盲从，经过精细的考证后作了大量的批注，提出诸多新的见解，在严密考订的基础上完成了《十三经注校勘记》，亦为《孟子注》《孟子翼注》打下了坚实的基础，在当时学界产生了极大的影响。郑献甫不拘于成说、敢于质疑的严谨治学精神，成为引领粤西士人治学的风向标。

在郑献甫以审慎的态度为《四书》作注之时，与其相隔一百余千米外的藤州人苏时学也在作前人所未作的《墨子刊误》。苏时学平生不慕科举仕途，以读书、游历为追求真才实学的主要方式。一生仅有的官职是内阁中书，其目的不是名利，而是阅读内府浩繁的典籍。他在青年时代曾到上海、杭州、广州、香港等地游学，有机会了解当时诸子学的最新成果。凭借深厚的学识功底对因时代久远、传抄不慎等因素造成文意不贯通的《墨子》文本进行开创性地校对、刊误工作，故其《墨子刊误》成为第一部《墨子》刊误著作。《墨子刊误》在同治六年（1867）刊出时，著名学者陈澧为之作跋，并高度称赞道："苏爻山以所著《墨子刊误》见示，正讹字，改错简，涣然冰释，怡然理解。而《备城门》以下尤详。墨子以善守称，《备城门》诸篇乃其法也。此又兵书之最古者。墨子之书害道，而爻山乃能取其长，探其奥，真善读古书者。"如此高度的评价可见《墨子刊误》确有功于墨子研究，此书在全国产生了巨大的影响，极大地提升了粤西人的文化自信。

诸子思想通过书院广泛传播。伴随着改土归流政策的推行，清政府逐渐认可书院的教育、科研、祭祀功能，开始大力扶植包括粤西在内的全国各地书院建设。地方官员亦重视书院的发展，除了提供经费支持、捐助藏书、选聘德才兼备之士任山长，还亲自到书院为生员授课，传达政府的教育政策。这使得清代中期的粤西出现书院林立之势，且分布广泛，较为偏僻贫困的地区也建有书院，广招学子。

苏时学曾任藤州书院与经古书院主讲。藤州书院建于嘉庆九年（1804），为当时藤州知县陈廷藩倡导并出资兴建。本着培育英才的宗旨，陈廷藩拟定了规约以砥砺学子。规曰：气质之宜变化也、言动之宜谨饰也、诵读之宜勤奋也、问辨之宜详察也、文体之宜醇正也、诗学之宜讲求也、书法之宜端楷也，共七条。规约从为人、为学等多方面严格要求生员。在浓厚的治学氛围下，苏时学在此主讲数年，传道授业解惑。苏时学另一所主讲的书院为经古书院，又名榕湖书院，与秀峰书院、桂山书院、宣成书院并称为清代粤西省城四大书院，生员为来自全省各地的优秀学子，授课者均为文行兼优者，苏时学便是其中一员，他不辞劳苦传授其诸子学思想与诗文研究成果。

集文学家、历史学家、医学家、诗人、风水大师于一身的"粤西才子"俞廷举尽管没有在书院任教的经历，但早年入读秀峰书院期间所见所学，对其人格塑造与诸子学思想的深入领悟起到了关键性作用。

郑献甫毕生致力于讲学著书，先后主讲德胜书院（宜州）、庆江书院（宜州）、洛江书院（雒容）、象台书院（象州）、榕湖书院（桂林）、秀峰书院（桂林）、越华书院（广州）、凤山书院（顺德），足迹遍及岭南。本着"田园之事当传子，文学之事当传贤"的育人宗旨，因材施教，其尤其主张熟读《荀子》《文中子》《老子》《庄子》《韩非子》等子学之书。在数十年的书院主讲生涯中对育人与治学有深刻的感悟：教育感化为孔孟思想之中心，我纵然功名不就，而将知识、伦理、道德授人，是一大乐事。与孟子一样，将"得天下英才而教育之"作为人生乐趣。

蒋励常尽管没有郑献甫任书院主讲覆盖面广，但在家乡全州清湘书院任主讲十年，亦使其诸子思想得到了广泛的传播。龙启瑞虽在四十四岁时英年早逝，但其在同为"岭西五大家"的桐城派前辈吕璜的引荐下，曾在秀峰书院任教。

可见，与官学互为补充的书院成了粤西文化教育的主要阵地。此时的粤西士人或讲学或受学，均通过书院获得为人为学之道，诸子学思想也通过书院得以广播粤西。

第三章　清代晚期的粤西诸子学

　　清代中期粤西的繁盛局面，到咸丰元年（1851）因太平天国运动在桂平的全面爆发而结束。自此直到清代灭亡，粤西一直处于动荡之中，包括：咸丰七年（1857）英国兵舰入侵钦州港；咸丰九年（1859）英、法两国火轮载一千余名兵丁入侵梧州；咸丰十一年（1861）壮民吴凌云、吴亚终父子在新宁州（今扶绥县）举兵反清，战火持续了九年之久；同治元年（1862）英国轮船擅自沿西江驶入梧州港，并深入浔江至藤州沿途进行非法勘测；光绪八年（1882）法越战争的战火波及中越边境；光绪九年（1883）梧州一千余人捣毁美国教堂；光绪十一年（1885）法军进军镇南关，轰毁关门，大肆烧杀劫掠；同年对北海实施军事封锁，居民被迫疏散，致使北海贸易中断；光绪十二年（1886）粤西发生严重的旱灾，粮食歉收，饥民载道；光绪二十二年（1896）崇善州（今崇左）等二十一个州县受灾导致荒歉；光绪二十六年（1900）粤西各地会党纷纷起义；光绪二十八年（1902）遭遇罕见的水害奇灾，上半年粤西全境遭受旱灾，禽畜被渴死，百姓以野菜、树皮充饥，其中南宁府、太平府（今崇左）甚至出现全村被饿死的惨状；同年六月突然连降暴雨，遭遇水灾，柳州全城被淹没，洪水过后又暴发大规模的瘟疫，死亡人畜甚多。

　　帝国主义强国的不断入侵，境内各族起义不断，加之连年的自然灾害，接连不断的天灾人祸给清代晚期粤西的社会经济、农业生产与人民生活均造成了严重的破坏，民生凋敝，社会动荡不安、满目疮痍。危急之际，有识之士便欲借助思想文化上的革新图强解决危难的现状。

在此背景下，有志学人开始探索治学图存之路。在清代中期丰硕的子学研究成果之上，希冀从诸子思想中寻求救国救民于水火的尝试。故该时期粤西士人的子学研究多呈现重视义理阐发、以古讽今、经世救国的特点。

粤西诸子学经过中期的繁荣之后，随着社会政治、经济、文化遭受此起彼伏的各族农民起义与英、法等国入侵，在思想文化、文学领域均受到严重的冲击，埋头研究传统经学的考据之学开始受到质疑。而与之相比，与动乱的时代更为切合的诸子学思想受到重视，这使得诸子学由原来的作为经学、史学研究的辅助转变为该时期研究的主体，如：蒋琦龄秉承祖父蒋励常的诸子学研究方法，并有所创新；赵炳麟借助在朝廷为官的便利条件将诸子思想融入大量的奏疏之中，为国分忧，为民请命，将诸子学思想的济世作用发挥到了极致。

一、考据学的没落与子学经世

重视考据的乾嘉朴学经过百余年的发展，到清代晚期开始走向衰落，西方列强的入侵还是让国人清醒地意识到考据学并不能救国于危难之中。子学最初受到重视是出于研究经学、史学的需要，作为求证经书训诂、音韵、校勘的佐证，尚未尽诸子之用。其仅对诸子文本作较为详细的考证，而对诸子思想极少阐发。而诸子学要真正得到发展，前提是摆脱为证经史而存在的边缘与附庸地位，加之社会对经世致用思想的迫切需要，促使盛极一时的考据学在清代末年走向衰落。正如《清史稿》所言："士大夫多喜言文术政治，乾嘉考据之风稍稍衰矣。"这一评价是符合当时情势的。

士人注重子学义理阐发，是与子学本身的特点和当时的社会现实密切相关的。诸子学产生的先秦时期是群雄逐鹿、战争纷扰的动乱时代，学者们为寻求兴国安邦之道而提出了一系列主张。因其与时代结合紧密、内容庞杂、思想深远而在不同时代发挥了其应有的作用，且经过历代的研究，呈现出历久常新的生命力。

188

清代晚期，尤其是嘉庆之后，社会矛盾不断激化，文人学者面对满目疮痍、危机四起的社会现状，开始从深陷考据的泥沼中摆脱出来，更多地关注民生疾苦，努力从诸子思想中寻求救世的良方。故该时期的粤西诸子学者以大量的精力投入诸子义理的阐发与诸子思想的运用之中，以发挥诸子义旨作为纠治时弊、明道救世、改良社会的方式与路径，为跌入谷底的社会绘制重返盛世的政治蓝图。

二、中西结合背景下的诸子学

清代末年，西方的坚船利炮打开了中国的大门，使闭关锁国的中国在社会制度、经济生产、思想文化方面经受了前所未有的冲击。如：光绪八年（1882）法国籍传教士在贵县（今贵港）传教并阻止教徒援越抗法，被愤怒的教徒拆毁天主教堂；次年，梧州一千余名教徒捣毁美国教堂；是年，在上思传教的法国籍传教士与教徒冲突，教堂被拆毁，浔州府将 5 名法国籍传教士驱逐出境；基督教英国圣公会传入广西，英国籍传教士在北海修建教堂、开办教会医院等。诸多历史事件表明清代末年的粤西已有英、法等国的传教士入境传教。

外族的入侵极大地激发了粤西人寻求救国、驱逐外族的爱国热情。光绪三十一年（1905），粤西也响应旨在推翻清政府腐朽统治的同盟会的号召，时任广西边防大臣的郑孝胥在龙州建立龙州学社，提倡新学，大力选拔优秀人士出省、出国学习深造。留日学生马君武、谭鸾翰、邓家彦等出席孙中山在日本东京组织召开的中国同盟会筹备会。是年，加入同盟会的粤西籍学生达 31 人之多，自此粤西边疆之风为之大开。

受西方思想文化影响，此时的粤西诸子学与全国其他地方一样，呈现出中西结合的研究特色，即吸收西学的治学方法阐发诸子义理。如：蒋琦龄认为如果诸子学的研究忽视实践，放弃道义，于己于国都有百害而无一利；赵炳麟广泛涉猎孔子、孟子、老子、庄子、墨子、荀子、管子、尸子（尸佼）诸家，以御史监察百官、肃整朝仪的便利，将吸收西学基础上的诸子思想在实践中竭力发挥出来。

清代晚期的粤西受外族入侵、农民起义与自然灾害的多重影响，思想文化领域亦随之发生巨大变化。此时粤西籍士人在外省尤其是京城为官者众多，思想意识及文化文学层面的交流逐渐增多，考据学的衰落与子学经世思想的备受重视也深刻影响着粤西士人。该时期粤西虽然没有出现产生全国影响力的诸子学专书，但蒋琦龄与赵炳麟文章中所体现的诸子学思想同样体现了清代晚期全国诸子学的特点，亦反映了清末粤西的诸子学状况。

第一节　践行经世济民的蒋琦龄

蒋琦龄生活在清代中晚期的书香官宦世家，受祖父深厚的传统经学与子学思想影响，自幼便表现出异乎常人的才学与睿智，重视文以载道，对清代所形成的考据之风不以为然，为文水平出其祖父、父亲之右。《广西近代经籍志》如此评价其文章风格："古文先宗秦汉，复酷好唐文。洋洋数万言，惟期理胜气胜，而不欲以缝幽凿险为能。"他在十二年的为官生涯中，学以致用，始终以孟子的民本思想为主旨，深得百姓爱戴。

一、蒋琦龄简介

蒋琦龄（1816—1876），字"申甫"，一字"石受"，号"月石"，广西全州龙水镇龙水村人。本名蒋奇淳，四十六岁时，因同治皇帝载淳即位，为避讳，改名为"蒋琦龄"。十九岁时应童子试，州试、府试、院试皆获第一，后参加乡试，又中解元。其家学渊源深厚，连续十余代都有人中举、在朝为官。其高祖蒋颐秀、曾祖蒋振闿、祖父蒋励常、伯父蒋启徵、父亲蒋启敇、叔父蒋启免皆应试中举。其祖父蒋励常被称为"一邑儒宗"，有《岳麓文集》八卷、《十室遗语》、《养正编》三部著作行世；其父亲蒋启敦有《问梅轩诗草偶存》八卷、《教士汇编》二卷、《宦海一轰》四卷、《见闻偶笔》一卷、《李杜韩三家摘句》一卷、《会昌县志》行世。

在如此浓厚的传统文化氛围熏陶下，蒋琦龄自幼随祖父饱读诗书，精通经书、兵法及医卜之学，十岁即能文。蒋励常曾在晚年编写体现孔孟思想核心的《养正编》，教授包括蒋琦龄在内的子侄儿孙，蒋琦龄深厚的子学涵养均直接来自祖父的言传身教。他与有"岭南才子"之称的郑献甫、桐城派传承的中坚力量梅曾亮，以及岭南五大家吕璜、朱琦、龙启瑞、王拯、彭显尧交往甚密，相互之间有频繁的交游往来，在彼此的诗文唱和中互相影响与启发。二十四岁中进士，历任翰林院庶吉士，国史馆协修、纂修、总纂，文渊阁校理、陕西汉中府知府、西安府知府，四川盐茶道，顺天府府尹等职。于不惑之年回乡侍母，结束十六年为官生涯。四十七岁开始先后任衡州石鼓书院讲习一年、主持永州濂溪书院两年、主持桂林秀峰书院两年。晚年购置田地，设立义庄，周济族人，扶贫济困，为乡人所崇敬仰慕。一生著述颇丰，有《空青水碧斋文集》八卷、《空青水碧斋诗集》六卷、《碧斋试帖》二卷、《碧斋尺牍》二卷、《南行和苏》一卷、《碧斋楹联》二卷行世。因其晚年归隐，声名不显，著作散佚颇多。流传于世的只有《空青水碧斋文集》一部，其中可窥见蒋琦龄的诸子学心得。本节以光绪十二年（1886）刻本为底本，以《全州历史文化丛书》中的《空青水碧斋诗文集》（广西人民出版社，2001年版1`）为参照。

二、蒋琦龄诸子学内容

蒋琦龄的诸子学成果主要体现在其《空青水碧斋文集》的八卷文集中，其中包括奏折7篇、奏议8篇、论3篇、辨3篇、考议2篇、传5篇、序14篇、记8篇、书信22篇、答人书9篇、碑表6篇、墓志铭2篇、寿序2篇、祭文7篇、题跋17篇、杂著18篇，共计133篇。

无论是哪种文体，都体现了蒋琦龄深厚的经、子之学的扎实功底，尤其是对孔子、孟子思想进行深入的解读，并以此指导自己的治学、为官、

191

交友实践。这种经世致用的诸子学思想在今天看来都实属难能可贵。

（一）尊崇孔子的经世致用之学，并付诸实践

蒋琦龄自幼受祖父及父亲的影响，饱读经史子集之书，对经书、子书均有透彻的理解，尤其对孔子的积极入世有高度的认同感。这也是其家族共同的认知。在科举取士的时代，自幼刻苦攻读之人不在少数，其人生理想不外乎两种：其一是通过读书参加科举考试，中举后做官，享受荣华富贵；其二是出仕，目的是建功立业，将自己所学施展出来，以匡时济世，也就是实现孔子所提倡的"修身、齐家、治国、平天下"的人生理想。蒋琦龄受家族文化的影响，认同的是后者。其祖父蒋励常曾说：

> 圣贤诗书修己治人而外无他事也，吾侪束发读书，孜孜矻矻迄于既壮，幸而有成，又幸而遇主，知克行所学，泽遍于当时，声施于后世，诚为至快。即不然，一邑一官虽所及无几，诚能使一方之民敬若神明，爱如父母，亦足验所学之不虚。即又不得，则广其教于四方，衍其传于来世。

"一邑一官虽所及无几，诚能使一方之民敬若神明，爱如父母，亦足验所学之不虚。"在蒋励常看来，即使是做再小的地方官，只要为政一方，就要竭尽全力让一方百姓平安，视百姓如子，就足以验证所学知识真正起到了应有的作用。可见，蒋励常认为：读书的目的是修身，然后治世，通过读书入世后能够施展自己的抱负，为国为民效力是读书人最理想的境界；即使达不到这种最理想的境界，能在一个官位上有所作为，也体现了读书的价值；如果连这个也没达到，就教书育人，将自己所学的内容与思想发扬光大。蒋启敫受父亲的影响也有同样的抱负，"处则为醇士，出则建殊猷""会当酬圣明，无为志温饱"，有出仕机会就会努力去做，酬谢君王的扶持之恩；没有机会时就安心读书，努力修身。这与当时诸多求学之人"读书为出仕且可荣华富贵"的读书治学观念截然相反。这是蒋氏家族

世代传下来的传统，也是全州良好社会风气影响的必然结果。

在祖父与父亲言传身教的影响下，蒋琦龄自幼便有这样积极入仕的人生理想，除了源自读书所得，更来自祖父与父亲的言传身教影响。这方面体现最明显的是同治元年（1862）三月十五日其写给同治帝的奏议《进中兴十二策疏》，提出"端政本、除粉饰、任贤能、开言路、恤民隐、整吏治、筹军实、诘戎行、慎名器、恤旗仆、挽颓风、崇正学"等十二条策略，并在文末发出这样的肺腑之言：

> 右臣所上十二策，言雪耻而不及用兵，能自强始能服人也。言用人而不及理财，得人则事省，事省则用自节也。抉摘时弊，不避嫌怨，兼忘忌讳。譬之医者洞悉病证，始能投药也。牵就时势，不为高远难行之论，譬之病已亟，先治其标也。

这篇奏疏的写作背景：咸丰十年（1860），英法联军来犯，咸丰帝逃往热河（今河北承德），一年后病死，同治帝即位，下诏求策。在此背景下，蒋琦龄写了这篇近万字的《进中兴十二策疏》，力陈时弊，直接指出之所以出现这样被动挨打受欺辱的局势，是因为家国本身不够强大，应从根本上治理，而不应仅仅是着眼于眼前的为退敌而采取的治标之举。他还用了贴切的比喻，以医生为病人诊病为例，形象地指出：只有清楚地知道病患的症结所在，才能有针对性地用药，并直达病灶；对于清政府而言，其病患的症结是国力不够强大，只有自强才是根治病患的有效药。短短数十字，言简意赅地向同治帝表明国难当前应积极主动地采取有效的策略的观点。

咸丰五年（1855）蒋琦龄因父亲蒋启敭病逝于河道总督任上而报忧解官，在家侍母。已无官职在身，本无义务与责任再行进谏之事，但他受传统文化及家学家风影响，毅然不顾可能招致逆鳞而被杀之祸，以《孟子》的"畏慎者保其国"到"明其政刑，虽大国必畏之矣"，从《周易》的

"乾坤因时而惕,虽危无咎"到《尚书》的"惟德动天,至诚感神",引经据典,提出要想国家中兴,必须从根源做起。其所言切中当时清政府为政的弊端根源,体现了儒家"为政以德,譬如北辰居其所而众星共之""其身正,不令而行;其身不正,虽令不从"的治世主张。蒋琦龄的这一举动非所有士人能及,体现了"无负于国,有益于民"的人生追求。

再如蒋琦龄曾经在给朋友的书信中表达了对国家现状的忧虑和矢志不渝的救世主张,尤其是对程朱理学空谈性灵而导致人们思想僵化的误国误民之举深恶痛绝:

> 然历观前代,朝廷多事之日,小则伏阙叩墀,大则成仁成义。忠良叠迹,史不胜书。下至韦布市贩,咸怀忠义效死洁,不一而足。盖风气所趋,不可谓非提倡正学之功也。阁下视今何如耶?其空谈性命者安在也?夫孔颜不得位,不免空言,空言所补,正复不少。因噎废食,岂所望于留心世道者。阁下天资沉厚,学力坚定,必有所成。吾党所望,顾其立言之意,岂不日期以救世而教学者也。

这是蒋琦龄读了朋友赵子厚的文章后,在给赵子厚的回信中所谈及内容的一部分。蒋琦龄借给朋友回信之机,就其文章的内容谈及宋代程朱理学对年轻学者思想上所起到的钳制作用,希望像赵子厚这样有正直的品行与扎实的学术涵养之人,能以其文作为载道的工具,给社会上的年轻学者以正确的引导,使程朱理学空谈性灵之风不再愈演愈烈,使孔子、颜回这样的圣人、智者的学说重新回到社会主流思想中来,进而将经世致用思想发扬光大。

无论是蒋琦龄在国难当前写给同治帝的进谏书,还是面对学风世风每况愈下的现状写给赵子厚的书信中,都明显体现出其对国家前途命运的担忧。在外敌当前的紧迫关头,多数国人还在空谈性灵,完全没意识到如何振兴国运，将自己所学用于治国安邦、富国强民上，以实现儒家所提倡的修身、齐家、治国、平天下的人生终极价值。

（二）认同孔孟的仁孝观，并亲自践行与传播

仁义、孝悌是孔孟思想的主旨。蒋琦龄自幼饱读孔孟之书，深受其思想影响，尤其是孔孟的仁孝观对其影响至深。孔子认为"仁者爱人""克己复礼为仁"，一个人的爱心应从小培养，年少时在家对父母尽孝，做到"事父母几谏，见志不从，又敬不违，劳而不怨"，敬爱兄长，认为孝悌是实现仁的根本，并于成年后步入社会能做到关爱他人，博施于民而能济众。孔孟的仁孝观念看似是一个家庭的伦理关系，其实上升到国家层面，便是对君王的忠，对百姓的爱。这一思想在蒋琦龄的著作中比比皆是。如蒋琦龄在《谢孝子传》中以简洁的笔墨勾勒了一位呼之欲出的孝子形象：

> 或为酒食以招孝子，值盛馔异味，则逡巡不肯下箸。固叩之，蹙额曰："父年八十矣，恨无能致珍异，忍自餍饫耶？"于是款孝子者，必先馈其父。

文中描述的孝子是指全州人谢祚厚。其父亲性情暴戾，常虐待谢祚厚母子，并嗜赌成性。但谢祚厚念及父亲的养育之恩，仍对父亲服侍有加，极尽为子之道。谢孝子的行为感动了乡邻，常有人请他吃饭。只要有好的吃食，谢孝子都犹豫再三，不肯动筷子，因为想着八十多岁的父亲都没吃过，自己怎么能私自享受呢。这一细节生动地展示了孝子对父亲的挚爱，与儒家的孝道观相吻合，是孔子的"事父母几谏，见志不从，又敬不违，劳而不怨"的最好写照。在孔子看来，如果在侍奉父母时发现父母有过失，应该婉言劝止。如果父母不采纳自己的意见，仍然恭敬、不冒犯他们，即使内心忧劳也不怨恨。这一点在谢孝子身上得到了很好的体现。面对性情暴戾父亲的杖责，孝子选择伏受，而后下气怡声如平日；父亲好赌，输钱后卧病不起，孝子彻夜不解带，好言好语宽慰父亲。这是常人难

以做到的纯孝，而非愚孝。孔子就非常反对愚孝，孟子也反对愚孝，提倡"孝子之至，莫大于尊亲"，即孝子行孝的极致，没有超越尊奉父母双亲的。孟子还提倡"不得乎亲，不可以为人；不顺乎亲，不可以为子"，意为不孝顺父母的人就失去了做人的起码资格，如果不能凡事顺从父母的心意，就不能称其为合格的子女。所以孟子提倡仁爱必须从孝顺自己的父母开始，这是修仁的基本前提。谢孝子做到了这些，并且做到了极致。

深受孔孟仁孝观念影响的蒋琦龄，视孔孟的孝道观为最基本的道德规范。除了这篇《谢孝子传》，还有《李孝子传》也体现了孝子爱母的拳拳之心：

> 所居龙水舍旁，有山曰锡山。山多古木奇石。孝子耕其下，每东作，风日暄美，杂花盛开，则负母出，坐山脚大盘石上，采花置其前，已乃解被入田中，时复释耒，顾其母蹈舞，口中呜呜做田歌，杂以里巷诨语。母欣然而笑。乡里儿童亦喜随之，或拍手和之，笑声满田间。

短短数语，一幅孝子爱母的温馨画面跃然纸上。这幅画的主人公是全州人李荣起，其自幼失去父亲，与母亲相依为命，每日努力耕作以赡养母亲，遇到天气好的时候，将母亲背到田间，为母亲采花、跳舞，让其开心。后母亲寿终正寝，孝子恸哭，几度晕厥。其孝心让乡邻们备受感动。这种看似生活琐事的孝行实际就是大孝的极致体现。

蒋琦龄写的两位孝子都是全州人，也就是蒋琦龄的同乡。写谢孝子侍父与李孝子侍母都是借以表达蒋琦龄对孔子、孟子孝道观的认可与提倡，蒋氏家族也是世代以孝亲为荣。由家庭的孝道伦理推及社会的敬老、尊老、爱老美德，也成就了全州乃至粤西良好的社会秩序。

（三）以独特的视角重新诠释孔孟观点

在蒋琦龄生活的清代中期，虽然程朱理学较之明代有衰落之势，但仍有大量的读书人虔诚地信奉树立儒学神权、王权合法性的程朱理学，无条件认可朱熹的儒学观。而家学深厚的蒋琦龄却在祖父、父亲的影响下，加之自己的读书与人生阅历，对一些不符合常理的孔子、孟子表述进行了重新解读，并大胆地推翻几千年来的定论。这方面最明显的体现是他关于伯夷叔齐叩马采薇一事的论辩：

> 余尝读《孟子》，称伯夷避纣，居北海之滨，闻文王作，兴曰："盍归乎来，吾闻西伯善养老者。"又曰："二老者天下之大老也，而归之。"是纣之时，伯夷固已去商而至周也。《论语》亦称伯夷叔齐饿于首阳之下，而未尝言其饿死。以二说思之，夷齐饿首阳之时，得非《孟子》所谓避纣居北海之滨之时乎？以其洁身高蹈，不立于恶人之朝，故云可以廉顽立懦，何尝言其耻食周粟，叩马而谏，卒以饿死哉？

这里提及的"伯夷避纣，居北海之滨"一事，出自《孟子·尽心上》。孟子曰："伯夷辟纣，居北海之滨，闻文王作，兴曰：'盍归乎来，吾闻西伯善养老者。'太公辟纣，居东海之滨，闻文王作，兴曰：'盍归乎来，吾闻西伯有善养老者。'天下有善养老，则仁人以为已归矣。"孟子在这里用伯夷叔齐、姜太公想辅佐文王之事，引出赡养老人的话题。《论语·季氏》有"伯夷叔齐饿于首阳之下，民到于今称之"之语。《孟子》和《论语》两部典籍中均提及伯夷叔齐之事，后世也多认同。但治学严谨的蒋琦龄却发现了其中的问题，尤其对于伯夷叔齐对武王伐纣叩马采薇之说提出疑问：

> 考武王会孟津泰誓日十有三年。《中庸》亦云武王未受命诸侯五月，天子七月，安有即位十三年而文王犹未葬乎？……则其大旨在于善人而遇灾祸，天道为不可凭，特借夷齐以自抒其愤

臆。而于其事其诗，固疑信参半，未执以为一定不易之说，乃后人读迁书者之误，非尽迁之谬也。

叩马采薇之说，是指武王伐纣时，伯夷叔齐拦在武王的马前，曰："父死不葬，可谓孝乎？以臣弑君，可谓仁乎？"据记载，当时周武王是载着周文王的棺材挥师伐纣的，所以伯夷叔齐拦马进谏："父亲死了却不下葬，算得上孝吗？"根据蒋琦龄的考证，武王伐纣是在文王去世后的第十三年，岂有死后十三年仍不下葬的道理，所以他认为伯夷叔齐叩马进谏以及后来作采薇之歌，都是后人借伯夷叔齐之名表达心中的愤愤不平而已，不见得真有其事。这篇《伯夷叔齐叩马采薇辩》标注是"幼作"。在年少之时能有这样的学术积累，并逻辑缜密地进行论辩，可见蒋琦龄自幼便打下了坚实的诸子学功底，从而能做到敏锐地发现问题，信手拈来地举例说明问题，条分缕析地寻求问题的根源，并得出可信的结论，没有深厚的学术涵养与创新意识是难以做到的。

对孔子、孟子观点的重新诠释还体现在蒋琦龄对孔孟言论的深入解读与详细阐释中，如《进〈克己〉〈复礼〉二箴折子》中对于"克己复礼"等句的解读：

仁之道至大，分言之为四端之首，合言之乃天德之全。故曰："为人君止于仁。"圣门言仁屡矣。就人所问而各有以进之，理或偏而不全。其全者，莫过于夫子之告颜渊。其言曰："克己复礼为仁，一日克己复礼，天下归仁焉。"然则为仁者修身之实，君道之要也。克己者，复礼之具为仁之功也。臣尝以私意合而释之曰：中和者，仁也；节者，礼也；位育者，归仁也。名异而实同也。然则"中庸"何以不言克复也？喜怒哀乐之未发为"中"，发而自能中节为"和"，中庸就其自然者而言，故不曰"复"而曰"中"。所谓尧舜性之也，喜怒哀乐之未发而未能中节，因力求其中节，"论语"就其勉然者而言，故不曰"中"而曰"复"。

这是咸丰六年（1856）二月，蒋琦龄写给咸丰帝的奏折，谈及孔子"仁"的观念。《论语》中多次记录孔子对"仁"的解释，影响最深远的是《颜渊》篇中颜渊向孔子问仁的时候，孔子的答语"克己复礼为仁"，意为克制自己，使自己的一切言行都合于礼就是仁。"仁"是孔子思想的核心，也是仁、义、礼、智四种思想道德观念的开端，对后世影响深远，但鲜有人去深入分析孔子这句话的深刻含义。蒋琦龄却通过与中庸的对比寻求深意。同样是孔子提倡的中庸，为何不用"中、和"，而用"克、复"，其分析本质原因在于"中庸"是从人作为自然者的角度而言的，而"克、复"却是从鼓励、劝人努力的角度而言的。尽管本质无别，但"克"所表达的是主观上用意志加以克制，"复"强调的是"还原""如以前一样"，都有劝勉人修身层面的含义，"克、复"更准确精到地表达了修身的难度与重要性。仅从孔子表述用语的分析上，不难发现蒋琦龄对孔子等诸子学说研究深入、领会到位。

总而言之，蒋琦龄的诸子学内容是以孔子、孟子为主的深入研究，不求范围的广泛，只求对诸子思想的深刻领悟与全新阐发，并能亲自运用到自己为人、为学、为官的实践之中，在读死书、死读书的时代实属难能可贵。

三、蒋琦龄的诸子学研究特色

有深厚家学渊源的蒋琦龄，在继续家学的基础上，根据自己所学、所悟，在祖父与父亲诸子学成就的基础之上，形成了自己的研究特色。蒋琦龄不同于祖父与父亲的一个主要因素是年代：祖父生活于清初，父亲生活于清代中期，自己则生活在清代中晚期。清初，清政府需要安抚人心，得到百姓的支持，在统治上实行较为宽松的政策措施，所以蒋励常的为官之路较为顺达，官民矛盾不十分明显与尖锐。蒋启敫所生活的清代中期，是

199

清王朝的繁盛时期，官民关系相对比较融洽。而蒋琦龄生活的清代中晚期，外有英法联军的入侵，内有此起彼伏的农民起义，山河破碎，民不聊生。此时为官的蒋琦龄更多地表现出对孟子思想，尤其是民本思想的继承与发扬，且在内忧外患的困境中，希望从思想意识层面找到救世治国的良方。

（一）深谙孟子民本思想精髓并能发扬光大

蒋琦龄的家乡全州，地处湘桂要冲，为中原与岭南的交通孔道，是历代兵家必争之地。深受战乱与苛政压迫之苦的百姓让蒋琦龄倍感不安，加之在饱读经子之书后，对孟子的民本思想有高度的认同，所以将孟子民本思想用于指导为官实践并将其发扬光大，成了蒋琦龄诸子学的一大特色。《孟子》一书中体现民本思想最经典的一句是"民为贵，社稷次之，君为轻"，与此相对照的是蒋琦龄曾在《进中兴十二策疏》中提出了同样的思想主张："民为邦本，人心未去，即天命长留。"朝政纲领深入民心，才是一个国家达到长治久安的主要思想，失去民心也就失去了江山，把民心的得失看作是清王朝统治乃至历朝历代统治是否稳固的一个重要原因。这在蒋琦龄的诸多奏议类文章中都有直观的体现，如在《奏请捐办北运河小杨各庄戗堤折子》中有这样的表述：

> 上年夏秋，屡次大雨潮，白河来源涌旺，土埝刷陷。当将北寺庄长堤抢护稳固，幸保无虞。此时若不择要加工培补，将来河流泛滥，运道阻隔，即东路各州县民田亦必冲淹。第庞村地势洼下，土性纯沙，工难永固，应在北寺庄旧堤迤北，自小杨各庄起，至小马庄止，添筑戗堤埽坝，以资抵御。当此经费支绌，未便请帑兴修，惟有援照前案劝捐办理。现在绅民乐于输将，应请察核会奏，以便赶办等语。臣等当经咨商，派委候补知府金镗坐粮厅，续庆署霸昌道石赞清前往，会同该道崇厚会勘确估。去后兹据会禀查看情形属实，委系刻不可缓之工。

蒋琦龄为政期间，所治辖区内的北运河年久失修、有决堤危险，所以他向朝廷奏请维修。先是表明上一年秋天因大雨冲刷，用于防洪的副坝已经塌陷，如不及时加以修缮，将出现民田被淹的危险，接着详细分析了堤坝所处的地势、地质、地貌，据此提出合适的加固堤坝的地段，并派候补知府、霸昌道官员等一并前往现场勘查评估，确认情况属实。奏折逻辑缜密，用语凝练，每项细节都考虑周详，并实地勘查确认，尤其是处处将百姓的利益放在首位，如提及上一年堤坝被冲损坏时用"幸保无虞"，一个"幸"字把蒋琦龄对百姓生命财产的担忧形象直观地体现了出来。对于北运河段的加固维修用了"刻不可缓"一词，强调工程片刻都不能延缓，可见所奏事宜的紧迫程度。之所以如此紧迫地请求朝廷派人维修北运河的堤坝，是因为这段年久失修的堤坝已经危及周边百姓的安危，这种做法体现了对孟子民本思想的继承与发扬。

在与百姓利益息息相关的水利工程维修上，蒋琦龄奔走呼告，唯恐百姓受到伤害。对于用于帝王休闲娱乐的工程，蒋琦龄也敢于直言进谏，最典型的是《请停缓圆明园工程疏》中对百姓修建圆明园的凄惨处境的描述：

> 滇粤之材无路可通，求之南纪，舍此何适？而今之荆湖川黔，较之平日又迥异矣。凡采办之区，即贼匪蹂躏最苦之区，百姓残喘仅存，疮痍犹痛，谓当蠲赋宽徭，船粟往哺，乃大兵之后继以大役，调发督迫，暴露寒暑，伤筋折骨，少壮转于壑谷，老弱疲于输送。朝廷忍令此焦烂子遗，甫脱锋镝之危，复罹斧斤之厄？兴言及此，不待绘流民之图，已足动下之车泣。又不遑问人心时事为何如？而圣主如天之仁，未有闻之而不加哀怜者也。

圆明园的修建耗费了大量的人力、物力、财力，但大多官员为明哲保身，不敢表达。而心系百姓的蒋琦龄却"不忍缄默"，毅然写下这篇奏疏。

促使其置被治罪危险于不顾的，是百姓因过重的负担造成的惨状：残喘仅存，疮痍犹痛，暴露寒暑，伤筋折骨。仅十六个字却将描绘了一幅百姓悲惨凄凉的生活图卷。将百姓置于如此悲惨凄凉境地的不是不可避免的天灾，而是统领天下、身为一国之君的帝王一手造成的人祸。百姓经受这样的磨难，乃至献出生命，仅仅是为帝王修建供其观赏行乐的圆明园。作为有爱民深厚情怀的蒋琦龄无法容忍这样的情况继续存在，不顾个人安危写了这篇奏疏。在文章的末尾，他说："微臣愚蠢，罔识忌讳，被恩深重，管见所及，不忍缄默，不胜惶恐待罪之至。"可见，蒋氏在呈奏疏的时候已做好了充分的被治罪的思想准备，明知有危险仍为之。这是孔子"知其不可而为之"的历史责任感与高度社会责任感的体现，也是孟子"为民父母，行政，不免于率兽而食人，恶在其为民父母也"的保民思想的真实反映与实际践行。

（二）重诸子义理阐发，反对过于考据

清代兴盛于乾隆、嘉庆年间的考据之学，到蒋琦龄生活的时代，已经偏离了最初经世致用的本意，为考据而考据，沉溺于故纸堆而不能自拔，完全脱离了典籍要表达的实际内容。对此种研究方法，蒋琦龄十分不认同。他认为考据之风偏离了原典的实际，限制了文人的治学视野，甚至为考据而钻牛角尖，忽视实践，放弃道义，于己于国都有百害而无一利。所以在其文章中，有诸多重义理阐发而反对重考据的表述。如南昌的彭文勤撰写《石经考文提要》一书，请蒋琦龄作序。蒋在序言中指出：

> 唯石经肇起于汉，则熹平残石，宜为诸本所折中。送鄱阳洪氏所藏残本，镌于会稽蓬莱阁之八石，固已久佚；而近世海内收藏家所藏摹本残字，吉光片羽，犹有存者。大兴阁学，覃溪翁公先后从诸家摹得一二十段，计残字六百七十有五，乾隆五十三年刻石于南昌学宫，以惠后学。其中如"……《论语》书云'孝于'，诸本作'孝乎'；……'往者不可谏也'，诸本无'也'

字；……"若此者几二十三条，所宜据以正后来诸本之讹。……
文母旧说遂不必改。岂非拘守汉学，不复求义理之安，为未脱考
据家习气哉？并以质之世之说经者。

按照常理，为他人著述作序，多以褒奖为主，肯定书中所取得的成
就，对于存在的不足往往一笔带过。但蒋琦龄却本着实事求是的原则，从
著述本身出发，肯定成就的同时更多的是指出存在的问题。如此务实的态
度已属难能可贵，且其又将所出现的问题一一列举，给读者以正确的信
息。但他不做详细的考证，一是因为书序篇幅短小，不适合长篇大论；二
是不推崇对典籍做深入考证。如 "《论语》书云'孝于'，诸本作'孝
乎'"。这里指的是《论语·为政》篇，有人问孔子为何不从政，孔子的答
语，孔子引用《尚书》中的"孝乎惟孝，友于兄弟，施于有政"表明态
度。彭文勤所收的石经刻本将"孝乎惟孝"写成"孝于惟孝"，蒋琦龄对
此仅仅列出诸本是"孝乎"，并未加以考证，是因为受后面"友于兄弟，
施于有政"中的"于"字影响，而非笔误等其他原因。可见，蒋琦龄对于
过分考据是持反对意见的，文末的反问句就更加明确地表明其诸子学的治
学主张：适度考据以明文义，而重义理的阐发。

蒋琦龄的这一观点得到了同时代著名学人郑献甫的认可。郑献甫年长
蒋琦龄十五岁。二人交往甚密，且对诸子的观点有诸多相同之处，如在考
据与义理的关系上，二人都重义理阐发，而反对以长篇大论进行挖掘考
据。这在二人的往来书信中有明显的体现，如蒋琦龄在五十一岁时写给郑
献甫的《与郑小谷农部书》中有这样的表述：

他日先生见之，或不以鄙言为阿好也。至道州高才博学，其
所宗尚，则在亭林，盖源于永嘉陈薛之派，以博通古今，讲求实
用为务。亦尝与同官蜀中所上封事为倾泻肝膈之作，乃多迂琐不
切时要之谈。始知以考据为经济，正不易言。此又与梅先生为古

文学者异也。

蒋琦龄曾将祖父蒋励常的《岳麓文集》《养正编》寄给郑献甫，请郑献甫指点。《岳麓文集》中附有中国历史上最后一位三元及第的状元陈继昌为蒋励常所撰的墓志铭，以及清代著名散文家梅曾亮为蒋励常所撰写的家传。关于考据的治学方法，蒋琦龄认为是"迂琐不切时要之谈"，且以考据之法作为经世济民的主要方式，这与梅曾亮主张的"文章之事莫大乎因时"有别。

蒋琦龄生活的时代正是乾嘉学派的考据之风盛行的时代，以崇尚汉代儒生的训诂、考订为主，所有结论必须援引古说为证据，孤证不可作为定论。在最初考据之风兴起的时代，这种研究方法对于古籍的整理与研究是大有裨益的。但过于重视考据，甚至为考据而考据，便偏离了古文研究的主旨。蒋琦龄身处其中竟能清楚地认识到考据与义理阐发之间的关系，并能在为文时做到不为考据而考据，考据是为了义理的阐发。正因为有了这样的认识与实践，蒋琦龄的诸子学才体现出自身独有的特色。

蒋琦龄尽管出生在偏居一隅、经济与文化均不甚发达的全州，但其诸子学成就不逊于中原学者。这与其深厚的家学渊源影响密切相关，尤其与其深受祖父蒋励常以及父亲蒋启敆的影响相关。蒋励常与蒋启敆均在诸子学的研究上颇有建树，所以蒋琦龄自幼也对诸子学感兴趣，并能读透诸子思想的深意，尤其是其对孔子、孟子儒孝观的认同与发扬，对孟子民本思想的推崇与实践，都值得肯定。更为难能可贵的是，其能做到将所学诸子思想恰到好处地运用于实际，真正做到了学以致用——为文则直白透彻、为政便竭力关照社稷民生，这代表了清代鼎盛至没落的过渡时期诸子学者的风貌。

第二节　竭力变革图强的赵炳麟

赵炳麟（1873—1927），又名"长荣""浙杭"，字"竺垣"，又字
"炳粤"。广西全州县绍水镇乐家园人。因其书斋名"养真斋"，中年后又
据此号"养真子"。晚年感伤于清王朝的灭亡，取"我清人也，万事皆空"
之意，自号"清空居士"。民国之初，为免遭曾遭自己弹劾而后当权的袁
世凯的迫害，在柏岩筑屋，故又号"柏岩"。赵炳麟出生于官宦人家，其
父赵润生（1850—1905），字"钟霖"，号"柳溪"，光绪二十年（1894）
中进士，一生在湖南任州、县官，有政声，为官事迹载于《清史·循吏》。
在传统家学影响下，自幼聪颖的赵炳麟十五岁中秀才，十八岁中举人，二
十二岁中进士。历任翰林院编修、监察御史、皇帝待讲等职，因不畏权
贵，被称为"铁面御史"。赵润生师从推崇广西桐城派的刘燮臣学习古文，
刘将其所学传授给了赵炳麟，尤其是尊崇孔孟的思想一直贯彻于赵炳麟的
诸子学研究始终，赵炳麟在晚年曾极力主张将儒学定为国教。

赵炳麟一生著述达十余种，结集为《赵柏岩集》，共三十八卷，约八
十万字，分为《光绪大事汇鉴》十二卷、《宣统大事鉴》一卷、《汇呈朱
子论治本各疏》一卷、《兴亡汇鉴》一卷、《谏院奏事录》六卷、《柏岩文
存》四卷、《潜并庐杂存》二卷、《柏岩诗存》四卷、《柏岩联语偶存》一
卷、《潜并庐诗存初续》二卷、《柏岩感旧诗话》三卷。本节以（上、中、
下集）《赵柏岩集》（广西人民出版社，2001 年版）为参照，研究其诸子
学思想。

一、赵炳麟诸子学内容

《赵柏岩集》中收录了 222 篇体现赵炳麟诸子思想的文章，其中序 25
篇、论 26 篇、记 12 篇、书 30 篇、传 20 篇、文 8 篇、碑铭 2 篇、疏

99 篇。

　　受家学影响，赵炳麟自幼广泛涉猎经史子集诸经典，对所学有独到的见解，对孔子、孟子、老子、庄子、墨子、荀子等诸子大家有较多涉猎的同时，对历代学者较少研究的管子、尸子等诸子思想也有精到把握。在诸子诸家中，其对孔子、孟子的思想的认识尤为深刻，并极为推崇孔孟思想，这在入仕后的为官经历中有明显的体现。

（一）广泛涉猎诸子诸家

　　赵炳麟自幼在父亲的教育与监督下博览群书，不仅深入学习孔子、孟子、墨子、老子等思想，还广泛涉猎荀子、庄子、管子、尸子等其他诸家思想，并灵活运用于文章写作中。如在论述大学之道的《癸未垂拱奏札》中述及：

　　　　意者前日劝讲之臣，限于程式，所以闻于陛下者不过词章记诵之习，而陛下求所以进乎此者，又不过取之老子释氏之书，是以虽有生知之性，高世之行，而未尝随事以观理，故天下之理多所未察未尝。

　　赵炳麟直言皇帝近期听到的进谏无非是从《老子》或佛经中记诵的词章句子，而没有真正的格物、穷理，希望皇帝能博访真儒，考之于经，验之于史，进而会之于心，方可真正辨明是非，广纳谏诤，远黜邪佞，固国安邦。可见，赵炳麟对老子的思想是不认同的，认为其不能真正地洞察事理，未能探究事物的本质。

　　他在《叔先祖南石公家传》中引用《庄子·天地》中的语句：

　　　　天下之理穷，理穷而性尽矣，穷理尽性以至于命，而后学乎《易》，《易》也者，圣人之所以成终、而成始者也。学者于是刳心焉。

这里的"刳心"出自《庄子·天地》篇"夫道，覆载万物者也，洋洋乎大哉！君子不可以不刳心焉"。在庄子看来，道是覆盖和托载万物的，是广阔而盛大的，君子不可以不敞开心胸排除一切有为的杂念。赵炳麟将庄子的观点灵活运用于"理"与"性"的辩证关系论述中，足见其对庄子思想认识之深刻。

他在劝监国摄政王不可过于谦让的奏疏中引用荀子的言论：

> 荀子亦称周公摄天子之位，礼明堂位亦称。

《荀子·儒效》中论及在周武王去世时，周成王尚年幼，周公担心天下人背叛周王朝，于是登上天子之位统辖天下，待周成王成年后，周公将王位归还给他，以此来表明他不灭掉嫡长子做君王的真心与道义。周公凭借天下百姓的齐心协力，完成了周文王、周武王统一天下的事业，这体现了嫡长子与庶子间的伦理道德准则，尽管经历了两度政权变更，但社会始终稳定，天下太平。赵炳麟以荀子称赞周公为圣人的做法来形象地劝谏摄政王要勇于承担分内职责，不可过于谦让，以免破坏道德伦理纲常，乃至影响国家稳定、民心向背。在给帝王关于国家兴亡的进谏书中，赵炳麟引用了管子的观点：

> 管子曰："国君之重器，莫重于令，令重则君尊，君尊则国安；令轻则君卑，君卑则国危。"又曰："不法法，则事毋常，法不法，则令不行。令而不行，则令而不法也。法而不行，则修令者不审也。"又曰："令则行，禁则止，宪之所及，俗之所被，如百体之从心，政之所期也。"管子为吾国大政治家，其言多与孟特斯鸠、伯伦之理相合，然论治之要在乎令行禁止，而其原又在审所修令，如百体之从心，此即圣祖酌时宜求实用之意也。

鉴于对上谕大学士给康熙的奏章中谈及制度拟定与遵行问题，赵炳麟引用著名法家代表人物管仲的观点予以反驳。《重令》篇中，管仲认为，在所有统治国家重要手段中没有比法令更重要的。如果法令威重，君主就有尊严，君主有了尊严，国家就能安定。反之，如果法令没有力量，那么君主的地位就会变得低贱，君主的地位低贱，国家也就很危险了。管仲又在《法法》篇中阐述了法令制定与贯彻之间的关系：不通过法令的形式推行法度，国家的政事就没有常规；法度如果不用法的手段推行，政令就不能贯彻。君主颁发法令得不到贯彻，是因为政令没有成为强制性的法律；成为强制性的法律后仍不能贯彻执行，是因为起草法令制度的时候不够严谨、慎重。他又在《立政》篇中述及法令与执行之间的关系：有法令颁发就遵照法令执行，禁止法令执行就立刻禁止，但是法令遍及风俗影响到的地方，就像身体各部分服从内心一样，这是从政者所期望看到的结果。

赵炳麟以法家管子对于法令制定与贯彻执行过程中的辩证关系作为反驳上谕大学士所进谏意见的佐证，且能与 17 世纪法国思想家孟德斯鸠、19 世纪德国思想家伯伦知理的法制思想进行对比，从古今中外、纵向、横向等多个角度统观法令与国家发展的关系，立论扎实、论证严谨，体现了无法辩驳的力量。

尸子是战国时期杂家的代表人物，但后世鲜有关于尸子及其思想的研究成果。而赵炳麟却对尸子有深入的了解，在著述过程中能将尸子思想信手拈来，如在《诰授光禄大夫、工部左侍郎唐春卿先生六十寿序》中引用尸子的观点：

　　《尸子》所谓正名去伪，事成若化，以实核名百事皆成者也。

赵炳麟的座师唐春卿继承了同乡陈宏谋的笃实学风，尽管自幼家贫，但爱读书，善躬行。由其总校的会典重核名实，为说明唐春卿的严谨治学精神，赵炳麟引用尸佼所著《尸子·分》中的"正名去伪，事成若化；以实核名,百事皆成"来增加说服力。尸子这段话的意思是匡正名称,去除伪诈,行事成功就像自然一样无需费力;用实际功效核验其名称,百事都能成功。赵炳麟灵活地运用杂家尸佼的观点来说明唐春卿严谨的治学精神,不难看出赵炳麟对杂家专著及杂家思想的深入了解。

赵炳麟以扎实的学术功底,将先秦诸子思想灵活地运用于古文创作中。他不仅熟悉孔子、孟子、老子、庄子、荀子这样的大家,而且对先秦以后鲜有学者研究的管子、尸子等诸子均有深入的了解,并能恰当地加以运用。

(二)谙熟孔孟思想精髓

在众多先秦诸子思想中,赵炳麟掌握最透彻的是孔子、孟子的思想。在其文章写作中,引用最多的也是孔子、孟子的观点。《赵柏岩集》中所收录的222篇体现诸子思想的文章中,共引用先秦诸子观点126条,其中引用孔子、孟子观点为79条,占比约为63%。

从赵炳麟对孔子、孟子观点的引用中,明显可见其对孔孟思想把握之精准、理解之深刻,如在给光绪皇帝上疏奏请设学堂以明圣学正人心的《请定教育宗旨疏》中,他高度赞颂孔子及孔子之道。

> 窃臣伏读谕旨特立曲阜学堂,尊我孔子之教,明君崇圣育才之至意,钦佩莫名。……
>
> 五教云者,父子有亲,君臣有义,夫妇有别,长幼有序,朋友有信是也。……周室之末,学制虽失于上,学理则阐于下,至孔子而集大成。集大成也者,合帝王政治教育一切形上形下之学理,无一不发明以著于后世。臣尝纵观泰西大政治家、大教育家之学说,其事实不同,而其理未有外我孔子之范围者。考东西各国历史,凡立法行政,合我孔子之言者,国靡不昌;背我孔子之言者,靡不乱亡。乃知我孔子之道,系人之所以为人、国之所以为国之道。世界无人则已,无国则已,无政治教育则已,有人、

有国、有政治教育，我孔子之道他日必焕光彩于民族。臣敢断言也，今日学术之大害，不在言不尊孔，而在行不遵孔。孔子者，人伦之极则。人多于伦理漠然而厚颜号于众曰，我修身也，我有耻也。考其行谊，居家则禽兽之行也，为政则跖砺之行也。行如是，言如彼，天下学子闻其言，效其行，以若人之修身为修身，以若人之有耻为有耻，言似尊孔，行愈背孔。孔子之道不坏于秦火，不坏于猛兽洪水，自若人者，窃其言而背其行，以欺天下后世，伪说昌，正道晦，臣所以太息痛恨于其学，欲令其言行相顾也。昔汉灵帝立鸿都门学，画孔子及七十二弟子像示诸生崇圣。诸生出为刺史太守，入为尚书侍中以至封侯锡爵者不可胜数，然后有道之士耻与为列者，以其援引多无行趋势之徒，言尊孔而行背孔，是以愈促其国之乱亡也。现当曲阜学堂开办伊始，天下学术之正伪视此为标准，我朝国本之治乱视此为转移。拟请明谕天下，定教育宗旨，俾知我皇太后、皇上兴学之意，以明人伦、重躬行为崇圣第一要义，不在拘文牵义徒托空言。责成湖光督臣张之洞，会同学部慎选师儒，注重行谊，求孔孟之正宗，破门户之陋习，详定规则，奏复施行。务期国学昌明，世风隆厚，以仰体朝廷重道育才之盛心，吾道幸甚！吾国幸甚！

这篇奏折的写作背景是朝廷为了培育人才，拟设曲阜学堂。赵炳麟认为这是明君崇圣育才之举，故上疏抒发自己的拥护之情。在赵炳麟看来，从尧舜之时到清代，大学发挥了明人伦、促安邦的教化作用，其中起关键作用的是孔子的思想，孔子思想是历朝历代学理的集大成者；孔子思想中关于育人、治国的主张对中国历朝历代适用，对西方国家也莫不如此，凡立法行政，与孔子思想相合的没有不昌盛的，与孔子思想相悖的没有不动乱乃至灭亡的。奏折中最关键的一句，也是这篇奏折所要表达的主旨：且当下学术之大害，不在于言语上不尊孔，而在于行为上没有实践孔子的思想。赵炳麟想表达的是，不是当今社会对孔子思想不了解，而是空谈孔子思想，将其作为写在纸上、挂在口头上的空洞口号，没有真正将孔子思想落到实际的教育工作中去。孔子是人伦的极致，设置曲阜学堂应破除门户陋习，寻求孔子思想之正宗，以实际行动实践孔子思想，方能国学昌明，世风隆厚。

与一般尊崇孔子思想的学者不同的是，赵炳麟不是盲目地崇尚孔子思想，而是将其放在古今中外的大背景下进行研读与阐述。在当时的社会背景下，国家需要的是以中学为主、西学为辅的忠君、尊孔、尚公、尚武、尚实的通才，而不是传统的只了解中国传统文化的人才。因为光绪年间已是清代末期，外族入侵，国内人民不堪压迫而发动起义，导致内忧外患叠加，社会矛盾尖锐到前所未有的程度。赵炳麟能高瞻远瞩，既不因循守旧地固守传统思想，也不盲目崇拜西学，而是能正确认识到国家面临的实际问题，提出切实可行的教育策略，希冀最终实现安邦定国的政治理想。

他在为拯救民生而给君王进谏请求推广农业林业的奏疏中，开篇即引用孟子的观点：

> 臣观《孟子》屡述王政，不外农桑畜牧。尧舜禹叠以神器相授受，切切然戒者，惟在四海困穷，天禄永终。盖土地辟、田野治，国富民安，虽七十里、百里可以王天下。若民无恒产，斯无恒心，事畜无资，放辟邪侈无不为，国欲一日治不得也。

赵炳麟认为，日本、英国、美国等国家国力强盛的根本原因在于意识到农业、林业的发展是工商业发展的基础，是国家财政的源泉。而中国地大物博，适宜农林业发展，且农林业的发展利于工业、商业的发展，只有如此，才能扩大国家经济上的权利，唤醒民众的意识，固国安邦。为增强说服力，文章先引用《孟子·梁惠王上》篇中关于推行仁政王道的内容。在孟子看来，百姓要有长期稳定的产业，否则就没有稳定生活的信心，一

211

且没有稳定生活的信心，就会为所欲为、肆意放荡任性，国家就难有安宁之日。可见，赵炳麟极为推崇孟子的政治主张，尤其是对其民本思想极为尊崇。

赵炳麟各个时期撰写的文章，对于孔子、孟子言论的引用均有信手拈来、恰到好处之感，充分体现了赵炳麟深厚的家学渊源、扎实的学术功底、强烈的民族使命感与富国强民的责任感。

二、赵炳麟的诸子学特色

赵炳麟生于同治末，为官光绪、宣统两朝，殁于民国。出生于官宦世家及其所处的清代晚期的历史背景，决定了其诸子学具有鲜明的时代特色。

（一）推崇孔孟仁政、爱民思想，并将其运用于为官实践中

赵炳麟对于孔子、孟子的推崇不只体现在文章的写作及给君王的奏疏中，更体现在其为官实践中。

光绪二十一年（1895）中进士，任翰林院编修，正式步入仕途；

光绪三十二年（1906）升任监察御史，历掌福建、江南、京畿各道；

光绪三十四年（1908）任皇帝侍讲；

宣统三年（1911）因弹劾奕劻得罪宗室，以四品京堂候补，调出京城，回广西任桂全铁路督办；

1911年清廷任其为广西宣慰使，推辞不就，隐居故里；

1912年起两次当选为广西国会会员；

1917年应阎锡山之邀，出任山西省实业厅厅长；

1925年离开山西，到北京养病。

赵炳麟任翰林院编修十一年、福建京畿道监察御史两年、皇帝侍讲三年、桂全铁路督办两年、广西国会会员五年、山西省实业厅厅长八年，在共六个职位且长达三十一年之久的为官生涯中，数度沉浮，可谓坎坷至极。但无论在哪个职位上，赵炳麟均能时刻清醒地将百姓利益、国家利益

置于首位。这种仁政爱民的为官情怀在赵炳麟数度上疏的行为中有明显体现。其为官三十一年，共上疏九十九次，相当于每年至少有三篇奏疏呈给政府。这些奏疏均围绕百姓的利益而撰写，如光绪三十一年（1905），因父丧而回乡丁忧的赵炳麟，见地方官横征暴敛，田赋过重，立刻呈上《请减全州平余疏》，全疏仅四百余字，却将时任全州牧的张联桂为首的地方横行霸道、欺压百姓、民不聊生的惨状呈现在众人面前：

> 广西全州钱粮在同治十二年前，每条银一两纳制钱二千文，自张联桂为全州牧，禀请每银一两加制钱四百文，合计每银一两纳制钱二千四百文。又每钱一千加补底钱四文，近又不收制钱，改收洋银，每洋银一圆作制钱八百文，又加斧记钱四文；每票一张，又加津贴钱十八文，合计需洋银三圆一角可完条银两一两。以现时钱价核之，计银一两纳制钱三千一百有余。是以州缺最佳，为该省调济之地，而民生则凋敝不堪矣。本年五月，饥民几乎肇乱。不设法维持，该州为楚粤咽喉，极可虞也。臣查张联桂请加征时，巡抚刘长佑原批暂行征收，岂可永远不变？且以制钱扣洋银，故抑其价，一切杂款加之又加，民不聊生，何足怪乎。

从这篇给光绪帝的简短奏疏中不难看出赵炳麟爱民如子的拳拳之心。地方官从最初的每条银纳制钱二千文，到巧立名目加到一两纳制钱三千一百有余，足足增加了百分之五十，奏疏中的这一笔笔数字如非经过深入的调查了解是难以罗列得如此清晰明了的。进而指出变相增加赋税的可怕后果：因地方官张联桂的横征暴敛，百姓已出现暴乱之兆，且全州为连接楚粤的重地，一旦出现民心不安之状，影响国家安定，后果不堪设想。赵炳麟的担心并非杞人忧天，全州在粤北地区，是出入内地的咽喉要道，也是历来兵家必争之地，加之经过太平天国运动的系列战争，百姓已经挣扎在生死线上，政府不顾百姓死活变相压榨，无疑是让原本就无路可走的百姓雪上加霜。这篇为国为民考虑的奏疏很快得到回应，清廷令广西巡抚张鸣岐查办，减轻了全州田赋，还百姓以固有利益的同时，确保了一方平安。

赵炳麟的这种做法正是孟子"保民而王""民贵君轻"民本思想的直接体现，在熟谙孟子思想的前提下，积极地将其运用到为官实践中，体现了清代粤西士人深切的忧国忧民情怀。赵炳麟不仅在家乡为官任上体现了体恤民众的爱民之心，在其他任上为官也表现出了同样的保民思想与行动。如光绪三十二年（1906）八月，三十三岁的赵炳麟升任福建京畿道监察御史，上任次日即上疏光绪帝，主旨是希望清廷能"正纲纪，重法令，养廉耻，抑幸臣"，以此整顿朝政，学习日本明治维新的做法，并强调立宪之初宜慎始慎终。今天看来，赵炳麟的治国理政思想无疑是进步的、视野是开阔的，但清代末年的朝廷上下已是千疮百孔、满目疮痍，根本无法实现国泰民安的理想局面。

（二）视孔孟之道为修身治世准则，希冀以诸子思想救世图存

赵炳麟从七岁开始跟随父亲赵润生读书，十四岁便毕览十三经。与同时代诸多学子读书为求仕不同的是，赵润生认为读书首先是为了修身，其次才是治世，为此曾叮嘱幼年的赵炳麟"学以立身，汝辈其考求古圣贤修身治世之大经大法，毋徒以科名为念"，并撰写了十二条《训子大概》作为赵炳麟等子女的教育原则：

一、审时势，酌进退。

二、谦交君子而不可流于党，善避小人而不可结为仇。

三、谨言语，不可说他人之短；惜笔墨，不可书时事之非。

四、君前不可轻奏事，友前不可乱上书。

五、读书必须明体达用，作事不可急功近名。

六、度量要宽宏，性情要忍耐。

七、谈笑不可近讥诮，应对不可斗针锋。

八、精明须蕴于深厚，浑厚须藏以精明。

九、亲友以情相爱，尊长以礼相敬。

十、心贵谦和，气戒骄傲。

十一、当用之财不可吝惜，非分之宠不可邀求。

十二、御下宜抚之以恩，感之以情，制之以礼，临之以智。

使彼不忍欺我，不敢欺我，不能欺我。

　　赵氏家族的十二条家训中，主要思想是希望赵氏后辈能知书明理、兄友弟恭、修身睦邻、为国尽力。这些思想都是孔子、孟子一直提倡的修身、齐家、治国、平天下之学。深受家训熏陶的赵炳麟为官后自然便以孔孟修身、治国思想作为自己从政的准则，但也摒弃了家训中自己认为不合时宜的内容，如家训强调"精明须蕴于深厚，浑厚须藏以精明"，这是传统文化中所注重的内敛，不轻易表达自己的不满，以隐忍克制为上。对于个人修身而言，隐忍、克制是为了避免诸多不必要的争端，建立融洽的交际关系。但赵炳麟所处的时代和他作为一名有正义感和家国责任感的士人胸怀不允许他隐忍克制。所以在为官生涯中，他一直都是为民请命，为百姓的利益、为国家的兴盛而尽心尽力。他将家训中利民的部分以实际行动呈现出来，如光绪三十二年（1906）与乡人唐鹤、蒋任衡，以全州宾兴局为校址，拨宾兴公款为经费，创立全州州立第一所两等小学堂，使全州的教育水平在粤西全境呈领先之势。赵炳麟的远见卓识可见一斑，这是其对家训的最好诠释。

　　能体现赵炳麟诸子思想的多为呈给清廷希望当朝皇帝能采纳其救国图存主张的奏疏。这些奏疏将诸子思想，尤其是孟子的仁政思想与清王朝末年的社会政治生活实际紧密联系起来进行陈述，如希望清政府能统一财政权的《请统一财权疏》：

　　　　臣闻孔孟之论治道曰，能治其国家，谁敢侮之。曰国家闲暇，及是时明其政刑，虽大国必畏之。是知闲暇之时，正存亡攸

215

分之界线也。盖是时能明政刑，则大国畏而不敢侮；否则内治不修，而人之取之、侮之宜矣。我国大小臣工日日言治道，固非般乐怠教者可比。然言固国防而海陆军经费无出，言饬吏治而京外官之薪俸不匀，言振实业广教育而不能筹出大宗的款补助以期其成，百政有空言而无实效者，皆财政散漫之所致也。

这是光绪三十四年（1908）赵炳麟目睹国难惨状后给光绪帝的奏疏，彼时的中国经历了八国联军的入侵等一系列战争，清军屡战屡败，不断地割地赔款使得国库亏空。造成如此惨状的根本原因是清政府的腐败无能，治国方略不当，致使贪官污吏横行，民不聊生，从而导致各地反抗斗争不断。但是清政府没有从根本上认识到问题的关键，也就无法从根本上解决问题。彼时问题的根源在于清政府对内失去了民心，失去了一个国家赖以存在的精神支撑；对外妥协，没有真正与外国抗衡的技术水平与科技发展能力。内忧外患的夹击使清政府已经无所适从。赵炳麟从孔子、孟子的仁政思想中得到启发，认为以德治国方能强大，国力强大，无国敢侮。而国力强大的根源在于振实业、广教育。振实业、广教育的前提是有足够的经费支持，故奏请统一财权，合理使用款项。奏折体现了赵炳麟爱国保民的家国情怀，光绪帝也有变法图强的意愿，但当时的顽固守旧势力使奏疏中的内容无法得到落实。

三、赵炳麟诸子学研究意义与影响

生活在清末民初的赵炳麟，由于时代的影响，其诸子学与其他时代的学者相比呈现出较为鲜明的时代特色。加之其所处地域为西南边疆的粤西，所以其诸子学的地域特色与时代特色都极为明显。

（一）反映了清末的粤西士人心态

从地域角度而言，地处西南一隅的粤西与中原诸省相比较而言，由于开放较晚，经济、文化发展都相对闭塞。但正是这种闭塞促使粤西士人自明代中期的改土归流以来，积极学习中原文化，通过苦读，参加科举考试，然后出仕为官，想通过步入仕途改变自身现状，实现个人理想。赵炳麟便是其中一例。自幼体弱多病的他曾被寄名家乡全州的广贤寺为僧徒，拜定慧禅师为师，直到十五岁读书时方还俗。其父赵润生被州同聘为湘西书院院长，其跟随父亲在书院读书期间显露出了惊人的才华。二十二岁的赵炳麟参加殿试时因"策论熟娴如掌故"，原本位列三甲，被光绪帝破格提拔为二甲第十一名，直接授翰林院编修一职。在十一年的翰林院编修任职期间，赵炳麟利用工作上的便利博览全书，加之自幼追随父亲所读的大量古籍，这使其对先秦的诸子百家有了极为深入的认知。所以，其在著述中与为官任上均能以诸子思想表达、实践。

在目睹粤西贪官横征暴敛、农民起义不断、社会满目疮痍的现状后，赵炳麟与其他粤西士人一样通过著述或上疏奏请改革。这些改革方案有浓厚的诸子学思想的影子，比如孔子所言的"知其不可而为之"、孟子的"保民而王，莫之能御也"、荀子的"修礼者王，为政者强，取民者安，聚敛者亡"、管子的"法不法，则令不行。令而不行，则令不法也。法而不行，则修令者不审也"。他同时提出了一系列具有可行性的举措，希望通过执政者的醒悟，进行自身改革，来达到安邦定国的目的。但朝廷内部斗争激烈，这些措施都不能也不可能实现。

（二）体现清末国人的图强主张与努力

清末连年战乱，以及鸦片对国人精神与身体的侵蚀与麻痹，使得国已不国，彼时的国人苟且偷生者有之，满怀报国之情力图强国富民者亦有之，有正义感与责任感的国人均想通过个人的努力让这个千疮百孔的国家恢复到健康的状态。赵炳麟便是清末力图改革图强的积极行动者。因为有在京为官期间亲历八国联军的入侵和其他官员一样狼狈出逃的惨痛经历，国耻难忘，所以赵炳麟力主变法强国，在入京参加殿试时参加了康有为组织的"公车上书"活动，后又加入康有为发起的保国会。在变法失败后，他仍以不断著文的方式提出治国见解，在短时间内连续写下了十篇《兴亡

217

汇鉴》，篇篇入理，句句切中要害。如在《兴亡汇鉴》的首篇即指出：

> 观古今典籍，国虽大而历数将终，则君臣庸暗，纪纲倒置，至于灭亡。国虽小而运祚方兴，则祯祥洊集，民物蕃盛，浸以昌炽。总之，皆由天也。今明灾异叠见，其君臣不务修省，终必致天之罚也，纵国大兵强，岂是恃乎。夫人能引咎修德者，上也；文过饰非者，下也。后世子孙宜法前代之所以得，鉴前代之所以失，迁善改过，上合天心，则可以永享鸿祚矣。

从古今典籍中，赵炳麟看到了一个国家的衰亡不在于物产的多寡、兵力的强弱，而在于纪纲倒置、君臣失信、寡德失民，所以恳切希望当朝的执政者能借鉴前朝得失，迁善改过，一改当朝灾异叠见的不利形势，唯有如此方可保国家长治久安。他在陆续撰写的《兴亡汇鉴》中将清初与明末逐一进行对比，希望清政府借鉴明代灭亡的教训，以免重蹈覆辙。除首篇与末篇外，每篇均有副标题阐明主旨：

> 兴亡汇鉴二——国初用人之善，明末用人之失
> 兴亡汇鉴三——国初行政之善，明末行政之失
> 兴亡汇鉴四——国初纲纪整饬，明末纲纪倒置
> 兴亡汇鉴五——国初政事皆有精意，明末政事皆为具文
> 兴亡汇鉴六——国初财政之裕，明末财政之绌
> 兴亡汇鉴七——国初军事之强，明末军事之弱
> 兴亡汇鉴八——国初之爱民，明末之扰民
> 兴亡汇鉴九——国初大臣为国求才，明末大臣为己植党

赵炳麟从用人、行政、纲纪、政事、财政、军事、对民、对臣八个方面将清初与明末进行对比，以此提醒执政者吸取明朝亡国的教训，不要将

清初的兴盛局面变成明末的衰败景象；在《兴亡汇鉴》的末篇引用《尚书》中"学于古训乃有获"及唐太宗之语"以古为鉴，可知兴替；以人为鉴，可明得失"作结，希望当政者能清源正本、显忠遂良，用"恳切跂望之至"表达自己迫切的心情。

受传统思想教育，又接受西学影响的赵炳麟，人生大部分时间都是在清末、民初度过的。他受诸子学尤其是孔子、孟子思想的影响，有浓厚的忠君爱国爱民意识，穷其一生都在为国力振兴、人民幸福而努力。但数次努力后的失败使其无奈与愤懑，曾发出"报国无能空涕泪，救民乏术付咨嗟"的感叹。赵炳麟所受的传统教育使其报国图强之举是温和型的，代表了晚清时期爱国士大夫的心态。

从粤西一名普通的读书人到进京入朝参与国事，是诸多粤西士人的终生理想，赵炳麟通过自己的努力做到了。当他想将自己推崇的孔孟思想付诸实践时，却处处碰壁。这是他个人的悲剧，也是时代的悲剧。但其留下的治政、治世良言和实践孔孟思想的努力是一笔可贵的精神财富。

与清代中期粤西诸子学的繁盛之势相比，清代晚期的粤西诸子学显得较为冷寂，但也呈现出其所处时代与地域的特点，即会通中西与经世致用。

会通中西的诸子学方法。清代晚期粤西两位有代表性的诸子学研究者均有深厚的家学传统，故能在接受西方文化影响后较好地将传统子学研究方法与西学思想进行融合，并在为文时灵活加以运用。蒋琦龄的高祖蒋颐秀是雍正年间的举人，敕授正七品散官文林郎，曾任河南泌阳知县等职。曾祖蒋振闿是乾隆年间举人，敕授正七品散官文林郎，曾任陕西安定、四川平武、直隶新乐等县知县。祖父蒋励常是乾隆年间举人，曾任融县训导，诸子学成就较高，有"一邑儒宗"的美誉。伯父蒋启徵、父亲蒋启敭是嘉庆年间进士，曾任河南、山东河道总督。叔父蒋启奂是道光年间举人。蒋氏家族世代读书应试中举为官，且均诗文皆精。如此深厚的家学功底，使得蒋琦龄自幼耳濡目染，亦积累了深厚的传统文学功底。咸丰七年

（1857）英国入侵梧州港时，蒋琦龄已四十一岁，正是为文的成熟期。自此之后的二十余年间，目睹列强践踏国土、建立教堂传播西方思想，以及太平天国运动，蒋琦龄于同治元年（1862）上疏提出强国的十二条举措时引用近代"睁眼看世界"的首批知识分子代表魏源的著述，"近人魏源著《圣武记》载之颇详"。可见，蒋琦龄已受西学思想影响。他在《进中兴十二策疏》中引用孟子之语表达图强的急迫之情："孟子曰'畏天者保其国'。""畏天者保其国"出自《孟子·梁惠王下》，意为"敬畏天命的人安定自己的国家"，其前一句是"乐天者保天下"。可见蒋氏深感国难当头，主张努力强国以抵御外侮。

生活于清末民初的赵炳麟自幼在父亲的监督与言传身教下饱读孔子、孟子、墨子、老子之书之余，还广泛涉猎庄子、荀子、管子、尸子的思想，可谓传统子学功底深厚。由于在粤西备受英、法列强经济掠夺、思想影响，以及在朝为官之时接受西学思想较久，赵炳麟在为文时曾引用管子关于治国的言论主张："凡国君之重器，莫重于令。令重则君尊，君尊则国安；令轻则君卑，君卑则国危。"赵炳麟站在传统子学与西学融合的角度阐述管子的治国理念，可见其子学研究已不局限于子学本身，而能在西学影响之下重新审视传统子学。

经世致用的诸子学思想实践。面对西方列强的侵犯，晚清的粤西学者在西学的冲击之下激发了强烈的爱国热忱与自尊自强心理。蒋琦龄主张文以载道，治学为治世之用，立言以救世，并将其思想主张直接向当朝的同治帝上疏，提出使清王朝再度中兴的"端政本、除粉饰、任贤能、开言路、恤民隐、整吏治、筹军实、诘戎行、慎名器、恤旗仆、挽颓风、崇正学"十二条策略；且冒着触怒帝王被治罪的危险，将千疮百孔的清王朝比作亟待医治的病人，提醒为政者要及时医治，故曰"抉摘时弊，不避嫌怨，兼忘忌讳，譬之医者洞悉病症，如能投药也"。蒋琦龄的做法远超出经世致用思想研究层面的意义，而是置个人生死于度外的孟子浩然之气与大丈夫人格的集中体现。

　　蒋琦龄去世后，其全州同乡赵炳麟出生，赵氏也在子学的研究中体现了浓厚的经世致用思想与诸多实践。被称为晚清三大名御史之一的赵炳麟在给光绪、宣统所进的80篇奏疏中以孟子、荀子、管子的思想结合清末的社会现实进行了深入的阐发，如在光绪三十二年（1906）给光绪帝《请推广农林疏——奏为请推广农林，以拯民生而固国本事》的奏疏中道"臣观《孟子》屡述王政，不外农桑畜牧"，从孟子的王政思想中洞见发展农桑畜牧于强国富民的重要性。他于宣统元年（1909）与全州同乡蒋宝英、林炳华等集资在桂林创办广西富强工艺民局，且在浔州、梧州、衡州、南宁、汉口、长沙等地设民局分号，主要从事农林种植、织布及樟脑制作等行业。赵炳麟先从思想上发挥诸子的经世致用思想，又以实际行动实践诸子思想，是清末粤西士人的典型代表。

第四章　民国诸子学对清代诸子学的传承

　　清代粤西诸子学的遗风并未因清王朝的灭亡而随之消亡，反倒以其博大精深的思想内涵深刻影响了后世的诸子学，其中最为典型的是民国时期广西学者在研究诸子时对清代粤西诸子学的传承。这种传承涵盖治学方法、阐述内容、扩大传播等诸多方面。民国学者中诸子学成就较大的典型代表有北流的冯振、陈柱与永福的张其锽。

第一节　"以子解子"的冯振

　　广西北流人冯振（1897—1983），字"振心"，自号"自然室主人"，原名"冯汝铎"，古典文学研究专家、教育家、诗人。曾在上海南洋公学、吴淞中国公学等校就读，在广西梧州中学、无锡国学专修学校、上海大夏大学、广西师范大学等校任教。先后拜近代著名国学大师唐文治、陈衍为师。在少年时代，就研读"四书五经"，并对老子、庄子、韩非子都作了全面研究，治学严谨，知识面广博，对文、史、哲、经、教、农、林、医、工、数皆有涉猎，且著作颇丰，其中尤以对先秦诸子学说、宋明理学、古文辞、文字学有深入研究，正如他在自传中所言"广心博骛，义理、词章、考据三者，每欲兼营并包"。其主要诸子学著述有《老子通证》《荀子讲记》《韩非子论略及提要》《吕氏春秋高注订补》四部。四部子学专著均为其在无锡国学专修学校任教期间所著。

清代粤西众多学者丰硕的诸子学成果给了冯振充足的研究空间与研究动力，其中冯振的诸子学与苏时学《墨子刊误》中首创的"以墨解墨"的研究方法有直接的传承关系。

苏氏《墨子刊误》的 533 条刊误中有 53 条采用了"以墨解墨"的研究方法。冯振也从苏氏的研究中受到启发，认为"解经者贵乎已经正经，尤贵乎以本经证本经"。在《老子通证》《荀子讲记》《韩非子论略及提要》中随处可见"以子解子"方法的得体运用，如《老子通证》中"以老解老"的研究方法贯穿全书。对此，冯友兰先生高度评价道："冯振先生此书，主张以老子本书证老子，与蔡廷干先生的意思相同。但是工作却比蔡先生好的多了。"当时蔡廷干的英语译注老子道德经《老解老》中也采用了"以老解老"的研究方法，但是没有冯振运用得范围广。

冯振将"以老解老"的研究方法推衍开来，将其运用在《荀子讲记》的写作中，即"以荀解荀"的文本互证法。冯振认为要全面展示荀子的思想内容，除了将荀子思想与同时代的诸子思想进行对比外，更应将《荀子》全书各篇章之间的内容进行相互印证并加以对比分析。《荀子讲记》全书共有 129 处采用了"以荀解荀"、前后文互相参照的研究方法，以此阐述《荀子》文本及荀子学说的系统性与逻辑的严密性。

在《韩非子论略及提要》中，冯振同样采用了"以韩解韩"的研究方法，尤其对韩非子任法观的诠释可谓将"以韩解韩"的诠释方法发挥到了极致——将《韩非子》十九篇中探讨任法问题的内容前后自然地串联在一起，从用法制选拔人才、以法治国、法治胜于人治、法势要重人造之势、法不离中、立法与执法原则、以物治人 7 个角度全面地诠释了韩非子的核心思想：法术势紧密融合的任法观。这种"以韩解韩"的诠释方法将《韩非子》作为一个有机联系的整体进行阐述，使得在不同章节体现出的同一思想观念得以全面系统地呈现，极大程度地还原了韩非子思想的原貌。

在冯振看来，任何一部典籍均具有系统而严密的内在逻辑体系，不能孤立片面地仅凭只言片语进行解读，更不能用孤证去破坏其整体的思想系统，更不能用"诸子注我"的方式把自己的观点强加给诸子原典。"以子解子"的研究方法，从文本出发，注重文本之间的逻辑关联，对原典中所体现的核心思想给予透彻的分析阐述，是诸子学研究方法的重大发现，极大地提升了诸子学研究的深度与质量。

第二节 光大墨学的陈柱

与冯振同为北流人的陈柱亦受清代粤西诸子学影响较大，其诸子学成就在民国时得到很高的评价。光绪十六年（1890）生于北流县（今北流市）民乐镇萝村的陈柱，原名"郁瑞"，一名"绳孔"，字"柱尊"，号"守云"，自称"萝村山人"。1907 年东渡日本成城中学就读；1911 年回国考取上海南洋公学（交通大学前身），师从国学大师唐文治，工诗赋，尤精于子学；1915 年毕业后任广西梧州中学校长，大力提倡新学，亲授英语、数学、国文课；1921 年起先后在江苏无锡国学专修学校、上海大夏大学、上海暨南大学、光华大学、交通大学任教。一生著述颇丰，有涉及经、史、子、集四部的著述 90 余种，其中诸子学著述最丰，有《诸子学说杂记》《诸子概论》《子二十六论》《墨学十论》《墨子刊误》《墨子间诂补正》《老子韩氏说》《老子与庄子》《老子论略》《老学八篇》《老子集训》《公孙龙子集解》等，多达 12 部，深受学界推崇与赞赏。著名国学大师唐文治曾评价他为"横空出世，足使千古学人才人一起俯首"。可见，陈柱在诸子学领域已达到一定的高度，其诸子学基于前人研究基础之上而有诸多创见，如对《墨子》的研究，就将苏时学的《墨子刊误》中的错讹之处详加刊误。

陈柱将同治六年（1867）羊城客寓校刊本重新校订，并将苏时学的《墨子刊误》与孙诒让的《墨子间诂》互相对勘，撰写《墨子刊误》四十二卷。

《墨学十论》由陈柱为无锡国专学生授课时的讲义整理而成，其编写宗旨是使学生"通其条贯，明其得失"，而不致断章取义。全书将《墨子》中的重要题目分列十篇加以论述，分别为：墨子之大略、墨学之大略、墨子之经学、墨经之体例、墨子之教育、墨子之政治学、墨子之文学、墨子与诸子之异同、诸子墨论述评、历代墨学述评。这些论题多为前者论述不多或被忽略的，是前代墨学研究的总结与有益补充。其在《历代墨学述评》篇中对苏时学《墨子刊误》给予点评：

> 继毕、王而为全书校释者，有苏时学，著有《墨子刊误》，其书刊于同治丁卯，孙诒让与梁启超书，称其为专门之学，陈澧为之跋云'苏爻山以所著《墨子刊误》见示，正伪字，改错简，涣然冰释，怡然理解。而《备城门》以下尤详，墨子以善守称，《备城门》诸篇，乃其法也。此又兵书之最古者，《墨子》之书害道，而爻山乃能取其长，探其奥，真善读古书者'。

对于苏时学在刊误《墨子》方面的开先河意义，陈柱借陈澧、梁启超的评价表示肯定与赞许，同时，对苏氏文中的讹误也直言不讳地指出：

> 观陈、苏两家所称道，则其书之足重可知，然以余观之，亦有钜失：
> 一、笃信伪尚书，故往往据伪尚书而误解《墨子》，如《非命中》篇，"仲虺之诰曰'我闻有夏人，矫天命，布命于下，帝式是恶，用爽厥师'"。苏氏云："此与上、下二篇所引，略见孔书，而其词稍异，所引《太誓》亦然。"真古文也，而世必以古文为伪，何欤？岂作书者不能雷同以徵信，反加点窜以致疑欤？抑孔书不足信，而《墨子》亦不足信欤（此说孙氏间诂未载入）？其笃信古文如此。故于《非命下》篇，"为鉴不远，在彼殷王"，苏

云"'殷'宜作'夏',《泰誓》曰'厥鉴惟不远,在彼夏王'",引伪书欲改"殷"为"夏",而不知作书者剿袭《墨子》,《墨子》所引之《泰誓》,乃伐纣后告诫之辞(此简朝亮说见《尚书集注述疏》卷末伪古文),而作伪者乃以为伐纣时之言,故改。

二、小学非其所长,故所说时或不免于陋。如《亲士篇》云"谿陕者速涸",苏注云"'陕'与'狭'通"(此说孙氏间诂不录),而不引《说文·阜部》"陕,隘也"为释,以明'狭'为'陕'之俗。《尚贤》篇"是在王公大人为政于国家者,不能以尚贤事能为政也"。苏注云"'事'当为'使'",二字形近而讹,而不知古"事""使"同为一字,见于金文也(见吴大澂《说文古籀补》)。

至其本书校勘之疏,尤为他书所罕见,如"则子西、易牙、竖刁之徒是也",乃《所染篇》之文,而录入《法仪篇》,《修身篇》"虽劳不图"而注竟以"暗"为"图",皆未改正。刊书草率,未免太甚。余详余所著《墨子刊误》,兹不赘。

苏书,孙氏间诂采取甚众,然亦间有不录者,如上所举二例之类是也。然苏书行世甚少,世之得见其书者盖亦寡矣。

与苏氏同时而治墨学者,有邹伯奇、陈澧、孙诒让与梁启超书称其学云:《经说上下》及《大小取》六篇,文义既苦奥衍,章句又复褫贸。昔贤率以不可读置之。茇山(即苏时学)刊误,致力甚勤,而于此六篇竟不著一字。专门之学,尚复如是,何论其他?唯贵乡先达兰甫(陈澧)特夫(邹伯奇)两先生,始用天算光重诸学发其恉。惜所论不多,又两君未遘精校之本,故不无望文生训之失。

可见,陈柱对苏时学首创之功加以肯定的同时,对其失误亦直言无隐,如"小学非其所长,故所说时或不免于陋""本书校勘之疏,尤为他书所罕见""刊书草率，未免太甚""专门之学，尚复如是，何论其他？"等语均系秉笔直书，毫不隐讳。在陈柱看来，既然对《墨子》进行刊误，作为专书理应是系统全面的刊误，而苏氏的刊误中对《经上》《经下》《经说上》《经说下》《大取》《小取》六篇文义艰涩难懂一直不能读的篇目却只字未提，绕开困难，非严谨治学者所为。陈柱是站在客观公正的角度中肯地指出《墨子刊误》的优点与瑕疵，瑕不掩瑜，这样的评价不否认苏氏治墨学致力之勤，亦不掩其首开先河的重要意义。

苏时学的《墨子刊误》发行量不大，学者对其知之甚少。很多学者是从孙诒让的《墨子间诂》中间接了解苏氏的墨学研究成果的，因孙诒让引用苏氏观点甚众。陈柱对苏氏墨学成果的评价在很大程度上扩大了苏氏墨学的影响力，加之陈柱在继承苏氏墨学成果的基础上加以客观的评述，使得粤西人士的墨学研究成就得以广昭世人。苏氏墨学的传播之功当首推陈柱。

第三节　通解《墨子》的张其锽

张其锽（1877—1927），字"子武"，号"无竟"，广西桂林永福县苏桥镇人。出身仕宦世家，其祖父张允勋曾因平定广东匪寇有功，署封川知县；其父张琼为同治年间举人，曾任广东试用知县。张其锽六岁开始读书，有过目成诵之功。十九岁在广东广雅书院深造，光绪三十年（1904）进士，曾任湖南零陵、芷江、蓝山等县县令，民国湖南都督府军务厅厅长、陆军上将、广西省省长。因勤政爱民、为政公正，颇有政声。张其锽自幼在祖父与父亲的教诲下熟读经史子集，对于易经用功尤深，且对儒、墨、道、法、名等先秦诸家均有深入研究，而尤为精通墨学，有《墨经通解》四卷及《墨子大取篇校注》行世。

张其锽的《墨经通解》参考历代诸家之说，择长弃短，分别标出前人的校订、校注，然后阐述自己的理解。书后附有《墨经上下考目》《经说上下次第考》。著名学者梁启超为其作序，并给予了高度评价。

尽管没有专门记载张其锽《墨经通解》与清代粤西诸子学，尤其是苏时学《墨子刊误》之间有直接的相承关系，但孙诒让的《墨子间诂》确为清末墨学集大成者，是民国研究墨学者无法避开的重要参考。苏时学的《墨子刊误》成果是孙诒让《墨子间诂》采纳六家成果之一，这势必对张其锽的《墨经通解》撰写产生深远影响。而张其锽的《墨经通解》除对《墨子》文本进行全篇的解读阐释之外，又将其中最难解读的也是苏时学刊误时未加以刊误的《大取》篇以专书的形式详加校注。其勇于面对困难的精神及墨学功力之深厚可见一斑。张其锽的《墨经通解》也自然成为民国时期《墨子》研究的标志性成果。

综上所述，清代粤西诸子学者所取得的斐然成就不仅极大地丰富了清代的学术园地，而且以其敢为人先的勇气、严谨的治学精神、忧国忧民的家国情怀铸就了粤西人筚路蓝缕的开创精神、忠贞不渝的民族气节、造福桑梓的博大情怀等粤西人文特质。因清代粤西诸子学的强大生命力与感染力，民国及以后的诸子学与桂学研究对其多有传承。

228

第五章　清代粤西文化特质与粤西诸子学

　　粤西作为汉族与壮族、瑶族、侗族等十二个少数民族聚居区，山地多，土地贫瘠，是陆地连接越南及海上与东南亚各国往来的要冲，这使得粤西具有区别于其他省份的独有特质。这些特质是从秦朝统一岭南设置桂林郡、象郡开始将其纳入中央王朝版图后，经过历代发展逐步积累起来的。在王朝兴盛时代，粤西也因执政者的开明与鼓励政策呈现繁荣之势。在政权更迭的乱世，粤西往往因为土地贫瘠、人民谋生艰难而率先出现社会矛盾激化之势，又因地势险峻，易守难攻，使得导致社会动荡的残余力量长期存在而平息较晚。与周边国家交好之时，粤西较内地更为受益，在边贸的有序发展中经济得以发展；在与周边国家尤其是越南产生矛盾摩擦时，粤西在社会秩序、经济发展、思想文化交流方面遭受的破坏最为严重。

　　诸子学在清代的发展因上述综合因素的影响而呈现边疆少数民族独有的特点，包括：因地处偏远而主动向中原较为先进的诸子思想研究圈靠拢的上进意识；通过家学传承或自我勤奋苦读而走上仕途后，欲以自身所学报效国家的士人心理；登科为官得志后造福乡梓的反哺行动；社会矛盾激化时各民族勠力抵御外侮而促进汉族与少数民族自然融合的局面；利用与邻国接壤的地域优势，接受海外思想并主动将最新文化研究成果向外传播的努力与实践。

　　这些特质深刻影响了清代粤西诸子学的研究，同时诸子学的研究也反映了这些特质。由此而呈现的丰硕成果丰富了清代的粤西文学研究样式，也为后世提供了研究方法上的创新与研究基础的铺垫。

第一节　粤西士人在外为官的经历与传播粤西文化

从明代末年开始，随着改土归流政策的实施，来粤宦游的中原人数量不断增加，部分汉族随军进入粤西，汉族商贩带来中原商品换取粤西的土特产，加之清政府推行招民垦荒政策等诸多因素影响，清代的粤西与中原的交往日益频繁。这极大地拓展了粤西人的视野，粤西人主动向先进思想文明靠拢的心态使得通过考取功名赴外省任职的粤西士人逐渐增多。

雍正十一年（1733）开始，清廷诏令全国各地设立书院，这是清王朝实行文字狱钳制文人思想、加强思想文化控制后的首度开禁。自此，粤西也同其他省份一样，各地纷纷设立书院，除了省会桂林的秀峰书院、宣成书院、桂山书院、榕湖书院四大书院外，还有南宁府的兴会书院、梧州的藤州书院、玉林的石南书院、钦州的东坡书院、百色的羊城书院、防城的粤东书院、北海的海门书院、柳州的柳江书院、宜州的西邕书院、崇左的思齐书院等 258 所书院，遍及粤西全境。这些书院承担了学者讲学、传播思想的主要功能，是思想文化传播的主要阵地。

粤西士人在外为官期间将粤西文化带到中原，在仕途结束后多回乡在书院讲学或著书立说，又使得粤西诸子学成果在粤西境内得以迅速而广泛地传播，如郑献甫十六岁入象台书院、柳江书院读书，在一年之余的短暂京城为官后即回乡潜心授徒著书，除在当年读书的象台书院任教外，还在省城的秀峰书院、榕湖书院、孝廉书院，省外的广州越华书院、顺德凤山书院、宜州德胜书院、庆江书院等任教，前后达三十余年，所涉范围遍及岭南。苏时学除在家乡藤州书院任主讲外，还在省城的榕湖书院任教。

这些为官士人在各地尤其是京城任职期间，将长期积累的诸子学成果与思想通过在为官地治理灾患、兴办教育等为政举措传播至各地，尤其陈宏谋、谢济世等人在外为官时间长、为官地域广，使得具有粤西特色的诸子学传播的范围也更加广泛，影响也更为深远。这种传播既体现了粤西向中原先进文化积极靠拢的思想意识，也体现了粤西士人传播地域学术思想的积极心态。由此逐渐缩小了粤西与中原文化的距离，缩短了粤西与中原思想文化上的差异。

一、粤西士人在外为官的经历与诸子精神

清代粤西文人在外省为官者为历朝之最，本书所论及的十位学者中，除蒋励常仅在粤西境内的融县任训导一职外，其余九位均有在省外为官的经历。谢良琦曾任浙江淳安、河北蠡县、江苏宜兴县令及常州、延平通判等职。谢济世曾任翰林院编修、浙江道监察御史、湖南粮储道、湖南盐驿道。陈宏谋曾任东阁大学士兼工部尚书、江西巡抚、湖北巡抚、河南巡抚、福建巡抚、江苏按察使、天津分巡河道使、湖南巡抚、扬州知府、江南盐驿道等职，任经十二行省，长达三十余年。苏时学曾任内阁中书。俞廷举曾任四川定水县知县。郑献甫曾任刑部主事。龙启瑞曾任翰林院修撰、顺天府乡试同考官、广东乡试副考官、湖北学政、通政司副使、提督江西学政、江西布政使等职。蒋琦龄曾任翰林院庶吉士，国史馆协修、纂修、总纂，文渊阁校理、汉中府知府、西安府知府、四川盐茶道、顺天府府尹等职。赵炳麟曾任翰林院编修、监察御史、皇帝侍讲等职。

可见，在省外为官，尤其在京城为官的经历，对于生活在偏远地区的粤西士人而言，无疑是增加阅历、扩大视野、了解中原文化的同时传播粤西思想文化的绝佳机会。这些学优登仕、摄职从政的士人多经过数年的勤学苦读才取得在外为官的机会，加之受子学"学而优则仕，仕而优则学"思想影响，为官之余多有文学创作。为官任上所见与贫瘠的粤西对比，激发了士人功成名就之后造福乡梓的反哺之情。这些因素共同铸就了粤西士人独有的诸子精神。

（一）孟子的浩然之气与民本精神

粤西学者中研究孟子的学者最多，清代十位粤西学者均在著作中体现

了对孟子思想的研读与阐发，尤其是陈宏谋与郑献甫更有卷帙浩繁的《孟子注》。在潜心研究孟子思想的基础上，在外为官的粤西士人多潜移默化地受到孟子思想精神的影响，尤其是孟子"至大至刚的浩然正气"与"民为贵，社稷次之，君为轻"的民本思想精神对粤西士人影响最大。这在其为官任上的诸多表现中有明显的体现。如蒋励常在五十岁的知天命之年才任融县教谕之职，但其上任后竭尽全力为当地培育英才，后有升任西隆州教谕的机会，但因官员的索贿而愤然辞官回乡。蒋励常的为官生涯尽管时间短，官职低微，但能真正以民为重，曾道"一邑一官虽所及无几，诚能使一方之民敬若神明，爱如父母，亦足验所学之不虚"。无论官职大小，蒋励常认为都要竭尽全力维护一方百姓利益，方不辜负所学，其修身治世的思想与行为代表了粤西士人精神，是粤西士人的缩影。

谢济世在任御史时得知河南巡抚田文镜鱼肉百姓的事实后，不畏田为雍正帝的宠臣，直接向雍正帝进谏，陈说田结党营私、贪虐不法、行同鬼蜮、性似豺狼，以致人心共愤、怨声齐沸，因而触怒了雍正帝，被革官发配。谢济世以百姓利益为重，不惧淫威，为民请命、革除时弊，虽粉身碎骨而不旋踵的浩然正气是粤西士人的典型代表。

因学问、人品俱佳而被誉为"粤西才子"的俞廷举在三十六岁时始任四川定水县知县，历官六任，以赋性耿介、善政爱民著称，以"宁可得罪上司，不可得罪百姓"为为官准则。后因廉明正直得罪权贵，毅然挂冠而去。在俞廷举看来，为官的目的是为百姓谋福祉，这是对孟子保民思想的最好诠释与实践。

清末民初的赵炳麟任翰林院编修时，与康有为等热心报国的仁人志士一道为兴国图存而奔走请命，连续写下了八十封奏疏力陈保民兴国之利。面对袁世凯的野心，他敢于弹劾，直指其树植私党，挟持朝廷、党羽众多、包藏祸心。其直言敢谏之威名一时震惊朝野，被誉为"铁面御史"。赵炳麟不顾个人安危敢于直言进谏的勇气，源自其作为粤西人自幼养成的不畏险阻的性格与受孟子舍生取义思想影响的远大志向。

孟子的浩然之气不只是粤西士人，也是整个"中华民族，特别是知识分子的人生理想"。孟子的大丈夫精神与保民精神的影响，除了体现在粤西人士对孟子思想的阐述中，更直接体现在他们在外为官的具体实践中。

（二）墨子筚路蓝缕的开拓精神

孔子认为只要阐述前代典籍和思想文化而不自己创作，信从并且喜好古代留下来的好传统就够了。墨子明确表达对孔子"述而不作"观点的反对，认为既应该对古代的善进行阐述，也应对当下的善进行创作，以此希望善的东西越来越多。墨子以其小手工业者的低微社会出身，在习儒时认为儒家"厚葬糜财而贫民、久服伤生而害事"，毅然离开儒门自创墨家，一生均在止楚攻宋、止齐伐鲁等非攻、兼爱之事中奔波劳碌。即便可以预知失败也倾尽全力而为，这既是墨家"兼爱、非攻"思想的体现，也是墨家勇于开拓精神的体现。

墨子的这种开创精神深刻影响粤西士人诸子学研究的同时，更影响其为官实践。如赵炳麟能突破传统，意识到通过科技才能救国，不仅以奏疏的形式希望执政者能改良政治，以图中兴，而且开创性地提出应精造军械、开办工厂发展经济等举措，并亲自实践。他于宣统元年（1909）在湖南、湖北、粤西等地开办工艺民局，鼓励农林、织布、樟脑制造等经济生产，极大地促进了当地的经济发展。

全州籍的谢良琦在任素称难治的江苏宜兴县令时，创造性地提出"诛奸宄、绝贪缘"等系列举措，严惩犯法作乱、攀附权要、蹂躏百姓之人，以正风俗。在其后多次的海逆倡乱中，周边郡县受害严重，唯有宜兴无恙，当地百姓感激备至。治理宜兴有功的谢良琦后因遭诬告被废置兰陵。

蒋琦龄出任陕西西安府知府前，当地匪患严重而为官者无计可施。蒋琦龄到任后，率先创立团练，在平原筑堡、高山筑寨，堡寨外环以深壕，濠上翼以羊马墙，立条规"勤训练，选丁壮，讲联络，查奸细"，士民莫不称便。全陕团练起，堡寨成，十余年无屠烧掳掠之祸。又督办保甲，令居民编户口清册，立新章于会垣，严谕烟馆旅店毋停匪人，分派营弁游徼叠守。于是长安十万户桴鼓不惊，内奸弭而外寇无从伺其隙。当地人皆感激蒋琦龄的方略，识者均韪之。

不为艰险所慑，勇于开拓、敢于创新的为官之举使得粤西士人在为官任上均有直声、政声。这种精神的凝练与粤西士人生活的自然环境有关，山势险要、土地贫瘠的艰苦环境造就了粤西人不惧困难、勇于开拓创新的士人之风。

（三）老子慎终如始的坚持精神

《老子》第六十四章中曾道："民之从事，常于几成而败之。慎终如始，则无败事。"老子认为，人们做事情，往往在将要成功的时候招致失败；要像开始那样谨慎地一直做到最后，就不会败坏事情。老子这种遵循事物发展规律，始终如一的坚持精神，对诸子学研究甚深的粤西人影响至深。最为典型的是粤西历史上为官最久、官职最高、民间影响最大的陈宏谋和几经官场沉浮的谢济世。

陈宏谋在外省为官达三十余年，历经十二行省、二十一职。尽管每任官职任期都不长，但他始终坚持以大局为重，在治理水患、发展教育等方面作出了杰出的贡献。如在任云南布政使期间，鼓励当地居民开采铜矿，并制定了严格的采矿管理制度，使得云南的冶矿业迅速发展，从而带动了经济发展，改善了人民的生活水平；同时组织义学，发展教育，各府、州、县，乃至部分乡村也建有义学，在短期内建成义学七百余所；作为义学教育的补充，还广建书院，筹措教育经费，筹款刊刻古籍，使得远离中原的偏远少数民族地区教育得到了迅速的发展。在任直隶天津道时，屡次乘船察访水利，在反复调研的基础上把所辖范围内的村庄河道绘制成图，有针对性地对南运河采用放淤法，对海河采用加高河道、疏挖引河的方法综合治水，革除了天津、沧州、景州等地多年的水患。在任江苏按察使时，当地贪官盛行，案牍累积甚久，水患灾害严重，在天灾人祸的双重重压下，百姓怨声载道、苦不堪言。陈宏谋即刻拟定官吏的奖惩制度，清理积案，同时在数次的亲自察访基础上构筑崇明的海塘堤坝，疏通河道引泄太湖水，为多年遭受水患之苦的当地百姓解除了后患。在任陕西巡抚期间，带领官员百姓重修古陵，保护古迹，并结合当地丘陵多的特点鼓励百姓广植树木与杂粮作物，开凿水井解决人畜用水难与农田旱涝不保的问题。

在一时一处做出政绩容易，但是能在三十余年间面对各种艰难险阻时始终如一地勇敢面对与克服，非有深厚德行修养定难为之。《清史稿》评价其"焦心劳思，不遑夙夜"，陈宏谋虽因弹劾贪官佞臣，六次被降职甚至革职，但在重新被起用后仍坚持原则，秉公行事，充分体现了坚持不懈、励精图治的优秀官风。

与陈宏谋六度宦海沉浮的经历相比，谢济世因坚持肃清弊政、为民请命而四次被诬陷、三次坐牢、两次丢官、一次陪斩，可谓九死一生。谢济世在二十四岁时中进士进翰林院开始为官生涯，十四年后任浙江道监察御史，上任不足二十天即因弹劾贪官被发配至新疆阿尔泰；九年后被召回任江南道御史，三年后任湖南粮储道，在任湖南粮储道的第五年因对《孟子》《大学》的注疏中"有与程朱不合之处"险些丢官；后又弹劾衡阳、善化两地知县向百姓额外索要钱米而得罪湖南巡抚被革职；事后乾隆帝查明真相，将谢济世复职任湖南盐驿道，任职一年后被湖南巡抚诬告革职。谢济世在二十三年的为官生涯中有九年是在气候条件恶劣、生活环境清苦的发配地新疆度过的，其余时间均因保护百姓利益而得罪权贵，在被诬告、革职乃至下狱陪斩中度过。但谢济世始终没有放弃以天下苍生疾苦为己任的初衷，在遍尝人间苦难之时坚持救济世道人心。

粤西士人在外为官尽管官职高下不同，时间长短不一，但其中所体现的浩然之气、以民为贵、开拓创新、坚持不懈的诸子学精神均贯穿其为官生涯的始终。这种难能可贵的精神品质是受诸子学的思想影响、生活的地域环境等综合因素所致。

二、粤西诸子学对中原文化的接受与传播

诸子学是古代文人治学必备的基本功，故清代粤西士人纷纷研读诸子之书，主动学习诸子思想。这种学习的背后，既有为参加科举考试取得功名的切身利益需求，也有对中原先进文化的羡慕。粤西诸子学者对包括子学在内的中原文化的接受与传播方式主要有四种途径：在中原为官、在粤西书院任教、义学的广泛建立、书籍刊刻量的增加。

粤西士人在中原为官尽管时间长短不同，如郑献甫仅在京城刑部江苏、云南司主事十四个月便辞职回乡任教。而陈宏谋的为官生涯却长达三十余年。有的官职低微，如俞廷举仅做过四川定水县的知县，有的位高权重，如苏时学任内阁中书、奉直大夫，谢济世任浙江道监察御史，龙启瑞任翰林院修撰、顺天府乡试同考官，陈宏谋任宰相，赵炳麟任御史。但这些因素都不影响粤西士人对中原文化有深入了解，并在卸任或辞官后以著书、讲学等方式在家乡进行传播。

清代士人讲学的主要场所是书院与义学，在政府与地方官吏的提倡与支持下，粤西建立了大量的书院与义学，尤其是改土归流政策实施后，不仅以前接受中原文化较早的省城桂林设有书院，粤西西部、南部等较为偏远地区也陆续建起书院，如归顺州（今靖西市）的道南书院、泗城府（今百色市凌云县）的云峰书院、宜州（今河池）的德胜书院都为当地士民接受中原文化提供了平台。与官学相比，书院较为开放自由的交流环境更利于前沿学术思想的传播。加之山长与主讲多为德行兼具的饱学之士，见多识广，阅历丰富，如郑献甫、蒋琦龄等均当过山长。同时，书院以讲授"四书""五经"及各派学术思想为主，对于中原文化的传播无疑是利好之举。

与城市书院不同，由地方款项资助设立的义学主要承担针对贫寒子弟进行启蒙教育即基础教育的任务。因是免费入学的义务教育，故称"义学"。义学多分布在乡村。仅清代，粤西就设立义学两百余所。大量兴起

的义学多讲授经书文艺等内容。有些义学拟有条规，明确规定蒙童须严格遵守"崇道统，博经史，敦实行，尊严师，会讲章，戒怠惰，防静驰，乐为善"等教学宗旨，其反映的主旨思想均为中原文化中的孔孟观。义学与书院互为补充，极大地提高了粤西士民的受教育水平，同时也加速了中原文化在粤西的传播。

随着印刷事业的蓬勃发展，粤西也与全国各地一样，刻书业较历代发展均呈现迅猛的势头。刻书地点遍及粤西全境，刻坊数量迅速增加。据官方统计，仅是省城桂林就有五十余家刻坊。这些刻坊主要由官方所设，亦有民间社团、家族自主建立的刻坊。一时间，官刻本、社团刻本、家刻本、坊刻本的书籍大量面世，其中官刻本主要刊行科举考试的试牍、地方志、类书以及经、史、子、集等著述；社团刻本的主体为慈善团体、宗教团体、地方商会等群众组织，以刊刻宗教宣传用资料、会馆条规、民间验方等宣传教育为宗旨的书籍；家刻本为富绅、地主、官僚等富裕家族出资刊刻的家族或乡贤创作的文学作品、族谱、家塾用书等，以传承家学传统或保留家族珍贵资料为主要目的；坊刻本为书商开设，多刊刻蒙学读物、民间历书、戏曲唱本、医案药方等实用性强的书籍以达到盈利的目的。

各类刻本相互补充，包含范围广泛、内容全面、种类繁多。各类刻书成为清代粤西人接受中原汉文化并传播粤西思想文化的主要媒介。

士人讲学、书院与义学的设立、刻书量的增加等综合条件共同作用，加速了汉文化传播的过程，同时也加深了粤西各民族接受中原文化的程度。这是以往历代都无法比拟的民族融合与文化渗透深度。

第二节　粤西诸子学在中外思想交流中的纽带作用

与中原相比，粤西地处偏远的西南边疆，远离中央集权制的政治中心，中央政权对其统治力量相对薄弱。经济、文化欠发达，为其不利因

237

素。同时，粤西也是西部地区唯一的沿海省份，今北海市的合浦是古代"海上丝绸之路"的重要始发港。陆地上与越南接壤，处于中越交往的前沿，两地边贸口岸众多，经贸交往频繁。在此基础上的思想文化交流也日益增多，越南等东南亚国家大量习得的中国语言、文字、文学等均通过粤西的中转来完成，粤西诸子学作为其中重要的组成部分也在中外思想交流中起到了桥梁纽带作用。

一、粤西占据连接清政府与东南亚枢纽的地位优势

古代海上丝绸之路中，北海是三条路线中南线的重要始发港，从北海出发，经由马六甲海峡、印度洋可以实现与东南亚、欧洲等地的贸易往来。且粤西陆地与越南接壤，秦代统一岭南后，发展至汉代建立了交趾、九真、日南三郡，这三郡覆盖了今越南的北部地区。直到光绪十一年（1885）年中法签订《中法新约》，清朝放弃对越南的宗主权之前，中国与越南一直保持着以册封、朝贡为核心特征的稳定宗藩关系。如唐元和十年（815）"文笔闻交趾"的越南诗人廖有方请被贬为柳州刺史的柳宗元为其诗集作序；《清实录》记载了近二十则越南阮朝向清政府请求派粤西兵力到越南平定农民起义的史实；清政府规定越南四年一次的如贡必须走经由陆路至广西凭祥州，经镇南关、广西太平府（今崇左）达桂林府，再由水路过平乐府，溯桂江北上，经阳朔、大墟等地抵达桂林府治临桂县（今临桂区），再溯漓江经灵川，溯灵渠抵达兴安，而后顺湘江，经全州出粤西，进入湖南，再经河南等地抵京师；中国派遣使团至越南册封、谕祭也由粤西经过。诸多史实等均表明中国与越南悠久频繁的往来均以粤西为纽带，这使得粤西具备了内陆省份所不具有的与海外各国，尤其是东南亚各国交流的便利条件。这种地域上的优势也促使粤西成为中外思想交流的重要阵地。

二、粤西诸子学促进中越文化交流

粤西与安南的交流往来因地域相连，故较为频繁与广泛。从《广西大事记·清代》中的主要事件可见两地交往之广之深：乾隆七年（1742），大量安南饥民流入宁明、龙州、土江、土思等州行乞，持续数月，清廷令"分别存恤""递送回籍"，并知照安南；乾隆八年（1743），两广总督策楞奏请在钦州西境竹山村至东兴街沿边三十里与安南交界之地的南宁、太平、镇安三府沿河种竹为栅，以杜绝边民偷越边境；乾隆九年（1744），粤西巡抚托庸奏准在原已开放平而、水口两关的基础上，增开由隘一处，允许与安南通商；乾隆二十年（1755），廉州口海关奉行两广总督杨应琚制发的《夷米钞规》，对载运粮食进口船舶，按分载科征，鼓励商民往安南贩米回国，一时安南米云集廉州各地；乾隆五十五年（1790），安南国王阮光平及随行大臣吴文楚等一行入镇南关赴北京朝觐并祝乾隆帝八旬寿诞，入境后由两广总督福康安陪同，广西按察使汤雄业护送，七个月后，阮光平一行自北京返抵镇南关，粤西巡抚陈用敷为其设宴饯别；乾隆五十六年（1791），两广总督福康安制订并颁布《开关通市章程》十六条，这是历史上第一个关于中越边境小额贸易的管理文告；乾隆五十七年（1792），粤西地方政府在宣化开办边境贸易牙税；同治七年（1868），壮民起义首领吴亚终率部分主力退入越南牧马，后越南国王进表清廷，清廷即令粤西巡抚苏凤文、提督冯子材督清军分道并进，会同越南兵两面夹击吴亚终部；光绪八年（1882），吏部主事唐景崧奏准亲赴越南联络刘永福等华人武装力量；光绪九年（1883），越南国王请清廷派兵援助抗法，随后刘永福率黑旗军于越南河内纸桥设伏，大败法军，后粤西巡抚倪文蔚募兵四营，增援驻越南北宁一带桂军；光绪二十五年（1899），法国在北海领事馆设立"法国信馆"，后归法属安南邮政总局管辖，称"安南北海邮局"。

可见，清代粤西与越南的交往涉及政治、军事、经济、文化等诸多领域。双方频繁的政治、经济、文化交流必然促进思想文化的发展。由于清代粤西士人在中原为官数量的增加、粤西书院与义学的普遍设立以及刊刻业的繁荣，清代粤西诸子学出现繁盛并在全境广为传播的情况，随着两国边贸与使臣的频繁交往而传播到越南。其中既有官方赠予越南使臣的子学著述，也有越南使臣在粤西自行购得及民间学者往来互赠的包含子学思想内容的书籍。越南学者又通过学习诸子学思想而加深对中国传统文化的了解。在此基础上，越南出现了很多受诸子学影响的文学作品与曲艺形式。粤西以其对越交流的前沿地位优势将中原的先进思想文化经过注疏或义理阐述后传至越南，加强了汉文化在越南以及境外其他国家地区的传播过程、传播广度与传播深度。

第三节　清代粤西诸子学的历史地位与影响

清代粤西诸子学作为清代地域学术研究的一部分，势必受清代全国诸子学研究的风气影响，并反映诸子学在清代的断代特点。对清代这一特定历史时期、粤西这一特定区域的学术现象进行历史定位并探讨其影响，前提是将其置于广西的学术史与清代诸子学的整体发展史上做历时与共时的考察，且这种考察必须在概括提炼清代粤西诸子学整体特征的基础上进行，方能得出较为客观合理的结论。故此尝试通过纵向与横向的比较，探求清代粤西诸子学在广西学术史与清代诸子学史上的成就、影响，对清代粤西诸子学作出公允的评价。

一、清代粤西诸子学的整体特征

清代粤西诸子学由于受清代以前本地学术文化与清代全国范围内的学术风气影响，呈现了时间与空间上的不同特征，主要表现在清代前期、中期、晚期各具特色，空间上表现在北部、东部、中部发达，西部、南部较为滞后的不平衡，同时也产生了具有全国影响力的诸子学成果。

（一）不同历史时期呈现不同的诸子学特点

与清代诸子学发展相对应的粤西也呈现了历时的不同特点，即初期、中期、晚期的诸子学特点各不相同。清代初期由于受不断发生的农民起义导致的战乱影响，诸子学者以敏锐的视觉观察时政，将诸子学与国家命运、百姓生存状态相结合，也体现了当时全国重视实证的诸子之风。明清两朝政权的更迭也是两个不同政治集团的斗争，传统士人的忠君思想使得他们视清朝为叛逆乱臣，不能接受清王朝的统治，反映在诸子学上即为对仁政的关注与民本思想的体现。明清政权的更替，汉民族建立的明朝政权退出历史舞台，同时作为少数民族的满族建立的清朝政权登上历史舞台，从思想意识层面而言，这是汉族士人所无法接受的，故清初的诸子学又有明显的晚明遗风。清代新政权建立之初，想从思想上钳制汉人，实行严酷的文化统治，文字狱就是最为明显的表现。所以该阶段的粤西诸子学有明显的时代政治因素的映射。谢良琦是由明入清的文人，也是清代最早在文章中系统体现诸子思想的学者，其诸子学便有明显的晚明遗风的痕迹。谢济世因反对宋明理学的虚浮在注疏过程中被抓住把柄治罪，谢济世注疏案也成为清代初年轰动全国的文字狱案之一。

清代中期粤西诸子学受全国诸子学繁荣之势的影响也出现了鼎盛的局面。不仅诸子学者较多、诸子学成果丰富，而且有体现粤西地域特色的成果出现，包括：苏时学在深入研读基础上撰写的首部《墨子》文本勘误著作《墨子刊误》，成为全国墨学者争相引用的对象，苏时学也成为当之无愧的治墨大家，同时也体现了清代墨学的复兴；郑献甫是粤西首位研究诸子学的少数民族学者，他的孟子学在总结前人成果基础上颇多创见，更深层的意义在于体现了壮族等少数民族文人对汉族思想文化的认同与主动传播；蒋励常在研究诸子的同时，将大量的精力投入书院的讲学之中，体现诸子学在为粤西培育地方英才过程中所起的重要作用。

清代晚期社会矛盾加剧，除了有以往历代政权衰微之时的农民起义，还有西方列强的入侵，尤其在西方坚船利炮打开中国大门之后，士人开始反思传统的埋头考据并不能改变被欺凌的现实，开始关注西学与传统子学的结合及诸子义理的阐发。这在蒋琦龄、赵炳麟的诸子学研究成果中均有明显的体现，尤其在其奏疏中体现得最为突出。

（二）诸子学呈现出地域发展的不平衡

清代粤西诸子学呈现了明显的地域上的不平衡：主要的诸子成果出现在北部、东部及中部地区。这与粤西当时所处的地理位置以及各地经济发展水平的不平衡息息相关。

粤西北部为以桂林为中心的首府地区，是全省的政治、经济、文化、军事中心。桂林地区水系发达，桂林地处联系粤西与中原的主要通道"湘桂走廊"的南端，通过与湖南的水路交通进而与中原往来频繁。"当三司之冲，南江十一郡之冠"充分体现了桂林作为省会城市的要塞位置。同时作为省会的行政枢纽地位也促进了桂林的商业发展与经济繁荣，交通的便利与经济的繁荣促成了浓郁的学风，出现了临桂的龙启瑞、陈宏谋，全州的谢良琦、谢济世、蒋励常、蒋琦龄、赵炳麟等诸子学者。

粤西东部及中部地区是广西诸子学最早萌芽的地区，苍梧的牟子、藤州的契嵩均来自这一地区。加之与当时经济文化较为发达的粤东（今广东）地区有便利的水路交通联系，促进了商业发展，加强了思想文化交流。该地区也是明代外来移民较为集中的地区，而因躲避战乱或垦殖开荒等从中原迁移来的移民本身有较为传统的读书取仕思想，竭力为子孙后代营造读书环境，提供读书所需的便利条件。这种思想也同时影响当地包括壮族在内的各少数民族。藤州的苏时学、象州的郑献甫均生活在这一地区。

粤西的西部地区山势复杂，不利于耕种，又地处内陆，交通不便，且由于处在粤西与贵州两省交界地区，凡政权更迭之时该地必置于战乱中心，导致该地区长期为经济落后的蛮荒之地，民不聊生。加上历代政府实行以夷制夷的少数民族统治政策，传统世袭制的土官为了维护自身的统治地位，多实行限制少数民族子弟读书的愚民政策，严重阻碍了政治、经济、文化的发展。直至到了清代，粤西北部、中部地区思想文化已经极为繁荣之时，西部地区仍是严重落后的文化开发不充分地区，因此，没有出现诸子学者及相关成果。

可见，地域经济文化发展的不平衡直接影响了清代粤西诸子学发展的不平衡。

（三）诸子学者治学兴趣广泛且均有所获

十位有代表性的清代粤西学者均非专注诸子学，而是在诗歌、词学、方志学、目录学、校勘学，乃至医学、教育学等领域均有所用力，且有较为丰硕的成果呈现，具体成就如表5-1。

表5-1　十位清代粤西学者成果一览

学者	相关诸子学著述	治学领域	其他著述
谢良琦	《醉白堂文集》	诸子学、诗学	《谢献庵诗选》《钓谱》
谢济世	《梅庄杂著》《论孟笺》	诸子学、经学、史学、诗学、医学	《大学注》《学庸注释》《经义评》《易在》《史评》《纂言篇》《一斋集》《西北域记》《箧藏十经》
陈宏谋	《孟子考辑要》	诸子学、经学、方志学、史学、教育学、小学、诗学	《四书考辑要》《大学衍义辑要》《小学纂注》《近思录集解》《孝经注解》《四礼》《唐宋诗醇》《资治通鉴纲目三编》《甲子纪元》《三通序目》《五种遗规》《课士直解》《湖南通志》《陈宏谋家书》
苏时学	《墨子刊误》	诸子学、史学、诗学	《宝墨楼诗册》《羊城游录》《爻山笔话》《镡津忠义录》《镡津考古录》
俞廷举	《一园文集》	诸子学、诗学、方志学、医学	《静远楼诗集》《四川通志》《金台医话》
郑献甫	《孟子注》《孟子翼注》	诸子学、诗学、方志学	《补学轩文集》《补学轩诗》《鸿爪集》《鸡尾集》《鸥闲集》《象州志》

（续上表）

学者	相关诸子学著述	治学领域	其他著述
蒋励常	《岳麓文集》	诸子学、经学	《十室遗语》《养正编》《养蒙篇》《类藻》
龙启瑞	《论孟子》《经德堂文集》	诸子学、词学、文字学、诗学、音韵学、目录学	《古韵通说》《小学高注补正》《尔雅经注集证》《字学举隅》《经德堂诗集》《浣月山房诗词抄》《浣月山房随笔》《经辑举要》
蒋琦龄	《空青水碧斋文集》	诸子学、诗学	《空青水碧斋诗集》《南山和苏》《空青水碧斋尺牍》
赵炳麟	《赵柏岩集》	诸子学、史学、诗学	《光绪大事汇鉴》《宣统大事鉴》《潜并庐诗存》《潜并庐诗存初续》

粤西学人广泛的治学兴趣与传统的家学影响、丰富的阅历、多民族杂居共处的生活环境等因素有关。清代粤西学者多出身书香门第世家，受深厚、广博的家学治学传统影响，自幼广泛涉猎多种学科，经过数十年的积累后以著述的形式呈现研究所得。同时，汉族与各少数民族密切融合的生活环境造就了粤西多元化的文化特点。这种多元化既表现为学者思想的多元化，也表现为对多学科领域的博采与包容，在广博的治学领域中各学科互相补充、互相促进。而诸子学非专门之学，涉及范围广泛，无所不包，并在各学科中最能体现其治学高度与深度，故清代粤西诸子学者治学兴趣广泛且均有所成就。

（四）产生具有全国影响力的诸子成果

清代是诸子学继先秦之后又一个黄金期。在全国涌现出大量标志性诸子成果的同时，粤西作为地域诸子学的一部分，也产生了具有全国性影响力的成果，主要体现在郑献甫、苏时学与陈宏谋的诸子学研究上。

苏时学作为首位对《墨子》刊误的学者，其《墨子刊误》成为清代墨学研究必须参考的基础书目，其刊误中体现出来的严谨的逻辑性、广阔的

学术视野、扎实的训诂功底均为清代治墨者所称道与推崇。陈宏谋作为
"岭南大儒"，其《孟子考辑要》成为清代孟子学的典范之作，其为文与为
官均极为出色，是封建时代学仕完美结合的优秀代表。而收录郑献甫《孟
子注》的《愚一录》也因成为中国历史上首位壮族学者的子学成果而备受
关注。从时人对其书的评价中可见其当时的影响力，如以藏书、辑刻书籍
闻名的晚清文人葛元煦对《愚一录》推崇备至，认为其书：

> 淹贯精通，标新立异，非读破万卷，独具慧眼，而又别有会
> 心者，曷克臻此造诣哉？是诚学者之津梁，后人之矩矱。

葛元煦赞赏之余，还将其列入"啸园丛书"刊刻出版，使得《愚一
录》流布益广。

这些有代表性的诸子成果通过文人之间的交往、学院讲学的传播，以
及粤西作为清代越南入贡的主要通道的交通便利而远播海外，促进了粤西
思想文化的发展，提升了粤西作为边疆地区的学术地位，并丰富了清代的
诸子学成果。

二、清代粤西诸子学与广西学术史

广西学术史不像中原与江南等思想文化发达地区那样历史悠久。西汉
时期，南越王赵佗在粤西积极兴办文教，传播汉文化。在此影响下，西汉
末年、东汉初年，广信地区（今梧州市）出现了闻名全国的经学大师陈
钦、陈元父子。汉代末年精通诸子百家的佛学家牟融著《理惑论》，成为
佛教传入中国后较早研究佛教与诸子关系的学者，产生了全国范围的影
响。牟融与三国时期著名的经学家士燮也出于广信。唐代古桂州（今桂
林）出现了被誉为盛唐八桂诗圣的曹邺、曹唐，二位的诗学成就代表了唐
代广西诗歌的最高水平。宋代古藤州（今藤县）的儒僧契嵩在社会充斥排
佛之风的情况下所著的《镡津文集》提出儒释融合的思想主张，奠定了儒

释道融合的思想基础。明代出现了桂林灵川籍全赐、柳州马平籍龙文光、桂林临桂籍张茂梧的《易》学著述，全州籍文人文立缙的《尚书注释》，阳朔籍文人唐瑄的《诗经说意》等学术成果，可惜皆已亡佚。

经过前朝历代的积累，清代成为广西学术史上的黄金时代，经学、古文、诗学、词学等方面都呈现出前所未有的兴盛之势，较为典型的有郑献甫、龙启瑞的经学研究，"岭西五大家"的桐城派古文创作。"杉湖十子"的诗歌创作。王鹏运、况周颐为领袖的"临桂词派"除了在粤西具有不可撼动的至高地位，在全国也占有重要的一席之地。在清代粤西学术全面繁荣的大环境下，诸子学的繁盛亦在情理之中。尤其是清代中期，无论是研究诸子学的学者数量、研究的深度，还是成果的影响力都达到了广西学术史上的最高水平。

在两千余年的广西学术史上，清代粤西诸子学起到了奠基与承上启下的关键作用。其奠基作用体现在诸子学作为诗歌、词学等文学形式创作的思想基础，体现文人学者文学创作的思想根源与整体的创作特色。可以说，清代粤西学术的整体繁荣之根源在诸子学，其承上启下的关键作用体现在对汉代牟融《理惑论》、宋代契嵩《镡津文集》中表现的老子思想等子学研究成果的继承，对民国时期陈柱的老学与墨学、冯振的老学与法家、张其锽的墨学等诸子学成果的启示与影响。

可见，清代粤西诸子学达到了广西诸子学史上的最高峰，承上启下的地位与影响是清代粤西诸子学在广西学术史上的主要定位。

三、清代粤西诸子学与清代诸子学

清代诸子学在以子证经、以子证史的儒学研究需求中得以脱颖而出，从"异端"成为"六经羽翼"，再逐渐发展为经子平等，继而出现诸子学的繁盛。直到清代晚期，在西学影响、国家救弊之需，以及诸子学自身发展规律等因素的共同作用下，出现中西贯通的治学特色及经世致用的治学宗旨，使得清代中期与晚清均有大量的诸子学成果问世；清代中期的成果以考据为主；晚清的成果以义理阐发为宗。

此时的粤西地区在粤西士人在外为官、书院的普及、越南入贡的主要通道等因素的共同作用下，与中原的联系极为频繁，全国性的诸子学热潮也迅速传播到粤西。郑献甫、苏时学的诸子学成果便是清代中期全国诸子学杰出成果中的重要组成部分。

《续修四库全书总目提要》中曾这样评点郑献甫的《孟子》研究特色："其书体似札记，别其得失，言皆有物，宋以下，蔑如也。"认为郑献甫的《孟子注》言之有物，重视实证，所取得的成果是宋代以来无人能及的。《续修四库全书总目提要》作为钦定的学术鉴定能给予如此高的评价足见郑献甫深厚的治孟底蕴。今人顾绍柏在点校郑献甫的《愚一录》《四书翼注论文》时也给予其充分的肯定与赞誉：

> 清代特别是乾嘉时期，考据盛行，高手如林，硕果累累，后人在经学方面似乎很难有所超越。但郑献甫的《愚一录》《四书翼注论文》洋洋洒洒数十万言，纠谬订讹，阐幽发微，将其列入中国近代经学要籍，当毫无愧色。

如此之高的赞语是评价郑氏的《愚一录》与《四书翼注论文》，《孟子注》《孟子翼注》作为其中的一部分，自然也有同样重要的地位。清代考据学盛行之时，大家涌现，成果丰硕，能在高手如林的诸子丛林中拥有一席之地，对于汉族学者而言已属难得，而作为壮族学者的郑献甫却以勤勉的治学态度与扎实的治学功底位列其中，进而产生全国性的影响力。

与郑献甫享有同等盛誉的还有校勘《墨子》的苏时学。墨家曾在战国时期与儒家并称显学，当时墨学流传甚广。但秦统一六国后，尤其是汉代以后儒家成为统治阶层的主导思想，而以批判儒学反对儒学观点身份出现的墨学开始衰微。《墨子》一书从战国时期成书传承至清代的乾嘉时期，历时两千多年，其间只有西晋时期鲁胜作《墨辨注》，唐代乐台作《墨子注》，遗憾的是二书均已亡佚。到清代中叶乾嘉考据学兴盛，墨学研究逐渐复苏，尤其到了清代晚期出现了集大成者的墨学著述。其中校注《墨子》成就最大、功力最深的当数孙诒让的《墨子间诂》。后世学者普遍认为《墨子间诂》是清代墨学整理的总结之作。梁启超在《中国近三百年学术史》中评论道："盖自此书出，然后《墨子》人人可读。现代墨学复活，全由此书导之。古今注《墨子》者固莫能过此书，而仲容一生著述，亦以此书为第一也。"

梁启超认为注《墨子》方面无人能超越的《墨子间诂》中引用了大量的苏时学《墨子刊误》的内容。孙诒让在《墨子间诂序》中自称："近代镇洋毕尚书沅，始为之注。藤县苏孝廉时学，复刊其误，创通涂径，多所谠正。"《墨子刊误》能得到孙诒让的赞扬并多有征引，足见苏时学在《墨子》刊讹过程中用力之深。同时，通过孙诒让的间接传播，苏时学在清代学术界声名大噪。

苏时学的粤西籍同乡学者李任仁认为："墨子学，在咸同间有苏时学，近代则有张其锽。苏著《墨子刊误》，近世墨学巨子孙诒让著《墨子间诂》，所采录六家之说，苏氏即是其中之一。张其锽著《墨经通解》，梁启超亦为拜倒。广西之治世学者，堪与江浙学人鼎足而三。"李任仁所言江浙学人实指浙江瑞安籍的孙诒让。他将苏时学、张其锽与孙诒让并称，且认为三人可鼎足而立。尽管这样的赞语有过誉之嫌，但足以说明苏时学的《墨子刊误》在清代乃至两千多年的墨学史上举足轻重的地位与影响。

结　论

　　从历时角度而言，先秦与清代是中国古代学术思想史上两个辉煌灿烂的时期：先秦是诸子学产生的辉煌时期，而清代是诸子学重放光彩的辉煌时期。产生于社会大变革时代的先秦诸子学是后世学术思想的源头活水，取之不尽，用之不竭。在同样发生社会急剧变革的清代，具有社会责任感与使命感的学者开始从诸子思想中寻求经世救国的良方，使得诸子学的研究呈现复兴与繁荣之势，展现了先秦之后的又一个蓬勃发展的黄金时代。

　　清代的粤西经历了社会的动荡变革，同时远离中央集权中心的文化劣势与处于对外文化交流前沿的文化优势这一矛盾，使得清代的粤西诸子学既有全国普遍性的特点，又具有作为少数民族地区及边疆地区的独特特点。粤西北部是明末清初明朝宗室反抗清政府的中心，粤西的南部是清末民初受西方列强侵略的主要地区，故清代的粤西较其他省份所受到的破坏程度更重，持续时间更久。长期生活在战乱中的粤西士人比中原学者对诸子学的救世作用更为期待，心情更为迫切。为此反映在清代前期与后期的诸子学思想解读又较之于其他时代、其他地区的诸子学阐释更为深刻。

　　就时间跨度而言，清代中期的粤西诸子学较为繁盛，所涌现的诸子学者较多，研究成果较多。这与清代中期经济文化的繁荣与清政府所施行的文化政策密切相关，也与粤西较为稳定的社会制度紧密相关。而处于社会较为动荡的初期与晚期的粤西诸子学对诸子的救世精神和粤西士人使命表现得更为透彻，因为这两个时期战乱频仍、阶级矛盾与民族矛盾更为激烈、社会变革急剧，与诸子学产生的先秦时期群雄并起、礼崩乐坏的社会状况极为相似。

从地域角度而言，粤西偏居西南一隅，没有京城、江浙一带文化发达地区浓厚的诸子学氛围。相对于诸子学的中心地带，粤西处于被辐射的范围。在粤西内部，由于政治、经济、交通等因素的影响，也出现了地域性的不平衡，北部、中部、东部呈现出相对繁盛的局面，而西部山区的诸子学极为冷清，整体表现为"东强西弱"的特点。

粤西诸子学所涉及的范围广泛，对《荀子》《老子》《庄子》《韩非子》《吕氏春秋》《管子》《孙子》《列子》均有涉猎，但多集中在对《孟子》的研究上。这与《孟子》《墨子》所体现的关怀社会现实、关注民生疾苦等思想有必然的联系，也与当时占主导地位的思想意识形态有关。《孟子》在宋代被朱熹列为"四书"之一，成为科举考试的必读书目，通过科举考试走上仕途以实现其"齐家、治国、平天下"的人生理想是古代文人普遍的人生选择，所以读书人必读《孟子》，研究《孟子》的成果多也实属必然。清代粤西仅有的一部《墨子》成果，与其作者苏时学的人生理想有关——苏时学毕生追求真才实学，不慕仕官，为此四处游历，遍读时书，在积累了丰厚学养的基础上方有能力对文奥艰涩的《墨子》进行全面的校勘。

清代粤西士人在诸子学领域所呈现的整体成果与当时全国的子学成果相比显得较为冷寂，但仍有产生全国影响力的成就。例如：苏时学的《墨子刊误》为首部《墨子》文本刊误成果；郑献甫的《孟子翼注》为首部壮族文人的诸子学研究成果；陈宏谋作为学仕完美结合的士人典范，其《孟子考辑要》在全国范围内产生了重要影响。

纵观清代粤西的诸子学，既有反对宋明理学基础上的思想与方法的创新，亦有"沥肝胆以报圣恩，竭忧勤以矜民瘼"的忠君忧民情怀；既有为文时对诸子思想的阐发，亦有在为官任上对诸子精神的实践。这些精神层面与实践层面的表现恰好与诸子面对现实、尽力而为以求国家稳定民众安生的精神初衷相契合。

　　尽管清代粤西诸子学的研究成果远少于同时代诗歌、词学的研究成果，但诸子学思想对其他学科及文学形式所产生的思想层面的指导性作用是巨大的，同时在对中原文化的传播、向中原传播粤西文化精神、促进粤西汉族与少数民族融合、沟通中外文化交流等诸多方面都起到了至关重要的作用，也成为民国时期广西诸子学再次繁盛的坚实基础。这些成果无论是在广西学术史、清代诸子学史，还是传统文化向境外传播方面，都发挥了积极而重要的作用。

附录：本书清代粤西诸子学者生活时代、籍贯简表

年号	在位时间	清代初期			清代中期						清代晚期
顺治	1644—1661	谢良琦（全州）1624—1671									
康熙	1662—1722		谢济世（全州）1688—1756	陈宏谋（临桂）1696—1771							
雍正	1723—1735										
乾隆	1736—1795				俞廷举（全州）1743—？	蒋励常（全州）1751—1838					
嘉庆	1796—1820						郑献甫（象州）1801—1872	龙启瑞（临桂）1814—1858	苏时学（藤州）1814—1874	蒋琦龄（全州）1816—1876	
道光	1821—1850										
咸丰	1851—1861										
同治	1862—1874										
光绪	1875—1908										赵炳麟（全州）1873—1927
宣统	1909—1911										
民国	1912—1949										

参考文献

古籍

管仲著，房玄龄注，刘绩补注：《管子》，上海古籍出版社2015年版。

李耳著，王弼注，楼宇烈校：《老子道德经注校释》，中华书局2008年版。

墨翟著，毕沅校注：《墨子》，上海古籍出版社2014年版。

荀况著，杨倞注：《荀子》，上海古籍出版社2014年版。

文子著，李定生，徐慧君校释：《文子校释》，上海古籍出版社2004年版。

黄怀信撰：《鹖冠子校注》，中华书局2014年版。

尸佼著，汪继培辑：《尸子》，中华书局1991年影印本。

庄周著，郭庆藩集释：《庄子集释》，中华书局2006年版。

杨伯峻撰：《列子集释》，中华书局2016年版。

许维遹撰：《吕氏春秋集释》，中华书局2016年版。

李振宏注说：《新语》，河南大学出版社2016年版。

董天工笺注：《春秋繁露笺注》，华东师范大学出版社2017年版。

刘安编，张双棣校释：《淮南子校释》，北京大学出版社2013年版。

司马迁撰，裴骃集解，司马贞索隐，张守节正义：《史记》，中华书局2018年版。

刘向撰，向宗鲁校证：《说苑校证》，中华书局1987年版。

桓谭撰，朱谦之校辑：《新辑本桓谭新论》，中华书局2009年版。

班固:《汉书》,中华书局 2012 年版。

许慎:《说文解字》,中华书局 1963 年版。

刘熙:《释名》,中华书局 2016 年版。

郑玄注,贾公彦疏:《周礼注疏》,上海古籍出版社 2010 年版。

王弼撰,楼宇烈校释:《周易注校释》,中华书局 2012 年版。

王弼注,楼宇烈校释:《老子道德经注校释》,中华书局 2008 年版。

陈寿著,裴松之注:《三国志》,崇文书局 2010 年版。

张华:《博物志》,上海古籍出版社 2012 年版。

葛洪著,王明校释:《抱朴子内篇校释》,中华书局 1985 年版。

范晔撰,李贤等注:《后汉书》,中华书局 1965 年版。

僧祐:《弘明集》,上海古籍出版社 1991 年影印本。

沈约:《宋书》,中华书局 1974 年版。

萧统编,李善注:《文选》,上海古籍出版社 1986 年版。

魏收:《魏书》,中华书局 1974 年版。

令狐德棻等著:《周书》,中华书局 2000 年版。

姚思廉:《梁书》,国家图书馆出版社 2012 年版。

房玄龄等著:《晋书》,中华书局 1974 年版。

魏征等著:《隋书》,中华书局 2000 年版。

李延寿:《南史》,中华书局 2000 年版。

李延寿:《北史》,中华书局 2000 年版。

刘知几撰,浦起龙通释,吕思勉评:《史通》,上海古籍出版社 2008 年版。

欧阳修、宋祁撰:《新唐书》,中华书局 1975 年版。

薛正居等撰:《旧五代史》,中华书局 1986 年版。

欧阳修撰,徐无党注:《新五代史》,中华书局 1974 年版。

郑樵:《通志》,中华书局 1987 年版。

朱熹:《四书章句集注》,中华书局 2011 年版。

范成大著，齐治平校补：《桂海虞衡志》，广西民族出版社 1984 年版。

周去非：《岭外代答》，中华书局 1985 年版。

司马光编著，胡三省音注：《资治通鉴》，中华书局 1976 年版。

脱脱等撰：《宋史》，中华书局 1997 年版。

脱脱等撰：《辽史》，中华书局 1974 年版。

脱脱等撰：《金史》，中华书局 1975 年版。

宋濂等撰：《元史》，中华书局 1997 年版。

申时行等修：《明会典》，商务印书馆 1936 年版。

傅山：《荀子评注》，上海古籍出版社 1990 年版。

顾祖禹：《读史方舆纪要》，上海书店出版社 1998 年版。

张尔岐：《老子说略》，齐鲁书社 1993 年版。

顾炎武著，陈垣校注：《日知录校注》，安徽大学出版社 2007 年版。

张廷玉等：《明史》，中华书局 2000 年版。

孙星衍：《尚书今古文注疏》，中华书局 2004 年版。

郝懿行：《尔雅义疏》，中华书局 2017 年版。

王聘珍：《大戴礼记解诂》，中华书局 1983 年版。

严可均辑：《全后汉文》，商务印书馆 1999 年版。

孙诒让：《周礼正义》，中华书局 1987 年版。

孙诒让撰，孙启治点校：《墨子间诂》，中华书局 2017 年版。

侯绍瀛编：《粤西五家文钞》，光绪二十四年（1898）刊本。

苏宗经编：《广西通志辑要》，光绪十五年（1889）刻本。

顾祖禹撰：《读史方舆纪要》，图书集成局铅印版，光绪二十七年（1901）刻本。

昆冈等纂：《钦定大清会典事例》，商务印书馆，光绪三十四年（1908）刻本。

陈宏谋：《培远堂文集》，民国三十三年（1944）《广西乡贤丛书》本。

皮锡瑞：《经学通论》，中华书局 1954 年版。

戴震：《孟子字义疏证》，中华书局 1961 年版。

永瑢等撰：《四库全书总目提要》，中华书局 1965 年版。

郑献甫：《补学轩文集》，文海出版社 1969 年版。

葛士濬辑：《皇朝经世文续编》，文海出版社 1972 年影印本。

阮元：《十三经注疏》，中华书局 1980 年影印本。

蒋良骐编，林树惠、傅贵九校点：《东华录》，中华书局 1980 年版。

闵叙：《粤述》，中华书局 1985 年版。

顾炎武：《天下郡国利病书》，上海书店 1985 年影印本。

徐珂：《清稗类钞》，中华书局 1986 年版。

宋文蔚等纂：《皇朝掌故汇编》，江苏广陵古籍刻印社 1987 年影印本。

《大清历朝实录》，中华书局 1987 年影印本。

刘锦藻编纂：《清朝文献通考》，浙江古籍出版社 1988 年版。

汪森辑，黄盛陆等校点：《粤西文载》，广西人民出版社 1990 年版。

《清会典》，中华书局 1991 年影印本。

苏时学：《墨子刊误》，中华书局 1928 年排印本。

谢良琦著，熊柱等注释、点校：《醉白堂诗文集》，广西人民出版社 2001 年版。

谢济世著，黄南津、蒋钦挥等点校：《梅庄杂著》，广西人民出版社 2001 年版。

俞廷举著，唐志敬、张汉宁、蒋钦挥点校：《一园文集》，广西人民出版社 2001 年版。

蒋励常著，蒋世玢等点校：《岳麓文集》，广西人民出版社 2001 年版。

蒋琦龄著，蒋世玢、蒋钦挥等点校：《空青水碧斋文集》，广西人民出版社 2001 年版。

蒋启敭著：《少麓遗稿》，民国二十二年（1933）排印本。

赵炳麟著，黄南津、蒋钦挥等点校：《赵柏岩集》，广西人民出版社

2001 年版。

谢启昆修，胡虔纂，广西师范大学历史系中国历史文献研究室点校：嘉庆《广西通志》，广西人民出版社 1988 年版。

俞越：《诸子平议》，上海书店 1988 年版。

胡思敬：《国闻备乘》，上海书店出版社 1997 年版。

杭辛斋：《愚一录易说订》，九州出版社 2005 年版。

龙启瑞：《龙启瑞集》，广西师范大学出版社 2012 年影印本。

冯振：《老子通证》，民生印书馆 1924 年版。

陈柱：《老子注》，上海商务印书馆 1928 年版。

陈柱：《老子集训》，上海商务印书馆 1928 年版。

陈柱：《墨子十论》，上海商务印书馆 1930 年版。

陈柱：《老子与庄子》，上海商务印书馆 1931 年版。

张其锽：《墨经通解》，桂林张氏独志堂排印线装本 1931 年版。

著作

蒙起鹏、云程父撰：《广西近代经籍志》，大成印书馆 1934 年版。

广西统计局编：《广西省著述目录》，杭州古籍书店 1934 年影印本。

蔡冠洛：《清代七百名人传》，世界书局 1937 年版。

侯外庐：《中国思想通史》，人民出版社 1980 年版。

郭沫若主编：《甲骨文合集》，中华书局 1981 年版。

任继愈：《中国哲学史论》，上海人民出版社 1981 年版。

张岱年：《中国哲学发微》，山西人民出版社 1981 年版。

张岱年：《中国哲学大纲》，中国社会科学出版社 1982 年版。

吴文治：《中国文学史大事年表》，黄山书社 1987 年版。

广西民族学院图书馆编：《广西历代文人著述目录、馆藏联合目录》，广西民族学院 1983 年版。

莫乃群主编：《广西历代人物传》，广西地方志研究室 1983 年版。

王国维：《王国维遗书》，上海古籍书店 1983 年版。

支伟成：《清代朴学大师列传》，明文书局 1985 年影印本。

陆侃如：《中国文学系年》，人民文学出版社 1985 年版。

钱穆：《先秦诸子系年》，中华书局 1985 年版。

云南省历史研究所编：《清实录》（越南、缅甸、泰国、老挝史料摘抄），云南人民出版社 1986 年版。

王钟翰点校：《清史列传》，中华书局 1987 年版。

广西壮族自治区通志馆编：《清实录》，广西人民出版社 1988 年版。

广西壮族自治区通志馆编：《二十四史广西资料辑录》，广西人民出版社 1989 年版。

方授楚：《墨学源流》，中华书局、上海书店 1989 年版。

嵇文甫：《晚明思想史论》，东方出版社 1996 年版。

王茂等：《清代哲学》，安徽人民出版社 1992 年版。

王俊义，《黄爱平：清代学术与文化》，辽宁教育出版社 1993 年版。

严灵峰编著：《周秦汉魏诸子知见书目》，中华书局 1993 年版。

杨向奎：《清儒学案新编》，齐鲁书社 1994 年版。

梁启超：《清代学术概论》，东方出版社 1996 年版。

梁启超：《中国近三百年学术史》，东方出版社 1996 年版。

郭沫若：《十批判书》，东方出版社 1996 年版。

葛剑雄主编：《中国移民史》，福建人民出版社 1997 年版。

钱穆：《国学概论》，商务印书馆 1997 年版。

张声震：《壮族通史》，民族出版社 1997 年版。

钱穆：《中国近三百年学术史》，商务印书馆 1997 年版。

熊铁基等：《中国老学史》，福建人民出版社 1997 年版。

蒋伯潜。蒋祖怡：《诸子与理学》，上海书店 1997 年版。

周振鹤主编：《中国历史文化区域研究》，复旦大学出版社 1997 年版。

梁启超著，朱维铮校注导读：《清代学术概论》，上海古籍出版社 1998

年版。

　　漆永祥：《乾嘉考据学研究》，中国社会科学出版社 1998 年版。

　　罗检秋：《近代诸子学与文化思潮》，中国社会科学出版社 1998 年版。

　　尚小明：《学人游幕与清代学术》，社会科学文献出版社 1999 年版。

　　钟文典：《广西通史》，广西人民出版社 1999 年版。

　　唐志敬编著：《清代广西历史纪事》，广西人民出版社 1999 年版。

　　郭绍虞：《中国文学批评史》，天津文艺出版社 1999 年版。

　　袁行霈主编：《中国文学史》，高等教育出版社 1999 年版。

　　周月亮：《中国古代文化传播史》，北京广播学院出版社 2000 年版。

　　史松、林铁钧编：《清史编年》，中国人民大学出版社 2000 年版。

　　刘春银，王小盾，陈义主编：《越南汉喃文献目录提要》，"中央研究院"中国文哲研究所 2001 年版。

　　郭康松：《清代考据学研究》，崇文书局 2001 年版。

　　陈庆元：《文学：地域的关照》，上海三联书店 2003 年版。

　　冯振著，曾德珪选编：《冯振文选》，广西师范大学出版社 2003 年版。

　　靳明全：《区域文化与文学》，中国社会科学出版社 2003 年版。

　　胡绍华：《中国南方民族发展史》，民族出版社 2004 年版。

　　刘仲华：《清代诸子学研究》，中国人民大学出版社 2004 年版。

　　徐德明：《清人学术笔记提要》，学苑出版社 2004 年版。

　　傅璇琮、蒋寅主编：《中国古代文学通论（清代卷)》，辽宁人民出版社 2005 年版。

　　萧公权：《中国政治思想史》，新星出版社 2005 年版。

　　孙宏年：《清代中越宗藩关系研究》，黑龙江教育出版社 2006 年版。

　　郑杰文：《中国墨学通史》，人民出版社 2006 年版。

　　刘玉珺：《越南汉喃古籍的文献学研究》，中华书局 2007 年版。

　　张维：《清代广西古文研究》，广西师范大学出版社 2008 年版。

　　广西壮族自治区图书馆、广西壮族自治区桂林图书馆合编：《广西文献目录》，广西人民出版社 2009 年版。

黄海云：《清代广西汉文化传播研究》，民族出版社 2009 年版。

蒋勇、叶兆泉、彭代元：《临桂文化大典》，广西师范大学出版社 2009 年版。

冯友兰：《中国哲学史》，重庆出版社 2009 年版。

王一川：《文学理论》，北京大学出版社 2011 年版。

刘志强：《中越文化交流史论》，商务印书馆 2013 年版。

周振鹤主编：《中国行政区划通史（清代卷）》，复旦大学出版社 2013 年版。

冯尔康：《清史史料学》，故宫出版社 2013 年版。

葛兆光：《中国思想史》，复旦大学出版社 2014 年版。

胡大雷：《粤西士人研究》，广西人民出版社 2015 年版。

孙先英：《宋明理学在广西的传播及其对少数民族文化的影响》，中国社会科学出版社 2015 年版。

彭子龙：《广西历代经籍志（汉—明)》，广西师范大学出版社 2016 年版。

钟琼、吕立忠、彭子龙编著：《广西古典文献举要》，广西人民出版社 2016 年版。

安东强：《清代学政规制与皇权体制》，中国社科文献出版社 2017 年版。

[日] 铃木虎雄著，汪馥泉译：《中国文学论集》，神州国光社 1930 年版。

[越] 陶维英：《越南历代疆域》，商务印书馆 1973 年版。

[越] 陶维英著，刘统文等译：《越南古代史》，商务印书馆 1976 年版。

[越] 越南社会科学委员会编，北京大学东语系越南语教研室译：《越南历史》，北京出版社 1977 年版。

260

［美］艾尔曼著，赵刚译：《从理学到朴学》，江苏人民出版社 1995年版。

［美］麦哲维著，沈正邦译：《学海堂与晚清岭南学术文化》，广东人民出版社 2018 年版。

［德］阿尔伯特·史怀哲著，常暄译：《中国思想史》，社会科学文献出版社 2009 年版。

方志

李世椿修，郑献甫纂：《象州志》，同治九年（1870）刊本。

黄沁等修：《临桂县志》，光绪三十一年（1905）刻本。

刘兴等修：《永福县志》，民国六年（1917）刻本。

甘汝来纂修：《太平府志》，雍正四年（1726）刻本。

徐作梅修，李士琨纂：《北流县志》，光绪六年（1880）刊本。

舒启修，吴光昇纂：《柳州县志》，民国二十一年（1932）铅印本。

蒙秉仁等修，胡毓璠等纂：《滕县志》，光绪三十四年（1908）刊本。

学位论文

赵庆伟：《清代孟学研究》，华中师范大学博士学位论文，2002 年。

黄海云：《清代广西汉文化传播研究（至1840 年)》，中央民族大学博士学位论文，2006 年。

徐华：《墨学新论：〈墨子〉佚文及墨家学说研究》，安徽大学博士学位论文，2010 年。

杨华：《由"尊德性"而"道问学"——清初学风转轨视野下的孟学研究》，华东师范大学博士学位论文，2010 年。

黄守红：《清代中期湘学研究》，湘潭大学博士学位论文，2013 年。

王闯：《道与世降：清代老学的传承和演变》，华中师范大学博士学位论文，2015 年。

261

康廷山：《清代荀学史略》，山东大学博士学位论文，2016年。

孙艳庆：《清代广西经学研究》，广西师范大学博士后研究工作报告，2018年。

期刊论文

赵盛德：《桐城学派在广西》，《学术论坛》1982年第5期。

覃树冠：《清代广西的改土归流》，《广西师范大学学报》1985年第1期。

卢仁龙：《清代诸子学史述略》，《社会科学辑刊》1991年第6期。

方园：《清末广西留学热潮的兴起和影响》，《广西社会科学》1993年第4期。

张捷夫：《谢济世及其注书案》，《中国史研究》1994年第11期。

雷坚：《秦汉至民国时期广西建置沿革初探》，《广西民族研究》1995年第1期。

魏宗禹：《明清时期诸子学研究简论》，《孔子研究》1998年第9期。

曾繁仁：《千年"绝学"的伟大"复兴"——墨学研究的百年回顾与前瞻》，《文史哲》1999年第6期。

刘仲华：《试析清代考据学中以子证经、史的方法》，《清史研究》2001年第2期。

张利洁、高永久：《民族之间文化传播方式初探》，《青海社会科学》2001年第6期。

魏竣：《文化传播与文化变迁》，《华夏考古》2003年第2期。

庄晓东：《文化传播研究在当代中国的意义》，《天津社会科学》2004年第2期。

林军：《清代考据学的兴起与诸子学历史地位的升降》，《福建师范大学学报（哲学社会科学版)》2004年第3期。

刘仲华：《试论先秦诸子学在清代学术中的地位》，《安徽史学》2005

年第 2 期。

张维：《清代嘉道时期桐城派的中坚：岭西五大家》，《河池学院学报（哲学社会科学版）》2005 年第 8 期。

杨瑞：《清中后期社会变革下中层士人的心态衍变历程——以桂林全州蒋氏家族为例》，《中国石油大学学报（社会科学版）》2006 年第 4 期。

刘玉珺：《越南使臣与中越文学交流》，《学术研究》2007 年第 1 期。

袁志成：《从蒋励常散文看地域文学对主流文学的自发附和》，《湖南城市学院学报》2008 年第 5 期。

吕立忠：《清代乾隆时期广西的"文字狱"》，《广西社会科学》2008 年第 5 期。

潘琦：《关于桂学研究若干问题的思考》，《广西教育学院学报》2009 年第 6 期。

李建平：《桂学溯源与界定初探》，《广西教育学院学报》2010 年第 1 期。

张维：《试论家族文化对清代广西古文创作的影响——以全州谢氏、蒋氏为例》，《广西师范大学学报（哲学社会科学版）》2010 年第 6 期。

莫山洪：《"一代之世运与一代之人才合而成一代之文体"——郑献甫文学史观研究》，《柳州师专学报》2012 年第 8 期。

严绘：《"粤西儒宗"郑献甫研究的回顾与展望》，《广西师范大学学报（哲学社会科学版）》2014 年第 2 期。

罗彦民：《晚清今文学与诸子学复兴之共因探析》，《五邑大学学报（社会科学版）》2014 年第 11 期。

张菁菁、贺根民：《试探教育之于龙启瑞的文学创作》，《广西师范学院学报（哲学社会科学版）》2015 年第 3 期。

罗检秋：《清代思想史上的诸子学》，《安徽史学》2015 年第 5 期。

陈维昭：《论郑献甫的八股文话及评点》，《暨南学报（哲学社科学版）》2015 年第 12 期。

叶官谋:《论明末清初文学家谢良琦的散文思想》,《河池学院学报》2017 年第 8 期。

方勇:《"新子学"与中华文化重构》,《人文杂志》2017 年第 5 期。

杨念群:《清朝理学、诸子学、今文经学复兴的意义——兼及与晚清政治态势的互动关系》,《中北大学学报(社会科学版)》2019 年第 1 期。

尹玉珊:《论晚清桂籍学者苏时学的子学整理与研究——以〈爻山笔话〉〈墨子刊误〉为中心》,《广西社会科学》2019 年第 3 期。

潘务正:《晚清民初桐城派的〈孟子〉文法研究》,《文学遗产》2019 年第 9 期。

后　记

1993 年，从未离开过家乡的我从东北来到重庆读书，在西南师范大学汉语言文学专业学习。1997 年毕业后到广西师范大学攻读方言学的硕士学位，这期间，跟随导师刘村汉老师到广西各地调查方言，刘老师对方言学有深厚的感情，在导师的影响下，我很快也被广西丰富的方言学与文化资源所吸引，硕士学位论文便写了《桂林市穿山乡平话研究》，感谢刘老师引领我走上语言学研究之路！

2006 年开始，感谢张葆全老师信任，带我先后完成《我们读论语》《老子今读》《先秦诸子菁华》三本专著的写作，从数次的书稿修改过程中，张老师严谨的治学精神令我倍加崇敬之余更加敬畏学术，非常感激张老师带我步入古代文学研究之门！感谢张老师的谆谆教诲！

从广西师范大学硕士毕业十五年后，承蒙恩师胡大雷老师不弃，收我入门。我以不惑之年重归学堂，聆听恩师教诲，感慨万千。胡老师是位态度谦和的学者、有真知灼见的智者、爱生如子的师者。老师的教诲让我学到了为文的方法，更让我学到了为人之道。因从语言学专业跨到古代文学专业就读，文学基础薄弱，在博士学位论文《清代粤西诸子学研究》写作过程中，胡老师倾注了大量的心血。感激、不安、内疚之余，为自己能成为胡老师的学生而倍感幸运！

博士学位论文是我在古代文学研究领域的一颗果实，尽管这颗果实还不够饱满，但它会成为我日后深入研究广西地方文学与文化的动力，我将更加努力，不辜负老师们的心血与期望！

　　本书的出版，得到了桂林航天工业学院的科研经费资助以及暨南大学出版社杜小陆先生的大力支持，谨表谢意！

　　囿于水平，此书的不足与疏漏之处尚存，敬请方家不吝赐教！

郭玉贤

2023 年春于桂林